山东大学“985”工程项目
汉语言文字学研究丛书
杨端志　**主编**

避讳研究

王新华　**著**

齊魯書社

总序

在当前的社会背景下，汉语言文字学，作为个人应当研究什么，怎么研究？作为一个学科，应当研究什么，怎么研究？这恐怕是每一个负责任的语言学工作者都会经常考虑的问题。

这个问题牵扯到的方面很多。首先，从个人来说，由于我们的语言文字工作者大都是语言文字学方面的教师，我们要教学，往往一个人要承担本科生一两门课程，我们要教学的内容也就是我们的研究方向。还有硕士生、博士生课程，还指导博士后研究的问题，硕士生、博士生的课程、指导博士后研究的内容也是我们的研究方向。从一个学科来说，各位教师的各个层次的课程合起来就是一个学科的研究方向。教学、指导研究生是我们个人和学科的科学研究必需考虑的问题。这是一个教学与研究相结合，或者说研究与教学相结合的问题。

其次，各年度各级不同层次的科研项目的审批，也在暗暗给教师们一个强大的信号，研究什么，怎么研究？要向国家级的、省部级的、学校的已批准的科研项目暗示的方向和新项目的“课题指南”靠拢。能不能得到各级课题往往决定一个人、一个学科的命运。各级课题暗示的方向和“课题指南”也是进行研究不得不考虑的大问题。

再其次，各年度国家的、教育部的、省的、学校的评奖，什么样的成果能得奖，什么样的成果不能得奖？得奖不得奖，像能不能获得项目一样，往往会决定一个人、一个学科的命运。因此，能不能获奖，自然又成为一个研究什么、怎么研究，不得不考虑的重大问题。

再再其次，最重要、最关键的，是国家的重点学科、省重点学科、强化建设重点学科的评审和教育部人文社会科学研究基地、省人文社会科学研究基地的评审，各级重点学科、研究基地都有一定的标准，这些标准具有引领学科学术发展的重大意义，更是我们每个负责任的语言文字教学与研究工作者，特别是学科带头人一定要考虑的大问题。

一般说来，教学对研究什么、怎么研究的引领直接反映了社会对人才、人才知识结构的需求。各级各类评审是由专门的学术领导机构组织高水平的专家进行的，站得高，看得远，对研究什么、怎么研究的引领反映了国家或地方政治、经济、文化建设的需求，更有前瞻性的理想，几个方面是统一的，都是为着面向社会，面向现实，面向现代化，面向世界，面向未来，建设具有中国风格、中国气派的，具有创新性的汉语言文字学科学体系。这些自然也是我们所追求的目标。

但是，对于具体的一个学校的一个学科——汉语言文字学，应当研究什么，怎么研究，还有具体的问题。

山东大学的汉语言文字学学科是上世纪50年代以来由殷孟伦、殷焕先、蒋维崧、吉常宏、刘景农、葛本仪、钱曾怡等学者创建发展起来的。现在方向齐全，队伍较强大，每一个方向上，都有比较好的成果。1981年在殷孟伦、殷焕先带领下，获得我国首批语言学硕士点。1993 年在葛本仪、钱曾怡带领下，获得语言学博士点。1998 年杨端志作为两个主要带头人之一带领获得中国古典文献学博士点。目前，我们具有汉语言文字学、语言学与应用语言学两个博士点。“十五”期间，本学科被山东省评为重点学科，被山东大学遴选为“211”工程项目、“985”工程项目重点建设发展的学科，给予了经济上的大力支持。“十一五”伊始，2006 年 12 月再次被评为山东省重点学科，被评为数量很少的山东省强化建设重点学科。

学术研究，在继承前人的基础上也有了新的发展。汉语言文字学方面，葛本仪的语言学理论、现代汉语词汇学研究，钱曾怡的方言学研究、方言学研究方法论研究，杨端志的训诂学、语义学研究，徐超的古文字学、汉字文化学研究，唐子恒的语法学、词汇学研究，张树铮的方言学、方言史研究，吉发涵的音韵学、词典学、语言文化学研究，杨振兰的现代汉语词汇学、词彩学研究，王新华的语言学理论、社会语言学研究，岳立静的方言学研究，贾宝书的语言学理论研究；语言学与应用语言学方面，盛玉麒的汉语教学课件、网络课程、语料库、语言文字信息处理研究，等等，都有新的成绩，在语言学领域产生了新的影响。

山东大学汉语言文字学学科各位教师，也就是本丛书的各位作者，在殷孟伦、殷焕先、葛本仪、钱曾怡先生的影响下，有一个明显的特点，各位都非常重视语言学理论，有比较好的理论修养；在研究方向上各有专攻，各有自己比较确定的领域；都非常敬业，非常勤奋；都非常团结，非常配合。可以说是一个有基础，有底蕴，目标明确，协作向上，有开拓创新精神，非常有冲击力的学术研究团队。

学术研究,要了解国家的需要,社会的需要,还要知己知彼,彼就是学术界,要了解学术界行情。上面我们谈了国家的需要,社会的需要,也谈了我们自己。我们还要谈谈国内汉语言文字学研究的行情。汉语言文字学研究队伍有两大支,一支是高校,一支是科学院。这两支队伍都招生,都传道授业。近二十年来,汉语言文字学研究有了飞快的发展,不少部门都取得了很大的成绩,诸如理论语言学,汉语史的中古汉语、近代汉语,现代汉语的语法,古文字学,汉语信息处理,对外汉语教学等。山东大学汉语言文字学研究的评价、定位和发展方向的设计,都一定要在这个大盘子中来进行。最重要的是要有自己的定位,自己的特色。

我们认为,我们汉语言文字学学科的发展原则应当是:继承传统,寻找新的增长点,发展特色。即发扬文字学、音韵学、训诂学、词汇学、语法学、方言学、社会语言学、信息处理等传统优势,并以之作为基础,作为手段,吸收西方语言学理论方法,逐渐把研究重点转移到由明清语言到现代汉语的发展演变史上来,包括由明清到现代汉语的词汇发展史、语法发展史、语义发展史、语音发展史、方言发展史和文字发展史。这套山东大学"985"工程项目"汉语言文字学研究"丛书就是由继承和发展两部分形成的成果,即:既有传统学术的研究,也有新方向的研究。

为了使研究更有成效,在研究理念上,我们主张:语言内部,词汇、语法、语音、语义相结合;语言外部,共时与历时、语言与言语、言语与语境相结合。在中国,古代传统的语言学与哲学、文学、史学关系是很紧密的。在西方,很多学科都关注语言问题,站在本学科的立场来研究语言,或者借用语言学的成果和方法来研究本学科，语言学在语言哲学、诠释学、逻辑学、心理学、人类学等学科产生了巨大的影响。同时，西方语言哲学、诠释学、逻辑学、心理学、人类学等学科的研究成果和方法，也都是汉语言文字学研究必须关注的相关理论与知识。

这套丛书中的著作，都是作者本人的科研成果，表现了作者学术研究新的成就，各有其特色。

我们欢迎语言学界专家、朋友批评指正。

杨端志

2006 年 12 月 16 日

目 录

第一章　避讳的起源与形成原因

一、避讳的含义

避讳之意义,《辞源》的解释是:"古人在言谈和书写时要避免君父尊亲的名字。对孔子及帝王之名,众所共讳,称公讳;人子避祖父之名,称家讳。避讳之法,一般或取同义或同音字以代本字,或用原字而省缺笔划。"《辞海》:"封建时代对于君主和尊长的名字,避免直接说出或写出,叫做'避讳'。"避,逃避,回避。讳,隐讳。《公羊传·闵公元年》:春秋为尊者讳,为亲者讳,为贤者讳。《穀梁传·成公九年》:为尊者讳耻,为贤者讳过,为亲者讳疾。又,指对君主、尊长辈的名字避开不直称。《礼记·曲礼上》:"礼,不讳嫌名。二名不偏讳。逮事父母,则讳王父母。不逮事父母,则不讳王父母。"

避讳之词产生的较晚近,汉王充《论衡·佚文篇》:"班叔皮(彪)续太史公书,载乡里人以为恶戒,邪人枉道,绳墨所弹,安得避讳?"其义为"回避"。以之指"避尊者、贤者、亲者名字"。可以说,避讳有两个意思,其一为动词回避之意,其二指避君主尊亲名字，即我们所说的避讳。

对于名字的回避，在不同的民族那儿都有发现，比较突出地表现在君王名字、神的名字、死人名字等方面，这些名字的避讳又与对人的禁忌有着不可分割的联系，对人的禁忌较多地表现在酋长和国王的禁忌，未亡人的禁忌，经期及分娩期妇女的禁忌，战士的禁忌，杀人者的禁忌，猎人和渔夫的禁忌等。可以看出实际上这些禁忌分成两类，一类是对国王和神的禁忌，一类是对危险和死亡的禁忌，凡是与危险相距较近的人和事物就具有了禁忌的资格。很明显，这些禁忌是根源于染触巫术的原理，一切与危险不洁事物相接触的人和事物，本身也就具有了危险性。这种禁忌与中国的避讳有着很大的不同，其一，原始禁忌表现的是人神之间的关系，而避讳则是表现的人和人之间的关系。其二，原始禁忌停留在习俗的层面，而避讳则是处于制度和律法的层面。其三，原始禁忌是通过作用于心理而起作用，而避讳则是通过作用于生理而起作用。其四，惩罚的来源不同，一是来源于犯忌者自身，一是来源于被忌者。其五，实行禁忌的主体不同，一是由潜在的规则来实行，一是由被忌者来实行。

二、避讳产生的时间

避讳的产生，比较流行的说法是从周代开始，在此之前还没有发现避讳的先例。陈垣《史讳举例·序》："民国以前，凡文字上不得直书当代君主或所尊之名，必须以其他方法以避之，是谓之避讳。避讳为中国特有之风俗，其俗起于周，成于秦，盛于唐宋，其历史垂二千年。"

最早记载避讳的文献是《尚书》。

《尚书·金縢》:“史乃册祝曰:‘惟尔元孙某,遘厉虐疾。若尔三王,是有丕子之责于天,以旦代某之身。’”《史记·鲁周公世家》作:“告于太王、王季、文王。史策祝曰:惟尔元孙王发,勤劳阻疾。”吴元满《六书正义》:“某,未定之词,知其名不敢犯讳皆曰某。”对于此处的“某”,认为是避讳的不在少数,主要有三种看法:一是认为周公旦以“某”称武王姬发,此为臣避君讳。《尚书》孔安国传:“元孙武王,某名,臣讳君,故曰某。”二是认为成王讳武王姬发之名,集解:郑玄曰:“祝者,读此简书以告三王。称某不名讳之者,由成王读之也。”三是认为是后之史家为之避讳,顾炎武《日知录》卷二十四说:“经传称某有三义,《书·金縢》‘惟尔元孙某’,史文讳其君不敢名也。”考评以上三种说法,应以第三种为是。郑玄之说误,此次祝祷,成王没有参与,祝祷完毕,“纳册于金縢之匮中”,成王不得见。周公为武王避讳一说也不成立,按《礼记》“庙中不讳”之规,祝祷之时不应讳武王名。这儿的讳名应该是后人记录时而为。

《尚书》的成书有争论,但《金縢》篇为伏生所传今文《尚书》的一篇,非后世假托,应无疑义。《尚书》今古文之争,历经近两千年。西汉盛行今文,立于学官,传授均为今文。至东汉,经马融、郑玄等经学大师的宣扬,古文尚书遂郁郁乎陵于今文之上。唐代孔颖达奉诏撰《五经正义》,于《尚书》取孔安国传古文《尚书》,遂确立其主导地位。至清阎若璩撰《尚书古文疏证》,以充分的证据推定孔传古文尚书为伪书,了结了这一桩公案。今古文之争遂集中于今文与马、郑所传古文之辨。考今文尚书之文,验以《史记》、先秦诸子、《白虎通》、《汉书》、《后汉书》、《论衡》以及两汉碑文、纬书等所引经文、经说,证明伏生所传今文尚书更近于原文。那么,《金縢》之文,应为比较可信的记载。由此推定，避讳产生的时间比较早，西周初期产生避讳不为无稽之言。

对于西周初期就产生避讳的说法，也有不同的意见。清赵翼《陔余丛考》卷三十一“避讳”条：“避讳本周制，《左传》所谓‘周人以讳事神，名终将讳之’是也。然周公制礼时，恐尚未有此。虽《金縢》有‘以旦代某’之语，然《金縢》之真伪不可知，而祀文王之诗曰‘克昌厥后’，戒农官之诗曰‘骏发尔私’，皆直犯文、武之名。虽曰临文不讳，然临文者但读古书遇应讳之字不必讳耳，非谓自撰文词亦不必讳也。而周初之诗如此，则知避讳非周公制也。今以意揣之，盖起于东周之初。晋以僖侯废司徒，宋以武公废司空，鲁以献武废具敖。考数公之生，皆在西周，若其时已有避讳之例，岂肯故犯之而使他日改官及山川之名乎？想其命名时尚未有禁，及后避讳法行，乃不得不废官及山川名耳。”

赵翼所举例证很有分量，但其结论也有可商榷之处，首先，一种礼仪制度，其创始之初大多不能完备；其二，避讳也有其不同的使用范围，称名与行文不同，避讳应该是先避帝王名字，后延伸至避与帝王名字相同的词语。从春秋时期已经有避讳的正式的记载，也有关于避讳的规则的记录，且使用较为普遍的现象来看，西周时期应该具有了避讳的萌芽。

王观国《学林》卷三“名讳”条：“夏、商无所讳，讳自周始，然而不酷讳也。《五子之歌》曰：‘太康尸位，以逸豫灭厥德。’胤征曰：‘惟仲康肇位四海。’此皆称其君之名也。太甲既立，不明，伊尹放诸桐，三年复归，伊尹作《太甲》三篇。沃丁既葬伊尹于亳，咎单遂训伊尹事，作《沃丁》。此臣以其君之名为书之篇目也。然则夏、商无所讳可见矣。周文王，父也，武王，子也，文王名昌，箕子为武王陈洪范曰：‘使羞其行，而邦其昌。’是斥其父之名也。武王，祖也，穆王孙也，武王名发，穆王作《冏命》曰：‘发号施令。’

又作《吕刑》曰：'发闻惟腥。'是穆王作诰命自斥其先祖之名也。周康王名钊，而其孙有昭王，此立谥之字，与祖先之名同音者也。周昭王名瑕，而春秋时有弥子瑕，与孔子同时。周穆王名满，而定王时有周大夫王孙满，此臣用其君之名以为名者也。”

王观国所举例证并不能证明“夏、商无所讳”，“太康、仲康”并不一定是帝王名字。《史记·夏本纪》：“帝发崩，子帝履癸立，是为桀。”这样看来，桀有两个名字，可能其中有一个是帝号。推而广之，太康、中康、少康都可能是帝号，而不是名字。其所举商代帝王名字，更值得商榷。

考商代帝王名字，自有其特点。从商汤开国，至纣王灭国，其间帝王名号为：

天乙（汤）

太丁—外丙—中壬

太甲（太宗）

沃丁→太庚

小甲→雍己→太戊（中宗）

中丁→外壬→河亶甲

祖乙

祖辛→沃甲

祖丁→南庚

阳甲→盘庚→小辛→小乙

武丁

帝甲←祖庚（高宗）

庚丁←廪辛

武乙

文丁（太丁）

帝乙

帝辛（纣）

成汤之前,其世系为:契—昭明—相土—昌若—曹圉—冥—振—微—报丁—报乙—报丙—主壬—主癸—天乙

此为《史记》所记商代帝王世系,按王国维《殷卜辞中所见先公先王考》,"史记世本之为实录且得以今日证之"。只于顺序稍有差误,"微"后应为"报乙、报丙、报丁"。

从"微"开始,商代帝王的名字中就使用天干字,对此的解释不同。《史记·殷本纪》索隐:皇甫谧云:"微字上甲,其母以甲日生故也。"商家生子,以日为名,盖自微始。谯周以为死称庙主曰"甲"也。集解:张晏曰:"禹、汤,皆字也,二王去唐、虞之文,从高阳之质,故夏、殷之王皆以名为号。"谥法:"除虐去残曰汤。"索隐:汤名履,书曰"予小子履"是也。又称天乙者,谯周云:"夏、殷之礼,生称王,死称庙主,皆以帝名配之。天亦帝也,殷人尊汤,故曰天乙。"这样说来,汤有三个名字,即:汤、履、天乙。其中,履为名,应无疑义。那么,汤和天乙对履来说,都具有避讳的作用。

考之甲骨,"微"前"振"亦名"王亥","亥"为地支字,是商代帝王名字又不只以天干字为之。而以天干地支字为名,又不只起于"微"。"振"之前还有没有以天干地支字为名的情况,不得而知。从"振"称"王亥",汤称"天乙",可推知以天干地支字为名,实其号也。而证之《书经》,汤之名为"履",应为确定不移之事。可见从商代始,帝王有名有号,号实是对名之避,其法尚疏,还不能算作避讳,称之避讳之萌芽是可以的。

在世界上许多原始的民族都有关于名字的禁忌,其中对于国王名字的禁忌尤为严格。弗雷泽《金枝》曾经举出很多这样的例子:"达荷美国王的名字总是保密,以防被不怀善意的人知道后为害于他。欧洲人听到的达荷美历代国王的名字都非他们的真名,不过是他们的称号,或者为本国人所谓的'坚强的名字'。

当地土人似乎以为这些称号说出去没什么危害,因为他们不像乳名,跟所表示的本人并无生命的关联。在杰尔拉(今罗马尼亚地方)的加勒王国,臣民不得冒死说国王的乳名,凡与国王名字同音的词都得另换新词。中非巴希玛人的国王逝世后,他的名字便从本族语言中废弃不再使用,如果他的名字也是其他动物的名字,则立即给那动物另找一个新的词。”

弗洛伊德《图腾与禁忌》:“在丧期,一个最令人困惑和使人深省的事实是,禁止呼叫死者的姓名。这种风俗几乎是普遍性的,它们各以不同的方式表示出来,不仅在澳大利亚和波里尼西亚(他们是禁忌仪式的最好保持者),同时,也包含‘互不关联的广大区域,如西伯利亚的撒摩耶族(居于西伯利亚北极区黄种人的一支),和南印度的托达族,鞑靼地方的蒙古人和沙哈拉的Tuaregs,日本的Ainos和中非的Akamba及Nandi,菲律宾的Tinguianes和尼古巴岛,婆罗州,马达加斯加岛和塔斯马尼亚岛的土著’。在某些地方,禁制则仅限于丧期,可是,有些地方却是终身的。不过,它们的严格程度似乎随着时代的改变而趋于低落。”

从这些禁忌的描述,我们可以得知,名字的禁忌是自源性的、不同民族普遍具有的文化现象,而商代帝王的号看作原始禁忌中的另一个名字也是顺理成章的。

《国语·晋语九》:鲁昭公二十一年,“(晋)范献子聘于鲁,问具山、敖山,鲁人以其乡对。献子曰:‘不为具、敖乎?’对曰:‘先君献、武之讳也。’献子归,遍戒其所知曰:‘人不可以不学。吾适鲁而名其二讳,为笑焉,唯不学也。’”《左传·桓公六年》孔氏疏曰:“礼称舍故而讳新,亲尽不复更讳。计献子聘鲁在昭公之世,献武之讳久已舍矣,而尚以乡对者,当讳之时改其山号,讳虽已舍，山不复名，故依本改名以其乡对，犹司徒、司空虽历世多而不复改名也。然献子言之，不为失礼，而云‘名其二讳’，以自尤者，《礼》‘入国而问禁，入门而问讳’，献子入鲁不问，故以之为惭耳。”周广业《经史避名汇考》以此为避讳而改名之始。

考《史记·鲁周公世家》：“厉公三十七年卒，鲁人立其弟具，是为献公。献公三十二年卒，子真公濞立。真公十四年，周厉王无道，出奔彘，共和行政。二十九年，周宣王即位。”是献公即位距共和四十六年，距宣王即位七十五年。在位时间为公元前902年～前870年。时在周懿王至厉王时期，上距武王代商只有一百多年的时间，避讳产生于西周，信有征也。

可以说，避讳最迟应于西周时期已经产生，而商代也有类似于避讳的避名萌芽。

关于避讳的记载，春秋战国时期颇多。

鲁桓公六年九月，鲁桓公的儿子子同出生，就是后来的鲁庄公。为给这个孩子起名，桓公让大夫申繻发表意见，就有了这样一段论述。《左传·桓公六年》：“名有五：有信、有义、有象、有假、有类。以名生为信，以德命为义，以类命为象，取于物为假，取于父为类。不以国，不以官，不以山川，不以隐疾，不以畜牲，不以器币。周人以讳事神，名，终将讳之。故以国则废名，以官则废职，以山川则废主，以畜牲则废祀，以器币则废礼。晋以僖侯废司徒，宋以武公废司空，先君献、武废二山，是以大物不可以命。”这儿记载了几个历史上因为避讳而改官名的事例。晋僖侯因名为司徒，只好废除司徒，改称中军。宋武公因为名叫司空，而废掉司空，改称司城。鲁献公名具，鲁武公名敖，只好废掉具、敖二山的名字。考《史记·晋世家》：“靖侯十七年，周厉王迷惑暴虐，国人作乱，厉王出奔于彘，大臣行政，故曰共和。十八年，靖侯卒，子釐侯司徒立。”是釐侯即位在共和二年，为公元前 840 年。《史记·宋微子世家》：“戴公二十九年，周幽王为犬戎所杀，秦始列为诸侯。三十四年，戴公卒，子武公司空立。”是宋武公即位在平王五年，为公元前 765 年。鲁国因献公、武公之名而改具、敖二山之事也载于《国语》，应为可信。避诸侯名而改官称和山名的事例，从西周至东周都有其例，应为避讳产生之明证。

《左传·桓公六年》：“周人以讳事神，名终将讳之。”孔颖达疏：“自殷以往，未有讳法。讳始于周。”《礼记·檀弓上》：“幼名，冠字，五十以伯仲，死谥，周道也。”孔颖达疏：“以殷尚质，不讳名故也。又殷以上有生号仍为死后之称，更无别谥。尧舜禹汤之例是也。周则死后别立谥，故总云周道也。”

《韩诗外传》卷八第九章：“魏文侯有子曰击，次曰诉，诉少而立之以为嗣。封击于中山，三年莫往来。其傅赵苍唐谏曰：‘父忘子，子不可忘父，何不遣使乎？’击曰：‘愿之，而未有所使也。’苍唐曰：‘臣请使。’击曰：‘诺。’……遂求北犬晨雁赍行。苍唐至，……文侯曰：‘击无恙乎？’苍唐唯唯而不对。三问而三不对，文侯曰：‘不对何也？’苍唐曰：‘臣闻诸侯不名。君既已赐敝邑，使得小国侯，君问以名，不敢对也。’”

《史记·魏世家》：“桓子之孙曰文侯都，魏文侯元年，秦灵公之元年也。与韩武子、赵桓子、周威王同时。”“三十八年，伐秦，败我武下，得其将识。是岁，文侯卒，子击立，是为武侯。”

《史记·魏世家》：“（魏惠王）二十八年，齐威王卒，中山君相魏。”索隐按：“魏文侯灭中山，其弟守之，后寻复国，至是始令相魏，其中山后又为赵所灭。”

索隐误，非“其弟守之”。《史记·赵世家》：“烈侯元年，魏文侯伐中山，使太子击守之。”《韩诗外传》“封击于中山”有据。以

《韩诗外传》所记载，其时当在赵烈侯三年，即周威王二十一年，公元前 405 年。

此为其时诸侯不名的避讳例证。《礼记·曲礼下》："天子不言出，诸侯不生名，君子不亲恶。诸侯失地，名；灭同姓，名。"诸侯生不称名，只有在"失地""灭同姓"这样的不孝于祖、不睦于亲的情况下才称其名。

战国宋桓侯子氏名辟兵，又作璧兵。《史记·宋微子世家》："休公田二十三年卒，子辟公辟兵立。"索隐按："《纪年》作'桓侯璧兵'，则璧兵谥桓也。又《庄子》云：'桓侯行，未出城门，其前驱呼辟，蒙人止之，后为狂也。'司马彪云：'呼辟，使人辟道，蒙人以桓侯名辟，而前驱呼辟，故为狂也。'"

其时当在公元前 372～369 年之间。

如果《索隐》记载不错的话，避诸侯名讳似乎已经比较普遍。

孔子六世祖孔父名嘉。《春秋·桓公二年》载："宋督弑其君与夷及其大夫孔父。"《穀梁传》："孔，氏；父，字谥也。或曰，其不称名，盖为祖讳也。孔子故宋也。"

以私讳而著之于文，孔子其为先也。避讳由避帝王名字，进而避大夫之祖名，国讳、家讳于此备矣。

周广业《经史避名汇考》卷四十三记载了两个避母名的故事："霍子者不知何许人，早失母，后母常以亡母名呼之，不应辄楚挞。霍子念言之则伤后母，不言而死则亏父之胡，乃习游于河，以石系腰而殁，不扬父母之过。白六帖引孝子传，亦见潜确类书。"

又，《太平御览》乐部引《大周正乐》："崔子渡河者，闵子骞之所作也。崔子早无母，其后母常以其死母名呼之，不应者，后母辄笞之。崔子恶与其母同名，欲自杀，恐扬父恶；又，死母名，应则逆，非义也。则以能游渡河为辞。系石于腹，入水自沉。”

此两则内容雷同，应为同一故事之变本。其中关于避母名的记载，说明当时私讳已经比较有约束力，致以孝子为之投河。从出处《大周正乐》来看，即使不是闵子骞所作，其表现的那种原始的观念，以及行为方式，都证明这一故事的来源之久远。

顾炎武《日知录》卷四“有谥则不称字”条：“《春秋》传，凡大夫之有谥者则不书字，外大夫若宋、若郑、若陈、若蔡、若楚、若秦，无谥也，而后字之。内大夫若羽父、若众仲、若子家，无谥也，而后字之。公子亦然。楚共王之五子，其成君者皆谥，康王、灵王、平王是也，其不成君无谥而后字之，子干、子晳是也。他国亦然，陈之五父，郑之子亹、子仪是也。卫州吁、齐无知，贼也，则名之。作传者于称名之法，可谓严且密矣。”

从顾炎武的论述中可以看出，史家对于谥号、名字的使用是很有讲究的，有谥则称谥，无谥则称字，而对于乱臣贼子则名而不字，可见直呼其名为不敬。称谥、称字其实是对名字的一种避讳。这些都与《礼记·檀弓上》“幼名，冠字，五十以伯仲，死谥”的记载相吻合。至《春秋》之时，诸侯、大夫的谥与名的使用，有了一定的规范，避讳规则初步形成。《史记·汲郑列传》：“郑当时者，字庄，陈人也。其先郑君，尝为项籍将；籍死，已而属汉。高祖令诸故项籍臣名籍，郑君独不奉诏。诏尽拜名籍者为大夫，而逐郑君。”这也是通过称名而表不敬的例子。

三、避讳的来源

避讳的根源可以从古老的原始禁忌中找到它的源头。

禁忌是一种非常古老的文化现象，它代表了原始人类认识世界的方式，同时又是他们形成文化观念，进而构筑起自己的精神世界的形式。如果说现代人类是以法律和道德规范人类行为的话，那么原始人就是以禁忌来规范他们的行为，禁忌在他们的世界中占有重要的地位。

作为认识世界的方式，禁忌不同于现代社会的逻辑思维，它们是两种完全不同的思维方式，逻辑思维是以抽象为基础，而禁忌思维则以隐喻为基础，也就是部分代全体的思维方式。在原始人那儿，树叶就是树木本身，它承载着树木的所有的精神。

弗雷泽在其不朽的名著《金枝》中论述了原始巫术的原理：第一是"同类相生"或果必同因；第二是"物体一经互相接触，在中断实体接触后，还会继续远距离的互相作用"。前者可称之为"相似律"，后者可称作"接触律"。

"顺势巫术"所犯的错误是把彼此相似的东西，看成是同一个东西；"接触巫术"所犯的错误是，把互相接触过的东西看成为总是保持接触的。

积极的巫术或法术说："这样做就会发生什么什么事"，而消极的巫术或禁忌则说："别这样做，以免发生什么什么事"。积极的巫术或法术的目的在于获得一个希望得到的结果，而消极的巫术或禁忌的目的则在于要避免不希望得到的结果。巫术和禁忌同样是古老的文化现象，贯穿于它们之中的观念是相同的。

在原始禁忌那儿，世界并不是按照现代人的思维形式构筑的，按照接触律的原则，人的名字和人本身之间的关系，并不是代替与被代替的关系，而是部分和全体之间的关系，而又由于在原始思维那儿部分可以代替全体，这样名字就承载了人自身的全部，这样对于自身具有生杀予夺之权的帝王，避讳其名字，也就等于远离了其所可能加于自身的伤害。

这种观念从现代落后民族那儿还可以看出端倪，非洲苏丹人认为，肉体、灵魂、名字，三位一体，共同组成了人自身，三者相互依附，不能分割。婴儿出生之时，由其父族起一个名字，用于家族间的称呼，至其成年时，在成丁礼上赠予他一头牛，同时将这头牛的名字也赠予他，称为“公牛名”。这一名字就是他进行社会交际所使用的名字。这儿名字与“人”之间不是现代意义上的代替的关系，而是组成关系，名字是其灵魂和力量之所在。正如肉体消失了，其人就死亡了；或者灵魂消失了，其人就死亡了一样，如果失去了名字，其人也会死亡。所以，由父亲所起的名字，在家族内部使用，而当他成年后，要面对种种危险时，必须把他的名字隐藏起来，以防止居心不良的人用它来施行巫术，从而伤害到此人。这样就有了成丁礼上公牛名的产生。这儿仍然贯穿着古老的名字观念，牛的名字就是牛本身，赠予了牛和牛的名字给这个成年的人，那么，当人们用他的公牛名字称呼他的时候，就把他真正的名字隐藏起来了，而如果有人想用这个名字施行巫术，自有那头公牛去承受巫术的伤害，从而避免了祸及本人。

这种观念在古代埃及神话中也有表现。《金枝》记载了古埃及“伊细丝神话”：

狡黠的伊细丝(Isis)巧妙地窃知了太阳神拉(Ra)的秘密名字，从而统治了众神。伊细丝是个能说会道的妇女，她厌倦了男人的世界，渴望神的世界。她心里默想着：“难道我不能凭借拉的大名而成为一位女神，也像他一样统治天地吗?”太阳神拉有许多名字，但是那个给予他统治诸神和人的力量的伟大名字则无人知道。神到这时候已经老了，口里流涎一直滴到地上。伊细丝把他的口涎连地上的土一起收集起来，捏成一条蛇放在太阳神每天往他双重统治的国度去的路上。一天，他照平常习惯在诸神簇拥下路过此处，那带有神性的蛇上来咬了他一口，太阳神张口哎哟了一声，这一声便飞上了天。陪伴的诸神在旁赶忙问道："您怎么啦？"又喊："您看，我们都在您身边！"但是太阳神已经不能说话了，他的牙齿上下磕碰着咯咯作响，四肢颤抖，蛇咬后的毒性很快传布于神的周身，就像尼罗河流遍埃及的大地。当他的心平定下来时，就对他的随从诸神说道："孩子们，我的骨肉后裔们，到我身边来吧。我是王子，是一个王子的儿子，神的后裔。我父亲给我取的名字，我父母共同为我命名，从我诞生以后，那名字就藏在我体内，任何巫术也不能在我身上发生作用。我出外巡察我所做的一切，来往于我的两个领地之间，现在，居然被什么东西刺伤了我。那是什么东西，是火？或是水？我不知道。我的心如受火煎，我的血肉在颤动，我全身四肢在发抖。把诸神中有晓事的唇舌、善于良言治病、能够力达天庭的子女带到我面前来吧。"诸神儿女遵命来到太阳神面前，大家都很哀伤。伊细丝怀着她的诡计也来了，她口中充满了生命的气息，念出的咒语立即去除了太阳神的苦痛，说出的话语能够起死回生。她说道："神圣的父啊，是怎么回事？"这位神圣的父开口说道："我按照自己心愿在我的两处领地内巡视我所创造的一切，走在中途，没有注意，被一条蛇咬了。那是火？还是水？弄得我现在觉得比水还要凉，比火还要热。我浑身汗湿、发抖，眼光不能视物，也看不见天空，汗流满面像夏天一样。"伊细丝说道："请告诉我您叫什么名字，神圣的父。因为只有被称呼其名字的人才能活着。"拉回答说："我创造了天地和海洋，伸展了天地之间的水平线，犹如拉开帷幕一般。我就是那位睁开眼睛天地就有光明、闭上眼睛世上就黑暗的人。在我的命令下，尼罗河水起落涨跌。

诸神都不知我的大名。我的名字早晨叫克赫普拉，中午叫拉，晚上叫吞姆。”但是那毒性并未从他身上被取走，而是愈加深入，这位伟大的神终于不能再走动了。伊细丝对他说：“您告诉我的并不是您的真名。告诉我吧，只要说出了您的名字，那毒性就能离开您的身体，因为要活着的人，他的名字就得被别人称呼。”这时那毒性在太阳神体内像火一般燃烧着，比火焰还要炽热。太阳神说：“我同意伊细丝在我体内搜索，让我的名字从我胸中传到她的胸中。”接着他就藏到诸神之中，于是他在永恒之舟上的位置便空出来了。这位伟大的神的名字被从他体内取了出来。然后巫女伊细丝说道：“毒性，离开拉吧，快快走开。是我，正是我，克服了毒性，掷到地上。这位伟大的神的名字已经从他身上取了出来。让拉活着吧，叫毒性死亡。”伟大的伊细丝知道了拉的真名，成了诸神的皇后。

在伊细丝神话中，唾液是拉的组成部分，当它离开拉的身体时，在巫术的接触律原理中，它仍然是保有着这种联系，所以用唾液做成的小蛇可以伤害拉本人。而拉说出名字就可减轻痛苦，名字入于伊细丝之耳，就可使之具有神力，也是由于接触律在起作用，原先寓藏在拉身体内的名字，成了拉自身神力的代表。

北美印第安人认为，自己的名字不仅是一种标志，而且是自己身体的一部分，正如眼睛和牙齿一样。他们相信，恶意对待自己的名字就会损害自己的身体。“从大西洋到太平洋的许多部落中都有这种信念，由此还产生了许多隐瞒和更改名字的奇怪规定。”(《金枝》362 页)另一些原始人则认为，由自己说出自己的名字，将对本人非常不利，而由别人说出则没有关系。如在哥伦比亚印第安人那儿，“你绝不会从任何本人那里知道他的真实名字，不过他们却毫不犹豫地互相说出对方的名字”。

在哥伦比亚印第安人那儿，对于名字的禁忌表现出原始禁忌观念与现代的社会因素的结合，那就是权力。普通人没有权力要求别人为自己的名字进行禁忌，只能自己施行避忌，而帝王、酋长等有一定权力的人则可以要求别的人对自己的名字施行禁忌，从而就形成了避讳。国讳、宪讳、家讳只不过是因权力的不同而形成的范围不同的避讳。

弗洛伊德《图腾与禁忌》：“在澳大利亚土人中，一位男人个人最机密的事情是他在成年礼上所接受的新命名。它是一种禁忌，同时也必须严加保密。”

这种禁忌与苏丹人的名字禁忌有差别，即他们不是以成丁礼以前的名字作为禁忌对象，而以成丁礼上得到的名字为禁忌，这应该是名字禁忌的一个发展，这种情况正可以同中国古代的名字禁忌相比较。

《礼记·檀弓上》：“幼名，冠字，五十以伯仲，死谥，周道也。”《仪礼·服传》：“子生三月，则父名之于祖庙。”“故因其始有知而名之。”（《白虎通·姓名》），到二十岁成年，“有为人父之道，朋友等类，不可复呼其名，故冠而加字焉。”（《礼记·檀弓》）命字是为了“敬其名，敬其所受于父母之名，非君父之前不以呼也”（张尔歧《仪礼郑注句读》）。

《逸周书·谥法》：“惟周公旦、太公望开嗣王业，建功于牧野之中，终葬，乃制谥叙法。”

郑樵《通志·谥略》：“生有名，死有谥。名乃生者之辨，谥乃死者之辨。”

按周代的礼俗，贵族生而三月，父为之名，二十岁行冠礼，为之取字。除了“君前臣名，父前子名”的情况而外，在一般交际中多用字相称，实际上，字是对名的避忌。“五十以伯仲”，年老以后，则连字也不称，而以排行相称，这又是对字的避忌。苏丹人的避忌方式属前者，澳大利亚土著的名字避忌则属于后一种，而这两种避忌都再现在汉民族的名字禁忌中，成为其名字避讳的两个阶段。这两个阶段的避忌都是在生前进行避讳，属于生讳。而“死谥”则是死后的避讳，是死讳。可以说汉民族的避讳可以分成两个种类，三个阶段。即，生讳、死讳两类，“字、伯仲、谥”三个阶段。

顾炎武《日知录》卷二十三“以字为讳”条记录了几例讳字的故事：“古人敬其名，则无有不称字者。《颜氏家训》曰：‘古者名以正体，字以表德，名终则讳之，字乃可以为孙氏。孔子弟子记事者，皆称仲尼。【原注】子贡曰：‘仲尼，日月也。’魏鹤山云：‘《仪礼》子孙于祖祢皆称字。’吕后微时，尝字高祖为季；汉袁种，字其叔父盎曰丝；王丹与侯霸子语，字霸为君房；江南至今不讳字也。河北士人全不辩之。’故有讳其名而并讳其字者，《三国志·司马朗传》：‘年九岁，人有道其父字者，朗曰：“慢人亲者，不敬其亲者也。”客谢之。’《常林传》：‘年七岁，有父党造门，问：“林伯先在否？”林不答。客曰：“何不拜？”林曰：“虽当下拜，临子字父，何拜之有？”’《晋书·儒林刘兆传》：‘尝有人著靴骑驴至兆门外，曰：“吾欲见刘延世。”兆儒德道素，青州无称其字者，门人大怒，兆曰：“听前。”’《旧唐书·韩愈传》：‘拜中书舍人，有不悦愈者，言愈前左降为江陵掾曹，荆南节度使裴均馆之，颇厚。近者均子锷还省父，愈为序饯锷，仍呼其字。此论喧于朝列，坐是改太子右庶子。’”

从顾炎武《日知录》的记载，可以看出一个很巧合的事情，就是整个民族的避讳发展与个人一生的避讳形成对应。就是个人从二十岁开始，行冠礼，为之取字，避名；五十以伯仲相称，避字。而整个民族的避讳习俗，汉代以前，避名称字；汉代开始，又流行避字的习俗。

《礼记·内则》："凡名子，不以日月，不以国，不以隐疾。大夫士之子，不敢与世子同名。"郑玄注："讳衣中之疾，难为医也。"

《礼记·曲礼上》："卒哭乃讳。礼不讳嫌名，二名不偏讳。逮事父母则讳王父母，不逮事父母则不讳王父母。君所无私讳，大夫之所有公讳。诗书不讳，临文不讳，庙中不讳。夫人之讳，虽质君之前，臣不讳也。妇讳不出门。大功小功不讳。入竟而问禁，入国而问俗，入门而问讳。"

此时已经有了比较完备的避讳的规则和范围。

名字禁忌的产生根源于这样一个观念，就是，名与其所指之间不是代替关系，而是部分和全体之间的关系，而名字禁忌产生的直接诱因则是矛盾心理。对于自己的名字是这样，对于帝王的名字的态度尤其是这样。

一个人的名字只有自己说出来，才能具有魔力，那么，禁忌的行为也只限于自己。也就是说，禁忌的对象和禁忌施行的主体是同一个人，即被忌者与避忌者一体。这应该是名字禁忌的第一阶段。其体现的主要是人和自然的关系，通过对自己名字的禁忌就可以防止外界的侵害。

禁忌发展的第二个阶段，人名的禁忌不仅本人要避忌，而且扩展到周围的人也要进行避忌。在被忌者保持不变的情况下，避忌者的范围扩大了。这种禁忌因了避忌对象的社会身份不同而产生变化，这样避讳就加入了社会成分，体现了更多的人和人之间的尊卑关系。在禁忌的第三个阶段，体现人和自然之间的关系的成分趋向于消失，而以体现人之间的社会关系为主导。

禁忌本身也发生了一个变化，就是禁忌对象与禁忌施行者的分离。国王名字的禁忌只变成臣下的事情，成为约束他们行为的一种准则，从而完全社会化。禁忌就这样变成了避讳。

四、从禁忌观念到避讳观念

(一)避讳对象的变化

作为原始禁忌与避讳都具有的现象，对于帝王名字的禁忌和对于死人名字的禁忌都存在，但是原始禁忌与后来的避讳却表现出不同的观念。在原始禁忌那儿，对于名字的避讳是植根于这样一种观念之中的，即名字与事物之间有同一性。正如《金枝》所说，他们“常以为名字和它们所代表的人或事物之间，不仅是人的思想概念上的联系，而且是实在的物质的联系”。“根据原始人的哲学原理，一个人的名字，即使不等于人的灵魂的话，也是人的生命的一部分”。同时，在古人的原始思维中，行为和语言之间也具有同一性，说和做是一致的。那么，说出名字就等于献出了自己的灵魂。所以就有了这样的习俗。“每一个埃及人都有两个名字，一为真名，一为好名；或一为大名，一为小名。好名或小名是为大家知道的，真名或大名则小心隐瞒不让别人知道。婆罗门的小孩每人也有两个名字，一是公用的，另一是秘密的，后者除他父母之外，谁也不知道。那秘密名字，只是在结婚那样的仪式时才使用。这种习俗意在防范巫术的侵害，因为巫术只有在和真名联系上了的时候才能发生效应。”

在这种观念之下，只禁忌自己说出自己的名字，而不禁忌别人说出自己的名字，“在这些未开化民族的人们看来，自己的名字，由自己说出来，就是自己身上的一部分；如果由别人说出，便同自己没有血肉相关的联系，不会因此对他造成什么危害。”（《金枝》第九章）

一个人的名字只有自己说出来，才能具有魔力，那么，禁忌的行为也只限于自己。也就是说，禁忌的对象和禁忌施行的主体是同一个人，即被忌者与避忌者一体。这应该是名字禁忌的第一阶段。其体现的主要是人和自然的关系。

禁忌发展的第二个阶段，人名的禁忌不仅本人要避忌，而且周围的人也要进行避忌。在被忌者保持不变的情况下，避忌者的范围扩大了。这种禁忌因了避忌对象的身份不同而产生变化，只有那些具有一定的权利的人才能要求别人为其名字避忌，这样避讳就加入了社会成分，体现了更多的人和人之间的尊卑关系。这在原始禁忌中也能找到很多例证。“祖鲁族人从来不说自己酋长或自己所记得的酋长祖辈的名字，也不说与那忌讳名字相同或谐音的字。……除了各部落分别避讳自己酋长的名字之外，祖鲁族所有部落都一致避讳全祖鲁族国王的名字。”“在这方面，妇女比男人做得更为严格细致，即使跟那些要避讳的名字字音略微近似的字也都避而不用。”（《金枝》第二十二章）这儿提到的妇女比男人要更严格细致地遵从禁忌，似乎表明禁忌中更多地融入了社会等级观念的成分。但这种社会成分可以理解为避讳对象所承受的社会责任、代表的社会利益的多少。

在原始民族那儿，对个人名字的禁忌，其原始动机是为了防止怀有恶意的人利用所得到的名字来施行巫术，从而伤害到自己。如果仅就普通人来说，其危害的范围是很小的。而对于帝王（国王、酋长、头人）名字的避讳则要复杂得多。其一，帝王作为本国、本部落的代表，其自身的生老病死与整个国家、部落密切相关，所以严格避讳他们的名字，以防外来者的侵害就更加重要；其二，帝王或部落酋长们作为本国和本部落的代表，由于聚集了本国或本部落的全部的精神力量，而对于这种精神力量的触犯，会危及人民的利益甚至生命安全。对于原始人来说，外界的客观世界是危险而强大的，作为弱小的民众必须将自己的力量凝聚起来，才能与外界相对抗，帝王或酋长就代表了这种部族的精神力量，它同样也是巨大的。这样帝王本身就有了两面性，当其作为本部族的代表与外界相对抗时，其力量是部族赖以生存的保障；而当其运用这种力量来统治部族内部时，这种力量就是可怕的。依赖和惧怕，部族成员就在这种矛盾的心理下形成了对帝王或酋长的避忌。可以说，禁忌的强度是与这种矛盾心理成正比的，矛盾心理强，禁忌也强；而矛盾心理弱，禁忌也就弱。

在禁忌的第三个阶段，体现人和自然之间的关系的成份逐渐趋向于消失，而以体现人之间的社会关系为主导，禁忌发生了一个变化，就是禁忌对象与禁忌施行者的分离。国王名字的禁忌只变成臣下的事情，成为约束他们行为的一种准则，从而完全社会化。禁忌就这样变成了避讳。在中国所谓的官讳和家讳只不过是国讳这种帝王名字避讳的延伸。

(二)从人神关系到人和人关系的转移

考察原始民族禁忌的发展变化，一定要与其王权和神权的分化相联系。原始禁忌通过对人或物的禁忌，达到人和自然的平衡，最后起到有利于本部落或本氏族的利益的作用。原始禁忌更多的是体现了人和自然之间的关系。避忌这种个人行为，实际上是以本部落或部族全体人的利益为指向的，通过约束自己的行为来达到保佑全部族的目的。对于帝王的禁忌主要的是由于其在与自然界的关系上所表现的神圣性。《金枝》第九章记载了许多对国王和头人的禁忌。“在早期社会的一定阶段，人们以为国王或祭司有天赋的超自然力量，或是神的化身。与这种信念相一致，他们还认为自然的过程也或多或少地在他的控制之下，如果气候不好，庄稼歉收，以及其它类似的灾难，他都要负责。”所以为了避免产生这样的不好的情况，必须对他们进行禁忌，“以免他的任何行动，自觉不自觉地，扰乱或破坏了自然的既定秩序”。

禁忌中的帝王，其身份具有双重性，即具有人和神两种特性。正如日本天皇在公元646年颁布的一项赦令中所称，是“统治宇宙化身为人的神”。

这种人神合一的身份随社会的发展而产生变化，其变化的方式有二：一是分化，即由集人神于一体，分化为两种人，一种作为人神交通的代表，履行神职，成为神权的代表；一种作为统治人间社会的权力的体现，成为王权的代表。“许多古希腊的其他共和体城邦都有名义上的王，据已知情况看，他们的职责似乎都是主持祭祀，而且只限于境内一般平民祭祀。”这种名义上的王，其实就是履行神权的代表。“在波利尼西亚群岛的曼盖亚岛上，宗教与行政的职权分别掌握在不同人的手中：宗教方面的职权由世袭的王储执行，世俗政府事务则不时委托战争中赢得胜利的酋长处理，其职权必须由国王授予。同样，在通加，掌握行政职权的国王，一部分是世袭的，一部分是拥有战士人数众多、尚武著称的酋长。此外，还有一位更大的神职的酋长，其地位高于国王及其他酋长，因为人们认为他是一位主要神祇的后裔。……凡是他偶尔接触到的事物，都成为神圣，成为禁忌，普通人都不得接近。”“他这样神圣人物却并不掌握任何政权，如果他胆敢参与国家事务，就会遭到国王的峻拒。”而另外一种人则演化成世俗的统治者，成为人间的王。在这一模式里面，禁忌也有了不同的表现，禁忌主要的是对代表神权的祭司们的行为进行约束。第二种变化方式则是：人神两种身份分属于两种人，统治人间的权利逐渐扩大，而沟通天人之际的职位的权利逐渐缩小，最后成为附属。中国古代先人的情况应该属于这后一种。从中国古代君权与神权的对比中可以看到一种不同于其他民族的情况。在商代，主导整个社会生活的权力是由君权和神权共同构成的，《尚书·洪范篇》据说是周史官记录箕子所谈的商代政治文化的纲要，内容较为可信，其中说道，“汝则有大疑，谋及乃心，谋及卿士，谋及庶人，谋及卜筮。汝则从，龟从，筮从，卿士从，庶民从，是之谓大同。身其康强，子孙其逢，吉。汝则从，龟从，筮从，卿士逆，庶民逆，吉。卿士从，龟从，筮从，汝则逆，庶民逆，吉。庶民从，龟从，筮从，汝则逆，卿士逆，吉。汝则从，龟从，筮逆，卿士逆，庶民逆，作内吉，作外凶。龟筮共违于人，用静吉，用作凶。”这一段也记载于《史记·宋微子世家》，应为较为古老的文献。在王、龟、筮、卿士、庶民五方组成的决策集团内，龟筮如果一致赞同，再加上另外有一方同意，就一定是吉，可行。而只要龟筮一致反对，即使王、卿士、庶民都赞同，也不可以行动。龟筮具有超越王的决策权，成为国家决策中所不能忽视的力量。至周代，王权与神权的比例发生了一定的变化。《周礼·春官·占人》：“凡卜筮，君占体，大夫占色，史占墨，卜人占坼。”相当于商代“龟筮”的“史”和“卜人”只负责推定基础的“墨”、“坼”，而对于整个兆象的把握，则由君王来决定，无疑，掌握神权的“龟筮”已经变为为王权提供参考的辅佐，其地位也由两者分庭抗礼，而变为一主一辅。

秦代以后，君权的地位得到极大的巩固和发展，神权逐渐沦落，成为君权的一种工具。从事人神沟通的人，也由上层统治阶层沦落入下层民众，成为后来的巫师，直到行走江湖的巫卜。随着王权的扩大、神权的降低，原始禁忌也逐渐演变成避讳，可以说，原始禁忌主要表现了原始人观念中人和自然之间的关系，而避讳则主要表现了古人观念中人之间的关系，是区别不同人伦关系的一种手段。

将人神分离的两种方式同禁忌作一比较，就会发现，在第一种方式中，禁忌较多地集中在神权承载者的身上，而且这种禁忌更多地是一种约束。而在第二种方式中，代表神权来沟通人神的角色，随其地位的下降，禁忌也不复存在，而转移到代表人世权力的君主身上，而禁忌的性质也发生了变化，由对君王的禁忌变为主要是对臣下的禁忌，虽然禁忌对象没有改变，但禁忌的施行者转移了。避讳就是这种转移了的禁忌在语言上的表现。

避讳的主体——帝王，其身上的神的特质已经逐渐消失，而变为人间的统治者。在这个人神结合体蜕变为人的过程中，其神性逐渐消退，神权减弱，君权得到强化，避讳只不过是原来蒙在神权上的网，移植到君权之上。所体现的关系也由人与自然的关系转移到人和人的关系上。在君主由神变为人这一过程之中，随着其神性的消失，君王对于臣下的威慑力也逐渐下降，为弥补这一缺失，君王们选择了避讳，通过避讳而保持君臣之间的隔离，避讳成为维护其权力的一种手段。

（三）禁忌惩罚的发展

原始禁忌的惩罚，有着其鲜明的特点。“新西兰的毛利土人中，有一个妇女也同样吃了酋长吃剩下的水果，后来别人告诉她那是从禁忌的地方拿来的，她便惊呼起来，说那受亵渎的酋长的神性一定要置她于死地。事情原来发生在下午，到了第二天中午，这个女人果真死了。毛利酋长的火绒匣曾经成为杀死几个人的工具，因为他丢失了那匣子，有几个人见到了它并用它点着烟斗抽烟，后来听说那是酋长的火绒匣子，就一个个都吓死了。”（《金枝》第二十章）

分析原始禁忌的原理，可以看出其原始人类的思维方式，以上这一例中，禁忌具有这样一些特点：其一，犯忌是在不自觉的状态下发生的。其二，犯忌的惩罚始于犯忌者知晓之时。其三，犯忌与惩罚之间的联系是预先设计好的。按照原始思维的接触律，凡是与具有神力的事物接触，就会沾染上其神力，从而受到侵害。其四，犯忌的后果作用于犯忌者，而不是被犯者。在原始禁忌那儿，对于禁忌对象的触犯，从观念上讲，并不能伤害到被触犯者，而是要伤害到犯忌者，所以避之唯恐不及。其五，犯忌的惩罚来自于自身，由社会公认的一种观念作用于人体，从而产生心理的变化，进而产生生理的变化，达到惩处的效果。其六，犯忌与惩罚之间的联系是由想象构成，也就是“想象的不幸”。

比较避讳所产生的惩罚，最为典型的例子，可以以清代王锡侯《字贯》案和刘峨刷卖《圣讳实录》案为例。乾隆四十二年（1777 年），江西举人王锡侯删改《康熙字典》，另刻《字贯》，其中不避康、雍、乾三代帝王之名，被同乡王泷南举报，王锡侯被斩。《东华录》载有乾隆给军机大臣的上谕：“海成奏，据新昌县民王泷南，呈首举人王锡侯删改字典，另刻《字贯》，实为枉妄不法，请革去举人，以便审拟等因一折，朕初阅以为不过寻常狂诞之徒，妄行著书立说，自有应得之罪，已交批大学士九卿议奏矣。及阅其进到之书，第一本序后凡例，竟有一篇，将圣祖、世祖庙讳及朕御名字样开列，深堪发指。此实大逆不法，为从来未有之事，罪不容诛，即应照大逆律问拟，以申国法而快人心。”

乾隆四十三年十一月，河南祥符县民刘峨，私自刷卖《圣讳实录》，刊有清初至乾隆时帝名，各依本字正体写刻。声称其板来自李伯行，二者均问斩。

这种以避讳而问罪的案件，有其不同于一般禁忌的特点：其一，犯忌是在自觉的状态之下发生的，比较上举新西兰毛利人的禁忌例，火绒匣与酋长的联系是未知的，而“圣祖、世祖庙讳及朕御名”与清代康熙、雍正和乾隆帝的联系是已知的。其二，犯忌的惩罚始于查处时。其三，犯忌与惩罚之间的联系是临时的。虽然《大清律》明确规定：“凡上书，若奏事，误犯御名及庙讳者，杖八十；余文书误犯者，笞四十。若为名字触犯者，杖一百。”但惩罚与否以及采用什么样的方式基本上是由君主临时决定。其四，犯忌的惩罚来自于被忌者，而不是来自犯忌者自身。其五，犯忌与惩罚之间的联系不是由想象构成的，而是由被忌者决定的。实际上有清一代，特别是文字狱盛行的雍、乾时期，犯讳的惩罚都是随君主意愿而行。

禁忌与避讳在犯忌的惩罚方面表示出不同的关系：

1. 惩罚的来源不同，一是来源于犯忌者自身，一是来源于被忌者。

2. 惩罚的渠道不同，一是通过作用于犯忌者的心理而实施，一是通过作用于犯忌者的生理来实施。原始人认为，某些东西具有超人的力量，即“玛那”，在原始人混沌不清的思维里，“玛那”既是一种外在的超自然的力量，又是一种内在的心理的能量，通过这种心理的能量来完成犯忌的惩罚。

3. 对于伤害的观念不同，一是被忌者并没有任何受到伤害的感觉，一是被忌者自认为受到极大的伤害。在原始禁忌那儿，受到伤害的是犯忌者，而在避讳的观念里，犯讳的受害者是被忌者，因此而有对于犯讳者的惩罚。对于犯讳者的惩罚不过是因伤害到被忌者而作的补偿。

4. 实行禁忌处罚的主体不同，一是由潜在的规则来实行，一是由被忌者来实行。

从避讳发展的情况看，犯讳的惩罚趋于逐渐减轻。在避讳产生的初期，其例不严，避与不避，尚不能全求相同，犯讳的惩罚自然不能统一。《韩非子·外储说》右下："卫君入朝于周，周行人问其号，对曰：'诸侯辟疆。'周行人却之曰：'诸侯不得与天子同号。'卫君乃自更曰：'诸侯燬。'而后内之。仲尼闻之曰：'远哉禁逼，虚名不以借人，况实事乎？'"此为诸侯名犯天子名讳，只要求临时改避，并没有惩罚。至汉代避讳逐渐有了一定之规，但触讳的惩罚则鲜有其例。至唐宋时期，避讳规则基本完备，有了著之于文的惩罚律法。《唐律疏议》卷十"上书奏事犯讳"："诸上书若奏事，误犯宗庙讳者，杖八十；口误及余文书误犯者，笞五十。"疏议曰："上书若奏事，皆须避宗庙讳。有误犯者，杖八十；若奏事口误及余文书误犯者，各笞五十。"

同条下还记载，"即为名字触犯者，徒三年。若嫌名及二名偏犯者，不坐。"疏议曰："普天率土，莫非王臣。制字立名，辄犯宗庙讳者，合徒三年。若嫌名者，则礼云'禹与雨'，谓声嫌而字殊；'丘与区'，义嫌而理别。'及二名偏犯者'，谓复名而单犯，并不坐。"《宋刑统》（宋）窦仪等撰，律同《唐律疏议》。

《大清律辑注》卷三"上书奏事犯讳"："凡上书，若奏事，误犯御名及庙讳者，杖八十；余文书误犯者，笞四十。若为名字触犯者，杖一百。其所犯御名及庙讳，声音相似，字样各别，及有二字只犯一字者，皆不坐罪。”律后注：“御名庙讳，臣子所当谨避者。若上书之中，奏事之时，而有误犯者，虽为无心之错，亦是不敬之端，杖八十。其余各衙门文书误犯者，笞四十，以其不至御前，只是失于检点，非有不敬也，故轻之。若取为名字，则常为人所呼唤，非误犯，是触犯矣。以其无忌惮，故重之。其音同字别，则嫌名不讳也；二字犯一，则二名不偏讳也，皆不坐罪。”

然而实际的情况是，在封建社会这种权力大于法律的社会中，帝王的意志往往可以超越律法，因而就有不同的处罚方式，表现为处罚的随意性。

清代的避讳情况在中国历史上是一个特例，虽然犯讳的惩罚律法规定不过“杖八十”、“笞四十”、“杖一百”，然而实际情况并不如此，仅雍、乾两朝的一百五十多起文字狱中，涉及避讳的就近一半，而仅因触讳就斩杀凌迟的，尤以王锡侯《字贯》案为突出。其特点是惩罚的严酷，这一点与其特定的历史条件有关，也与当时清朝统治者的矛盾心理有关：一方面满清统治者初履中原，政权极不稳定，四夷不服，汉人的反清复明斗争一直没有停止，各种结社、各种华夷之辨的理论，在知识界有着很大影响。通过大开杀戒以起到杀一儆百的效果，是其高压政策的一个方面。另一方面，满清统治者对于其种族身份有着很强的矛盾心理。既不能像元代统治者以自己的种族身份为优，而贬汉人为低等，又不愿意接受汉人传统的种族观，承认满清文化的落后，较为方便的方法就是避而不谈，连带而及使得避讳比较严苛。徐珂《清稗类钞·姓名类》“胡长龄以名得大魁”条载，“胡印渚，名长龄，乾隆朝，大魁天下。殿试时，胡卷本在进呈十本之末，时高宗春秋高，睹胡名，笑曰：‘胡人乃长龄耶？’遂置第一。”可以透露出乾隆的微妙心理。陈垣《史讳举例·序》:"避讳为中国特有之风俗,其俗起于周,成于秦,盛于唐宋,其历史垂二千年。"至唐宋时期,尤其是宋,避讳发展到极端,元明以后,避讳逐渐衰退,而清代的酷讳可以看作避讳行将就木的回光返照。

对比原始禁忌与避讳,可概括为前者为处于懵懂时代的人提供一种行为准则,是混沌世界的秩序;而后者的随意性则对现有秩序形成了一种破坏,是秩序世界的混沌。由强化了的想象,进入强加的理性。

(四)避讳形成的原因

1.社会原因

中国社会从周代开始进入封建社会,随着社会的发展,社会内部的结构发生了根本的变化,在周代之前的夏商社会,属于文明的早期,维系整个社会的是通行的道德准则,所谓"上古决于道德"。而至周代时,则属于"中古决于气力"的时代了,诸侯征讨杀伐,以实力说话,而不再单单依靠内在的道德要求去规范人的行为。可以说,原始禁忌是一种通过作用于人的内心而起作用的规范手段,而不是外在的强加的手段。在人的智力水平逐渐觉醒的时期,禁忌这种建立在无知、顺从和畏惧基础上的无条件服从,已经渐渐趋向于消解,这就形成了统治手段的缺失。取而代之的是,将内在的禁忌更换为外在的避讳,通过强有力的行政手段将长幼尊卑的格局固定下来,形成封建统治的框架。

儒家思想是在继承了所谓周公创立的周礼的基础上形成的,其"君君,臣臣,父父,子子"的理想,无非是在周礼的框架之下,构筑一个和谐的社会和家庭模式,在这个模式中,君臣父子各安其位,"父前子名,君前臣名"(《礼记·曲礼上》),以称名的方式表现臣子的服从，也以"君所无私讳，大夫之所有公讳"表示君臣之别。构筑起家国天下这一完整的社会模式。

2. 文化原因

避讳形成的文化原因，可以从汉民族的民族性格上找其根源，虽然汉民族自古以来就是一个多种族的混合，但其在形成过程中产生的鲜明的民族性格还是具有其突出特点的。与西方民族矛盾思维不同的是，汉民族的思维在一开始就具有浓厚的辩证色彩，在这种"齐生死"的思维形式下，要想将上下尊卑的区别明确下来，必须有一种外在的方式，称名与避名就是最为恰当的方式。反观西方民族，在其矛盾思维中，上下尊卑是固定的，上就是上，下就是下，因而不用通过其他的手段再予以强化。也就是说，在东西方文化中，思维的差别主要表现为，西方的思维注重的是事物之间的差别，而以汉民族思维为代表的东方思维，则更注重事物之间的转化。上可以转化为下，下可以转化为上，那么上下尊卑的区别就抹杀了。而在统治者来看，就必须用一种方式来强调上下尊卑的差别，以弥补汉民族思维所带来的这种影响。于是避讳产生了。反观西方，由于其思维方式的影响，不需要以专门的方式表现上下尊卑之别，所以许多民族的原始禁忌并没有发展为避名。不以避名为尊敬，也不以称名为不敬。

第二章　避讳的对象与范围

一、避讳的分类

避讳之例数量众多,对其进行分类,可以有不同的角度。从避讳形成的机制来分,可以分为敬讳、惧讳和恶讳。《历代避名汇典》:"广义的避讳实际包括敬讳、忌讳、憎讳三种情况。出于迷信畏忌心理而讳用、讳言凶恶、不吉利字眼或音节的,这是忌讳。如吴人讳言离散,称梨为圆果,称伞为竖笠等。出于厌恶憎恨心理而不愿以其名或姓称物的,这是憎讳。如唐肃宗恶安禄山,郡县名带安字的多加更改等。由于封建礼制、礼俗的规定、约束,或出于敬重的原因,而不敢直称尊长名字,以至讳用与尊长名同或音同之字的,这是敬讳。"从避讳的对象分,可以分为:为尊者讳、为贤者讳、为亲者讳。从避讳的使用情况分,可以分为制度之讳和风俗之讳。

概而言之,我们把避讳分成两类,即,敬讳和恶讳,前者表达的是避讳者尊敬的心理,而后者则表示出避讳者的厌恶。如果从避讳的来源来说,无论敬讳还是恶讳,都起源于对于被避者的

畏惧。但在后来的变化中，这两种现象产生了分化，敬讳的机制是，由于对于所避之人物具有尊敬的情感，使得避讳的主要目的演化成通过避免称说其名字，从而避免对被避者造成伤害。而恶讳的机制则变成，通过避讳使得所避的对象不能对避讳者自身造成伤害。

(一)敬讳

敬讳是指出于尊敬和亲近的感情而产生的避讳，《春秋公羊传·闵公元年》："为尊者讳，为亲者讳，为贤者讳。"都是属于敬讳的范围。后代的国讳、宪讳、家讳都可以归之于敬讳的范围。

(二)恶讳

恶讳是指出于憎恶、畏忌等心理而形成的避讳，其形成的机制不同于敬讳，意图通过避讳而远离被避者，从而避免其可能造成的伤害。

《新唐书·李抱玉传》："李抱玉，本安兴贵曾孙，世居河西，……禄山乱，守南阳，斩贼使。至德二载上言：'世居凉州，耻与逆臣共宗。'有诏赐之姓，因徙籍京兆，举族以李为氏。"

《经史避名汇考》卷四六引《六书正义》："（明）嘉靖间，南昌府进士袁贞吉对策进呈，世宗以袁为不祥，举笔加之，赐姓衷，同宗以为荣，俱改衷氏。"

以上两例出于对人和事的厌恶，都属于恶讳。

二、避讳的对象

古代中国人最重的是"天、地、君、亲、师"，以上五者都可以

进入避讳的范围之内。随着观念的变化，避讳主体也有了主次之分。

(一)帝王

在所有的避讳中，无疑帝王名字的避讳最为常见，也是最为重要的一种。帝王名字的避讳，其特点表现为一是避讳的严格，无论是习俗层面还是律法层面。二是避讳的范围很广泛，一般说来，对帝王名字的避讳是全国范围内的避讳，时间上往往终帝王一生，在太平盛世，按照古代礼法，避帝王名讳要延及上七代。三是触讳的惩罚也最重，一旦触讳，轻则呵斥，重则砍头，甚至株连九族。

帝王名字的避讳是避讳中表现最为集中的，也可以说是避讳的主体，其他的避讳都或多或少与之有关系。避讳从西周开始萌芽，至春秋战国逐渐有一些避讳的规则产生，但由于当时礼崩乐坏，征伐自诸侯出，难以形成统一的避讳。从秦代开始，特别是汉代的大一统局面，客观上形成了大范围之内统一避讳的条件，所以汉代对于帝王名字的避讳较为统一，而且有特定的避讳用字。后代的避讳愈演愈烈，绵延不绝。

因为帝王名字的避讳往往是全国都要避讳，也称其为国讳。

1. 生讳与死讳

帝王名字的避讳，有一个从死讳到生讳的发展过程，先秦时期，“名，终将讳之”。就是说，名字的避讳是在人死之后，即所谓“死讳”。而生前名字是不讳的，没有生讳。当然，在活着的人之间也有为了表明等级观念等因素形成的对于称名的一些限制，但这种限制不叫“讳”，《礼记》、《仪礼》等著作中称为“不名”。“死讳”是“生事毕而鬼事始”，表示的是人鬼之间的关系；而“不名”表示的是人之间的关系，二者绝对不能混为一谈的。

顾炎武《日知录》卷二十三云：“（唐）文宗开成中刻石经，凡高祖、太宗及肃、代、德、顺、宪、穆、敬七宗讳，并缺点画；高、中、睿、玄四宗，已祧则不缺。文宗见为天子，依古卒哭乃讳，故御名亦不缺。”钱大昕认为：“唐人避上讳，如章怀太子注《后汉书》，改治为理，正在高宗御极之日，初无卒哭乃讳之例也。文宗本名涵，即位后改名昂，故石经不避涵字。亭林失记文宗改名一节，乃有卒哭而讳之说，贻误后学，不可不正。”

这儿就是说的生前避讳与死后避讳的情况。按顾炎武的说法，唐代还遵从《礼记》的制度，采用“卒哭乃讳”的“死讳”制度，文宗健在，即不避其名讳。其实是很不对的。从汉代以来，就已经泯灭了“生讳”与“死讳”的界限，皇帝御名与庙讳都要避讳。钱大昕指出顾氏之误，其证据也非常有力。

《隋书·礼仪志》四载，天保元年，邢子才谓曰：“汉法，天子登位，布名于天下，四海之内，无不咸避。”汉代已有生讳之例。其后无不避御名，生讳遂成惯例。

2. 帝讳之兴衰

帝王名字的避讳，从秦代直至清代，乃至太平天国和袁世凯复辟，都有表现，大致情况是王朝兴则避讳兴，王朝衰则避讳衰。也有末世避讳突出的现象，那只不过是帝王为加强其统治所采用的一种手段，往往并不能如盛世避讳那样广泛，也不能达到所希望的目的。

《史记·秦始皇本纪》：“二十三年，秦王复召王翦，强起之，使将击荆。”正义：“秦号楚为荆者，以庄襄王名子楚，讳之，故言荆也。”《史记·秦本记》：“孝文王除丧，十月己亥即位，三日辛丑卒，子庄襄王立。”索引曰：“名子楚，三十二而立，立三年卒。”庄襄王在位时间很短，以其为秦始皇之父，故讳楚为荆。

《史记·秦楚之际月表》"端月"注，索隐曰："秦讳正，谓之端。"《秦始皇本纪》琅琊台刻石曰："端平法度"，"端直敦忠"，皆以端代正。是为秦始皇嬴政而讳。《汉书·高帝纪》注引荀悦曰"讳邦之字曰国"。颜师古曰："臣下所避以相代也。"这些都是早期的避讳例子，避讳的范围及严格程度都较弱。

清人周广业《经史避名汇考》卷五："《史记·儒林传》载，孔甲为涉博士，甲名鲋，孔子八世孙也。著《小尔雅》，避王讳而无胜字、涉字。"

汉初，尚不以成败论英雄，陈胜起于草莽，而对推翻秦朝的暴政功不可没，故时人评价甚高，《史记》以之入"世家"，而孔鲋为之避讳，也在情理之中。此时的避讳更多是发自避讳者内心，而不是由被避者强求。

汉高祖刘邦，避邦改为国。长沙马王堆汉墓出土的帛书典籍《老子》中，所有的"邦"字皆改称"国"，而不讳汉惠帝刘盈的名，可见其书的抄录时间应在高祖至吕后、惠帝时期。

避帝王名讳，可以说是避讳的主体，几乎历朝历代都以此为避讳的重心。

《汉书·高帝纪》："始大人常以臣亡赖，不能治产业，不如仲力，今某之业所就孰与仲多？"

《周礼·秋官·大行人》："以同邦国之礼而待其宾客。"《大戴礼记·朝事篇》改作"以同域国之礼"。《经史避名汇考》卷六："盖下连国字，不可重言，故变例改域。"

《论语·季氏篇》："且在邦域之中矣。"《释文》："邦或作封。"又，"而谋动干戈于邦内"。《释文》云："郑本作封内。"

以上三例为避汉高祖刘邦名讳。按汉代通例，应易以"国"

字，改为“域”乃是因为“邦国”相连，不得已而为之。“邦”作“封”，或以为形误。《汉书·高帝纪》称“某”，因是高祖自称，史家不敢直斥其名，故代以“某”字。

据《后汉书·百官志三》，少府属官已不见有保宫，而有守宫令、丞各一。

此为避东汉孝顺皇帝刘保之名讳，为避讳改官名例。

魏晋时期是避讳发展的时期，对于避讳规则的讨论渐多，由于其特定的诸侯割据的局面，加之当时特殊的命名规则，使得避讳多有分歧，没有形成汉代那样的整齐划一的情形。然避讳之法逐渐完备，避讳之例渐多。此一时期避讳呈现出的特色，可以以避字为代表。此前的避讳一般避名，而至此连字也避。

《经史避名汇考》卷九：“琴曲曰畅，曰操。操者，言遇灾害不失其操也。自虞及周汉，皆有之。魏以武帝讳，避而不作，故自蔡中郎《十操》以后，至唐韩昌黎始为嗣响。……时有作者，以歌名之，如阮瑀《琴歌》，曹植《琴瑟调歌》，嵇康《风入松歌》及《中散四弄》之类。至康所善《广陵散》，散亦操之别名。……刘潜《琴议》：杜夔妙于《广陵散》，康就其子猛求得此声。是广陵本古琴操名，非康自制。其曰散者，因避武帝讳耳。”

此为避魏武帝曹操名讳而改“操”为“歌”、为“散”。

《文心雕龙·诏策篇》：“汉初定仪则，则命有四品：一曰策书，二曰制书，三曰诏书，四曰戒敕。敕戒州部，诏诰百官，制施赦命，策封王侯。”《经史避名汇考》卷九：“汉以前，策无有称诏者。……《吴志·孙权传》载受魏文帝九锡文，作‘策命曰’，余并作诏。嘉禾二年策命公孙渊，注引《江表传》，《吴五子·孙虑传》注引《吴书》，俱首言‘诏曰’。盖当时避桓王讳，凡策皆称诏。”

孙权赤乌三年诏有“智无遗计”，又，“乐闻异计”。孙休永安六年诏“首建大计”，又，“霍光定计”。《三国志·吴书·顾谭传》疏上权曰：“昔贾谊陈治安之计。”《三国志·吴书·朱异传》：“建计破其外围。”则知为避孙策之讳而改策为计也。

《颜氏家训·书证篇》：“简策字，末代隶书有竹下作夹者，徐仙民《春秋》、《礼》音，遂以‘筴’为正字，以‘策’为音，殊为颠倒。”

上三例为避吴霸王孙策名讳，改“策”为“诏”、为“计”、为“筴”。前两者为改“同训之字”，后一例为改用异体字。

《三国志·蜀书·马超传》裴注引《山阳公载记》：“超因见备待之厚，与备言，常呼备字。关羽怒，请杀之。备曰：人穷来归我，卿等怒，以呼我字故而杀之，何以示于天下也？张飞曰：如是，当示之以礼。明日大会，请超入，羽、飞并杖刀立直。超顾坐席，不见羽、飞，见其直也，乃大惊，遂一不复呼备字。明日叹曰：我今乃知其所以败。为呼主人字，几为关羽、张飞所杀，自后乃尊事备。”

此为避蜀汉皇帝刘备之字之例，由马超称刘备字的情况看，避字也只处于萌芽阶段，并不为所有人所认可。加之马超起于西北，不谙中原礼仪，故有称字之事。

唐代是中国历史上又一大一统的时期，避讳也得到了发展，帝王名字的避讳形成了一定之规，且著之于律法，长孙无忌等人编撰的《唐律》对于避讳规则和触讳的惩罚，都有了明文记载，成为整个社会的守则。唐代的避讳在当时的历史文献和碑刻等文物中都有集中体现。正如陈垣《史讳举例》所言，“唐人注史记、两汉书、文选，撰晋、梁、陈、北齐、周、隋、南、北八史，于唐庙讳，多所改易，古籍遂致混淆。”

《晋书·安帝纪》，东晋临海太守辛昺作辛景。《刘元海传》，前赵刘元海部将刘昺作刘景。

《隋书·柳裘传》,称柳裘父,梁义兴太守昺为明。

《隋书·礼仪志四》:后齐制,"学生每十日给假,皆以景日放之。"又云,隋制,"学生皆乙日试书,景日给假焉"。

此为避唐高祖李渊父,追尊世祖元皇帝李昺之名讳。前三例避正讳,后一例避其嫌讳"丙"字,均改为"景"。

唐代由避讳而改官称,其例颇多。避太宗李世民讳,民部改称户部;避高宗李治讳,改治书侍御史为持书侍御史。

《册府元龟卷》卷三一载:庄宗同光二年二月"丁酉,吏部奏十道图内州县名共有三十七处犯献祖庙讳,敕改易之"。又,三年正月"癸亥,湖南马殷奏管内州县名有犯献祖庙讳处,道州延昌县复旧名延唐县,郴州义昌县改为义彰县,岳州昌江县改为平江县,所司铸换新印赐之"。

此为避后唐庄宗李存勖祖,追尊献祖文景皇帝国昌之讳。

五代十国时期,处于乱世,避讳的数量和严格程度都少而弱。

3. 帝名避讳字数量

汉代以前,帝王避讳没有一定之规。汉代帝王名字的避讳较为普遍,开始形成通例。其突出的表现是有专门的避讳用字,如,高祖刘邦,代以国字;惠帝刘盈,代以满字;文帝刘恒,代以常字;等等。在被避字与避讳用字之间形成一对一的关系。可以说避讳较为有章可循。其后,历魏晋至隋唐,避讳渐繁,至宋代,避讳又发展为另一个高潮,宋代避讳突出的表现是其避讳用字的纷繁,避嫌名在宋代达到了顶峰,最多的有五十多字。据宋绍定《礼部韵略》所载"淳熙重修文书式",宋高宗赵构的避讳延及"构(構)"的同音字"遘媾觏购冓篝褠姤诟逅鸲句雊钩岣縠彀拘瞉够"等五十五字,可谓前无古人,后无来者。

元代统治者排斥汉民族文化，没有接受唐宋以来的避讳风俗，明承元后，避讳也少见，除了厌恶避讳较突出以外，帝王名字的避讳数量不多，仅偶有所见。直至崇祯皇帝才大力推行避讳，已是强弩之末，不复唐宋之盛了。

《十驾斋养新录》卷一一“避讳改郡县名”条：“明成祖名棣，改沧州之无棣曰庆云，乐安州之无棣曰海丰。”

此为避明成祖文皇帝朱棣名讳而改地名。其例极为少见。

清代的帝王名字避讳极为严酷，动辄刑人，文字狱中牵涉到避讳的十之六七。“雍乾之世，避讳至严”。为避雍正的名字胤祯，雍正兄弟名字中的“胤”字，一律改为“允”字；诗人王士祯，死后十年，还被改名为王士正，后又钦命再改为王士桢。就连明朝的亡国之君崇祯皇帝，也被改为不可理解的“崇正皇帝”；北宋的开国皇帝赵匡胤，居然被改为莫名其妙的赵匡允；天下的地名，凡涉及讳字的，一律相应改动，如真定、真阳、真宁，都相应被改为正定、正阳、正宁。

太平天国的避讳也极为繁杂，以帝王自居的洪秀全，也敕令下属避其名讳，避秀称禾王，《钦定前遗诏圣书批解》：“朕是禾王。”《钦定敬避字样》：“全，凡用铨、诠等字代，凡意近似者可代以完备纯周普遍广大合通等字。”

至袁世凯复辟帝制，也效法古代帝王避讳，只是时代已经不同，徒遗“元宵”（袁消）之讥。

（二）圣人与贤人

圣人名字的避讳，以孔子为多。其他如黄帝、轩辕、尧、舜、禹、老子、关羽、朱熹等，都有避讳的情况。另外，贤人诸如伍子胥、孟浩然等，也有避讳的情况，可附于此类之下。

1. 避孔子讳

宋高承《事物纪原》卷二“孔子封”条：“唐《礼乐志》曰：明皇开元二十七年，诏夫子称先圣，可谥曰文宣王。遣三公持节册命。”

《唐会要》卷三十五载，开元二十七年八月二十四日，追谥孔子为文宣王。其后嗣改封嗣文宣王。二十七日，命尚书右丞相裴耀卿就国子监册命。

《事物纪原》引《宋朝会要》曰：“大中祥符元年，诏追谥玄圣文宣王；五年十二月，改谥至圣，避圣祖讳也。”唐代以前，尚不避孔子讳，唐诗中多有斥其名者。至宋代，开始避其名讳。《宋史·地理志》：“大观四年，避孔子讳，以瑕丘县为瑕县，龚丘县为龚县。”

唐宋时期，孔子的地位得到了极大的提高，称号也一再追加，但是对其称号避讳的严格程度却比不上对皇帝御名号谥的避讳，如二者相犯，以改孔子之称号为常。《通考·学校四》：“（大中祥符）五年，诏改玄圣文宣王谥为至圣文宣王，避圣祖名也。”

《挥麈前录》卷一：孔子谥文宣，“大中祥符元年，乃加玄圣二字，后避圣祖讳，易为至圣”。

至金章宗明昌三年十一月，更是以诏书形式明令全国，“臣庶名犯古帝王而姓复同者禁之，周公、孔子之名亦全回避”。

《金史·章宗纪》载：泰和五年三月“甲戌，谕有司，进士名有犯孔子讳者避之，仍著为令”。“明昌三年，诏周公孔子名俱令回避”。“泰和五年，又诏有司，如进士名有犯孔子讳者避之，著为令”。

元明时期，避孔子讳依然盛行。《至正直记》卷三“丘字圣讳”条：“丘字，圣人讳也，子孙读经史，凡云孔丘者，则读作某，以朱笔圈之，凡有丘字，皆读若区，至如诗以为韵者，皆读作休，同义则如字。”

避孔子讳的规矩一直延续到清代。

清代叶名沣《桥西杂记》说：“雍正三年，奉上谕，孔子圣讳，理应回避……嗣后除四书五经外，凡遇此(丘)字，并加阝(邑)为邱……庶乎允协，足副尊崇先师至圣之意。”《说文解字》“邱”字下，清代段玉裁注释说：“今制，讳孔子名之字曰邱。”

2. 避老子讳

宋高承《事物纪原》卷二“老子号”条：“(唐)《高宗纪》曰：乾封元年二月己未，追号老子太上玄元皇帝。”

《唐会要》卷五十曰：“天宝二载正月十五日，加太上玄元皇帝号为大圣祖玄元皇帝；八载六月十五日，加号为大圣祖大道玄元皇帝；十三载二月七日，加号大圣祖高上大道金阙玄元天皇大帝。”

《事物纪原》引《宋朝会要》：“大中祥符六年八月十一日制：谨奉上真元皇帝圣号曰太上老君混元上德皇帝。”《真宗实录》云：“六年七月庚午制也。”《纪年通载》云：“大中祥符七年正月戊申，奉上太上老君尊号册宝也。”

由唐至宋有一系列对老子的加封。唐高宗乾封元年“二月己未，如亳州，祠老子，追号太上玄元皇帝”。唐玄宗“(天宝)二年春正月丙辰，追尊玄元皇帝为圣祖大道玄元皇帝”。天宝八年闰六月，“册圣祖玄元皇帝尊号为圣祖大道玄元皇帝”。天宝十三年二月，“上玄元皇帝尊号曰大圣祖高上大道金阙玄元天皇大帝”。宋真宗大中祥符六年八月，“加号太上老君混元上德皇帝”。

唐代儒释道并行，以道家老子(李耳)姓同皇姓，备加尊崇，由此产生对老子名字的避讳。风气延及宋代，然已不复唐代之盛。

《能改斋漫录》卷十三：“政和八年八月御笔：太上混元上德皇帝名耳，并字伯阳，及谥聃。见今士庶，多以此为名字，甚为渎侮，自今并为禁止。”然而禁止并不严格，秦桧子秦熺字伯阳，当时不以为非，可见此禁只具文耳。

3. 避关羽讳

关羽至元代确立了其武圣人的地位。元刊《三国志平话》对于刘备、张飞皆称其名，独对关羽称“关公”而不名。“见关公街前过，生得状貌非俗。”罗贯中《三国志通俗演义》对关羽尤为尊敬，始终不敢直称其名。

4. 避轩辕黄帝讳

轩辕黄帝，传说中古代帝王，被称为汉民族始祖，也以圣人目之。

《宋史·真宗纪三》：大中祥符七年“六月乙卯，禁文字斥用黄帝名号故事”。《礼部韵略》附绍熙重修文书令：“诸文书不得指斥援引黄帝名。经史旧文则不避。”夹注：“如用从车从干，冠以帝字或继以后字，合行回避。自余如轩冕、轩轾、轘辕、车辕之类，则不合回避。”

钱大昕《十驾斋养新录》卷七“宋人避轩辕字”条：“予见宋板经籍，遇轩辕二字辄缺笔。初未详其说，后读李氏通鉴长编，载，大中祥符五年十月戊午，九天司命上卿保生天尊降于延恩殿，自言：吾人皇九人中一也，是赵之始祖再降，乃轩辕黄帝。凡世所知少典之子，非也。母感电梦天人，生于寿邱，后唐时七月一日下降，捴治下方，生赵氏之族，今已百年矣。闰十月己巳，上天尊号曰‘圣祖上灵高道九天司命保生天尊天帝’。壬申，诏圣祖名上曰玄，下曰朗，不得斥犯。以七月一日为先天节，十月二十四日为降圣节。七年六月己卯朔，诏内外文字，不得斥用黄帝名号故事，其经典旧文不可避者，阙之。乃悟轩辕二字缺笔之由。”

对轩辕名字的避讳只延续宋代一朝，其原因在于赵宋追尊轩辕黄帝为其先祖。

5. 避朱熹讳

《朱子语类》，为其门人所记，书中但称先生，遇朱子自名，则盖代以“某”字。《豫变纪略》卷五：“贼至柘城县，……是时陈天晴犹为秀才，在俘虏中，执劳最苦。贼部帅有号琉璃滑者，颇知书，独不杀人。见陈而悯之，呼来前，曰：‘汝亦知书乎？’对曰：‘知。’因予以扇，不知何人所书《归去来辞》也，使诵之。至晨光熹微句，方脱口，帅遽曰：‘止，止！汝非秀才也。当作某微，何乃作熹微乎？’陈愕然良久始悟，乃前对曰：‘熹作某读，避考亭夫子讳也，唯《毛诗序》及《四书章句》则然耳，余皆如字，犹丘读作某，避孔子讳，唯十室、无隐等章作某读，余如邱陵、邱隅等则皆如字。夫固各有当也。’帅急首肯曰：‘是，是。’因呼使坐谈。曰：‘汝真秀才也。……汝自审机会，可逃则逃，吾不汝禁也。’”《经史避名汇考》卷四一：“尝见董文敏临淳熙二年吴琚所书《归去来辞》，晨光之熹微，作晞微。殆亦因避紫阳而改欤？”

朱熹以其近乎圣人的地位，享受了避讳的待遇。

6. 避尧舜禹汤文武等圣人名讳

《明太祖实录》卷五二：洪武三年五月，“上谕中书省臣曰：‘小民不知避忌，往往取先圣、先贤、汉、唐、国、宝等字以为名字，宜禁革之。’于是礼部定议，……其名字有天、国、君、臣、圣、神、尧、舜、禹、汤、文、武、周、汉、晋、唐等国号相犯者，悉令更之。”

这一类避讳只用于起名，并不妨碍平时称说尧、舜等名。

7. 避爷火华名讳

爷火华本是基督教的上帝，洪秀全创立拜上帝教，尊爷火华（即耶和华）为天父，故忌其名讳。忌火，《钦定敬避字样》：“火，凡用以亮、伙、夥、炎等字代。”生火为堆亮，发火为冲亮（特指惹洪秀全发火)，忌华，改华为花，华人为花人。

8.避贤者名讳

《晋书·羊祜传》:“祜卒，荆州人为祜讳名，屋室皆以门为称，改户曹为辞曹。”羊祜治荆，贤，死而荆人念之，故避其讳。此为较早避贤人名讳之例。

《经史避名汇考》卷三〇引《地理志》:“吴山本名胥山，避吴相改名。”此为避春秋时期吴国贤相伍子胥的名讳。

《经史避名汇考》卷三三:“近商邱刘山蔚榛，与里中长者同名。或传其意，令更之，山蔚不可。因作《同名说》，其文甚辩，中言:长者已同谢茂秦而不更，天下后世同名者何限，岂得尽更之?又言:不得同者，御名及庙讳。在律，犯者杖。非凡人所得僭拟也。”

谢榛，字茂秦，明代文士，《明史》有传。此例以为避长者之讳，为尊尊之义。而刘蔚榛认为，本应都避贤者谢榛之讳，而律法规定，避讳只及“御名及庙讳”，故不避。可见避贤者讳只局限于习俗的层面，没有约束力。

周密《齐东野语》卷四:“元稹以阳城驿与阳道州同名，更之曰‘避贤驿’，且做诗以记之，其诗曰:‘商有阳城驿，名同阳道州。阳公没已久，感我泪交流。’白乐天和之云:‘荆人爱羊祜，户曹为改词，一字不忍道，况兼姓呼之。’是也。”

唐无名氏《大唐传载》:“阳道州城之为朝士也，家苦贫，常以木枕布衾，质钱数万，人争取之。”

阳道州，字城之(一曰字城)，贫而贤，时人称之。故有避其名之事。

《齐东野语》卷四:“郑諴过郢州浩然亭，谓贤者名不可斥，更名孟亭。歙有任昉寺、任昉村，以任所游之地故也。虞藩为刺史日，更为任公寺、任公村。此则后人避前贤名也。”

《新唐书·孟浩然传》：“初，王维过郢州，画浩然像于刺史亭，因曰浩然亭。咸通中，刺史郑諴谓贤者名不可斥，更署曰孟亭。”皮日休《郢州孟亭记》：“先是亭之名取先生之讳，(郑)公曰：焉有贤者之名为趋厮走养朝夕言于刺史前邪？命易之以先生姓。日休时在宴，因曰……书名日贬，书字日贵，况以贤者名署于亭乎！君子是以知公乐善之深也。”

《文献通考·郊社十一》：宋仁宗天圣六年，“礼官丁讽言，《春秋文耀勾》五方帝名，——灵威仰、赤熛怒、含枢纽、白招拒、叶光纪、祝文、位板，有司皆书斥其名。下礼院议，去之。”

此一例为避传说中人物之名，姑附于此。

圣贤名字的避讳不太严格，一是没有犯讳的惩罚，还停留在习惯的层面；二是如果圣贤名讳与国讳相犯，往往以改圣贤名讳而就国讳。

《经史避名汇考》卷二三引金嘉会《西湖关庙广纪》：“豫章丰城尹陆大典，见乙卯北畿解头名与帝类，怪之。或告曰：房官阅卷时，闻帝空中呼曰：还我解元。房官亟冠带竦立读卷，另署第一。比拆卷，则秦翊明也。而翊字犯神庙讳，考官为抹去其立，遂与关帝讳同。”

此为避明神宗朱翊钧之名讳而去偏旁，却犯关帝名讳。

与避圣人、贤者名讳相似的情况是，有时也避师尊之名讳，此类为数不多。

《宝章待访录》辨才弟子草书《千文》条：“右黄麻书，在龙图阁直学士吴郡滕元发处，滕以为智永书。某阅其前空两‘才’字，全不书，固已疑之，后复空‘永’字，遂定为辨才弟子所书，故特缺其祖、师之名耳。”此为弟子避师祖之名。

(三)官讳

官讳是指针对各级政府官员的避讳。各级政府官员,其名讳及其父祖之名讳,可以在所管辖的区域内进行避讳,又称宪讳。官讳的范围和触讳的惩罚小于国讳,延续时间较短。一般说来,官讳多用于官场,在官员和其下属之间使用。也有官员强令任官之地百姓为其避官讳,陆游《老学庵笔记》卷五载:"田登作郡,自讳其名,触者必怒,吏卒多被榜笞。于是举州皆谓灯为火。上元放灯许人入州治游观,吏人遂书榜揭于市曰:'本州依例放火三日。'"遂为后人所诟病。

1. 官讳起于魏晋

从文献记载来看,早在魏晋时期,官场就有请讳之制,新官上任,由负责文书的官吏如主簿之类,请教官员私讳,以在官场避之。

《晋书·王述传》:永和十年,"代殷浩为扬州刺史,加征虏将军。初至,主簿请讳,报曰:'亡祖先君,名播海内,远近所知,内讳不出门,馀无所讳。'"

对官讳的避忌往往有争论,名犯上司名讳及其父祖之名,往往改名以避之。论者认为,名受之于父母,不应遽改。而平日言语行文之间避官讳,渐成通例。

五代唐平卢节度使霍氏名彦威。《册府元龟》卷八二五:"郭彦夔为青州孔目吏,以节度使霍彦威故,改名致雍。天成中为本道所荐至京,中书以旧名除官邸使。苏仁裕陈状以为不便。安重诲以圣旨令中书奏曰:伏以凡是人名,皆由父名,侍侧者则以荣左右,为后者称以奉烝尝。犯庙讳须更,同御名亦改。降此以外,回避无闻。以春秋论之,卫侯名恶,大夫有齐恶。太宗朝有虞世南。君不听臣易名，皆所以重人父之命。况郭彦夔长在青州，霍彦威有时移镇，宁将私敬上渎圣聪？若便允从，恐多援引，只宜如故。工部郎中于邺奏名是卢文纪私讳，倘许更名，即不至尤违。其郭彦夔，请在本道宜令权称致雍，在告敕内即须仍旧，诚为至论，永作通规。从之。”

官讳的避忌远不如国讳强，不仅范围小，避讳的强制性也弱，一旦犯讳，惩罚的力度也没有一定之规，有时甚至无可奈何。官讳处于国讳这种有强制性的避讳和家讳这种主要以习惯性为准则的避讳两者之间，如果以国讳的要求进行官讳的避忌，有时就会贻笑众人。

宋周密《齐东野语》卷四载，“蔡京在相位日，权势甚盛，内外官司公移皆避其名，如京东、京西并改为畿左、畿右之类。蔡门下昂避之尤谨，并禁其家人，犯者有笞责。昂尝自误及之，家人以为言，乃举手自击其口。蔡经国闻京闽音，称京为经，乃奏乞改名纯臣。此尤可笑。”

《闲燕常谈》：“薛肇明谨事蔡元长，至戒家人避其名。宣和末，有朝士新买一婢，颇熟事。因会客，命出侑尊。一客语及京字，婢遽请罚酒。问其故，曰‘犯太师讳’。一座骇愕。婢具述先在薛太尉家，每见与宾客会饮，有犯京字者必举罚。平日家人辈误犯必加叱詈，太尉脱或自犯，则自批其颊以示戒。”

蔡京之权倾朝野，蔡经国、薛肇明等之谄媚之态，跃然纸上。

宋代以后，官讳逐渐普遍，成为惯例。

宋绍圣间，安惇为从官，章惇为相，安见之，但称享而已。

《齐东野语》卷四：“近世方巨山名岳。或谤其为南仲丞相幕客，赵父名方，乃改姓为万。既而又为邱山甫端明属，邱名岳，于是复改名为方山，遂指以为过焉。”

官讳没有强制性，律法也没有规定犯讳的惩罚，但因官讳一般由上峰对下属官吏民众，其约束力还是很大的，有时可以起到意想不到的作用。宋周密《齐东野语》卷四载，“后唐天成中，卢文纪为工部尚书，郎中于邺参，文纪以父名嗣业，与同音，竟不见。邺忧畏太过，一夕，雉经而死。”可见官讳的威慑力。

清赵翼《陔余丛考》载，“董棻《燕闲常谈》云：许将知西京，有一吏白事云：‘某钱若干，已有指挥许将来春充预买钱。’许厉声曰：‘许将如何作得预买钱！’其人方悟。元绛知杭州，一吏白事：‘合依元将指挥。’元拱手曰：‘元绛何尝指挥？’吏惶恐而退。此未免觌面犯讳，故酬接时亦有不可不留意者，古人所以有入门问讳之礼也。”

徐珂《清稗类钞·称谓类》载，属吏上大宪书，向用“恭惟大人”四字。乾隆朝，庄滋圃相国有恭总督南河，僚属具禀，改为“仰维”，或作“辰维”，避恭字也。

2. 不避官讳例

也有不避官讳者，宋周密《齐东野语》卷四载，“五代有石昂者，读书好学，不求仕进。节度使符习高其行，召为临淄令。习入朝，监军杨彦朗知留后。昂以公事上谒，赞者以彦朗家讳石，遂更其姓曰右昂。昂趋于庭，责彦朗曰：‘内侍奈何以私害公？昂姓石，非右也。’彦朗大怒，昂即解官去。语其子曰：‘吾本不欲仕乱世，果为刑人所辱。’”

《光绪慈溪县志》卷二八：“秦金字懋南，嘉靖二年进士。谒选，时无锡秦尚书与同名，讽之改，且得要署。金曰：礼，子生三月，父命之名。先人在犹不敢改，既没，忍以一官易乎？卒不改。”

《齐东野语》卷四还记载了一个有意触讳的故事。宣和中，徐申字干臣，自讳其名，知常州，一邑宰白事，言“已三状申府，未施行”。徐怒形于色，责之曰：“君为县宰，岂不知长吏名，乃作意相侮。”宰亦好犯上者，即大声曰：“今此事申府不报，便当申监司，否则申户部，申台，申省，申来申去，直待身死即休。”语罢，长揖而退。徐虽怒，然无以罪之。

以上，皆不肯避权贵之讳，以自保其姓名和尊严。

3. 官讳的强制性

官讳没有国讳的强制力强，而又不像家讳那样范围狭小，所以有时会形成避讳不当的情况，被传为笑谈。而权臣则可以在其所辖范围之内强制推行官讳。陆游《老学庵笔记》卷五载田登“只许州官放火，不许百姓点灯”的故事即是避官讳不当的例子。

相对于家讳而言，官讳的强制力还是较为强烈的，这取决于官员权力的大小和官员个人的修养。

梁绍壬《两般秋雨盦随笔》卷五“避讳”条：“福大将军威镇中外，属吏有犯其祖、父讳及本身名者，必当面申饬，故其时禀启，改康为泰，改安为宁。”福康安位高权重，以避其讳为要，官讳成为了官员呈其威风之手段。

4. 官讳的避讳方法

官讳冲突有三种情况：一是官员名或其父祖名与官名冲突；二是官员名或其父祖名与任官地名冲突；三是官员名或父祖名与下属名字冲突。

处理起来有不同的方式：对于第一种情况，通常的办法是由官员提出，改任他官。再有一种办法是官员辞官不做，只有很少的情况下，可以更改官名以就官员。

对于第二种情况，通常的办法是由官员提出，改于其他地方任官；再就是辞官，只有很少的情况下，可以更改地名以就官员。对于第二种犯讳的情况，还有一种变通的办法，就是于衔内不书任职地名。

对于第三种情况，通常的办法是由犯讳之下属官吏提出改名；也有由被犯的上级官员提请下属改名者，一旦“制可之”，则必须改名。若由被犯的上级官员要求犯讳的下级官吏改名，则不具备强制性，犯者可改可不改。也有下属名犯上司官讳，将下属调离原位以避之的情况。

《愧郯录》卷一〇：“宣和四年九月二十五日，臣寮言：近者马向为开封府工曹掾，自陈父名开，乞避，而本府乃奏乞衔内不书府名，有违熙宁御札指挥。诏别与差遣。”

此一例的变通办法是“衔内不书府名”，然而与皇帝的处理方法不一致，所以不获批准。以别与差遣处理。

官员家讳的避讳规则至晋时已经形成条例，如果父祖名犯官名，一般由官员请求辞官或改换职位，也有特别受到恩宠的官员会因此而改官名。至于自名与官名相犯，则不许回避，所谓不“以私废公”。《晋书·江统传》载，江统叔父春被任命为宜春令，江统因而上疏：“故事：祖父名与官同者，皆许改；若身与官同名，不在改选之列。但身没之后，子孙难以称其位号，宜听其一并回避。”诏从之。其时的规则是父祖之名与官称相同，允许官员改选；而官员自身名字与官称相犯，则不许改选。至江统上书，从子孙后代的角度看，倘若官员名字与官称相同，子孙无法称呼，所以诏官员与其父祖名字均避官称。

《宋会要·仪制》载，宋太宗雍熙二年下诏，官员三代的名讳只可行于自家，州县长官不准命人将家讳在客位榜列出；新授的职官，除三省、御史台五品，文班四品，武班三品以上，允许按式奏改，其余不在请改之列。《朝野类要》也载，宋代神宗、徽宗时，一度不准官员为避私讳而改官称。理宗时人赵升说，当时“授职任而犯三代之讳者”，准许回避；如“二名偏犯”，则不准回避。表现出对于官员名回避与不避的摇摆。

大略而言，官员在接受差遣、升迁官阶时，回避家讳的方法有：辞官、改换任职之地、改换任职之官、不系衔内、改官称和官衔名、改所任职地名、改犯讳下属名或调离，等。

(1)辞官

遇官称犯父祖之名，必须上书辞让，否则，一旦为人所究，则有贬官之虞，这已经成为官场规矩，也著于《唐律》之律条。柳宗元祖名察躬。贞元间，柳宗元由蓝田尉除监察御史，上状云：“准《名例律》，诸官与父祖讳同者，不合冒荣居之。臣祖名察躬，今臣蒙恩授前件官，以幼年逮事王父，礼律之制，所不敢逾。臣不胜进退惶恐之至，谨诣光顺门奉状听闻，伏听敕旨。”敕：“新除监察御史柳宗元，祖名察躬，准礼，二名不偏讳，不合辞让。”

清赵翼《陔余丛考》卷三十一：“《宋史・贾黯传》：律载府号官称，犯祖父名而冒荣居之者，有罪。则并有不避讳而议罪之律矣。雍熙中，诏除官若犯私讳者，三省御史台五品、文班四品以上，许用式奏改。则更有因私讳而改官之律矣。”

《宋史・李若拙传》：“(若拙)迁太子左赞善大夫，以官称与父同名，辞，不许。”其父名光赞。

(2)改换任职之地

改换所受差遣之地。宋代马骘发遣衡州，因本州安仁县名犯其父讳，改差主管台州崇道观。

《鸡肋编》下：“马骘父名安仁，绍兴八年知衡州，以县有安仁，乞避，则遂听其辞。”

(3)改换任职之官

宋代罗点新除起居舍人，因“起”字犯曾祖名，改除太常少卿。张子奭任太常寺奉礼郎,因父名宗礼而改授太祝。

《翰苑遗事》:“隆兴二年闰十一月,敷文阁直学士王刚中除翰林学士,以祖讳翰,改除礼部尚书,直学士院。”

宋代有改授次等阶官之例。按宋朝官员任职惯例,凡官员经过磨勘(考察)后,其升迁的阶官官称如与官员三代名讳相犯,允许自陈,改授次等官阶,称为寄理,系衔时放在官称之首。

(4)不系衔内

不系衔内,其意为在其官称中,将犯讳的那一部分回避掉,而不称呼。

宋谢克家,父名林。克家子伋,撰《四六谈麈》云:“先公除翰苑,以祖讳辞。有旨衔内权不系三字,先公以不带三字,止同职名,不可赴院供职,又固辞。除述古。又云:先公初见上济州,便欲委以文翰;宋都登极,即有是除,以祖讳辞。后自台招至建业,初入对,上云再以翰林学士处,又固辞,方拜兵书。”

此一例皇帝给出的变通办法是职衔内不书“翰林苑”三字,而又因本人不同意而作罢。

(5)改官称和官衔名

改官称和官衔名之例不多,是变例而非通例。官员家讳虽为家族内部之事,“内讳不出于外”,也有因家讳而改官名之事。一般而言,有此殊荣一定是朝廷重臣。宋周密《齐东野语》卷四载,“绍兴中,沈守约、汤进之二丞相,父皆名举,于是改提举书局为提领。此则朝廷为臣下避家讳也”。

清赵翼《陔余丛考》:“萧复为晋王行军长史,德宗以其父名衡,乃改为统军长史。”

《旧唐书·舒王谊传》:建中三年,“以兵部侍郎萧复为户部尚书,兼御史大夫,元帅府统军长史。旧例有行军长史,以复父名衡，特更之。”“衡”“行”同音，故改“行军长史”为“统军长史”。

(6)改所任职地名

南朝梁张稷，父名永。《南史·张稷传》：“历给事中黄门侍郎，新兴、永宁二郡太守，郡犯私讳，改永宁为长宁。”

改官称、改地名，此种例子不多，大略与官员的地位高低有关。余例见第六章“避讳改地名”部分。

(7)改犯讳下属名或调离

《宋史·靳怀德传》：“怀德本名湘，素游寇准之门，准父名湘，景德中，准方为相，怀德乃改名焉。”靳怀德原名湘，犯寇准家讳，不须改易。及寇准拜相，位列怀德之上，家讳升为官讳，不得不避。

晋尚书安众男，父名佑。《晋书·礼志》中载有司议，众男曾“表中兵曹郎王佑名犯父讳，求解职。明诏爰发，听许换曹”。

科场避讳甚严，如用字犯国讳或恶讳，都有下第之可能，甚或偶犯考官名讳或其父祖名讳，也有被黜之虞。一般方式是落第，其例同于下属犯长官之讳。

明熹宗朝相国朱国桢，太史陈如冈。《经史避名汇考》卷三三引《野乘》：“朱相国万历戊戌主会闱，得一卷甚佳，以策犯国桢字，弃去。太史陈如冈房一卷亦以‘如冈如陵’句犯其名见弃。识者每嗤其刻。”

此一类例子并不少见，但从“识者每嗤其刻”，也可以看出社会对这一陋习的鄙视。

5. 讳权臣及父祖名

官讳一般不具有强制性，但当官员地位特高，权力巨大时，避讳的强制性会很强，而避讳范围也较大。此类也不乏其例。

北周晋荡公宇文护。《周书·宇文护传》载：护既幽弑闵帝，毒杀明帝，乃立武帝。(保定)“三年，诏曰：大冢宰晋国公，智周万物，道济天下，所以克成我帝业，安养我苍生。况亲则懿昆，任当元辅，而可同班群品，齐位众臣？自今诏诰及百司文书，并不得称公名，以彰殊礼”。

宋宁、理二宗丞相兼枢密使史弥远，权倾朝野。父名浩。《困学纪闻》卷一五：“蒋良贵签判安吉州，时水灾后修城，郡守赵希观属良贵作记，用‘浩浩’字，希观欲改，良贵不可，曰：‘以宗室而避宰相父名，此非艺祖皇帝所望于金枝玉叶也。’闻者壮之。”宋“与读书人共天下”已变为“与权臣共天下”。

《明史·宋一鹤传》：杨嗣昌“以一鹤能，荐之，擢右佥都御史，代方孔炤巡抚湖广”。“嗣昌父名鹤，一鹤投谒，自署其名曰‘一鸟’，楚人传笑之”。

宋代以后，宦官专权之事多有，致有避宦官名讳例，类似于权臣。宋代其避讳的范围还不大。

宋高宗朝内侍王氏名通。《合璧事类·后集》七六《高宗日历》：“常同劾陆寘疏云：寘乃内侍王通之客，为明州通判，避通名，改称府判。今浙东州军有呼通判为州判，自寘始也。”“通判”一名，屡次改易，宋真宗时以章献太后父名通而改称“同判”，寻复旧名。而此例以内侍名改称，其使用范围应较小。

至明代宦官当政，避太监名讳之例更多，避讳也较严格。

明宪宗朝御马监太监，领西厂汪氏名直。宪宗宰直，《经史避名汇考》卷三四引《政记》：是时，“东西长安门牌上用黄纸贴写‘太监汪傅奉旨不书名’，见者莫不惊骇”。

《明史·宦官传》：“所有疏，咸称厂臣不名，大学士黄立极、施凤来、张瑞图票旨，亦必曰‘朕与厂臣’，无敢名忠贤者。”

钱大昕《十驾斋养新录》卷七“禁人名寓僭窃”条记载，宋政

和八年七月，迪功郎饶州浮梁县丞陆元佐上书，说当时有人名余大明、陈丕显、孙权、刘项，这些名字或“有取王者之实”，或“有取霸者之迹”。他引前朝故事，“昔皇祐中，御笔赐蔡襄字曰君谟。后唱进士第日，有窃以为名者，仁宗怒曰：‘近臣之字，卿何得而名之。’遂令改”。宋徽宗认为，“陆元佐所言可行，下逐处并所属令改正禁止”。此为避有特殊含义之名字。

6. 避官讳改词语例

官讳的避讳范围及力度远小于国讳，以官讳而改词语之例不多，一般只出现于避权臣讳之时。

唐昭宗相崔胤，父名慎由。《天中记》卷二四：“崔胤拜相，权倾天下，险诡可畏。其父名慎由，人改呼油为麻膏避其讳，时号为麻膏相公。”

宋鲁国公曾公亮，父名会。《石林燕语》卷四：“尚书省文字下六司、诸路，例皆言‘勘会’，曾鲁公为相，始改作勘当，以其父名会，避之也。”

宋孝宗朝右丞相留正，家讳铸。《朝野类要》卷五“陶铸”条：“宰相擢用仕宦，谓之陶铸者，取造化之意。向因留相家讳铸，遂易为陶镕。”

明神宗首辅，江陵张居正。《觚不觚录》：“故事，投刺通书，于柬面皆书一正字，虽甚不雅，亦不知所由来，而承传已久。余自癸酉起官，见书牍以指阔红纸帖其上，间书‘启’字，而丙子入朝，投刺俱不书正字矣。初亦以为雅，既而问之，知其为避江陵讳也。”

7. 避官讳而取媚

为博取上司官员的青睐，也有汲汲于避官讳上下功夫的例子。

《续墨客挥犀》卷六：宋朝奉郎王僧彦，父名师古。“尝自呼砚为墨池，谓鼓为皮棚，人或误犯，辄以他事中之。曾知岭南一

郡，有李彦古者，以进纳得官，过郡请谒，遂题刺云：永州司户参军李墨池皮掤谨祇候参。僧彦一见大喜，示其子弟曰：奉人当如此矣。"

此一例，以"墨池"代砚，谐音彦；以"皮掤"代鼓，谐音古。避王僧彦及父王师古的名讳。

（四）家讳

家讳的范围比较小，一般只限于父祖名，也有讳母之名的情况，因几千年的中国封建社会中，女性的地位非常低，出嫁后一般在本姓前加夫姓而称呼，如张王氏、李刘氏之类，所以很难形成名字的避讳。只有在贵族士大夫阶层的人中间才有可能形成母名避讳。《礼记》所谓"言徵不言在，言在不言徵"。

1. 家讳发端于春秋，盛行于汉魏晋南北朝

对家讳的避讳，礼有记载，所谓"入门而问讳"，直至后代问讳习俗一直保存，《草木子·杂制篇》："宋有礼筵，名曰大排，凡所招亲宾，则先请其三代名讳。筵中倡优杂戏歌曲，皆逐一刊定回避，然后呈进。及入人家，皆先问父祖讳，然后接谈，冀无误犯。"

先秦时期，避家讳之例甚少，汉代以来，避家讳的情形仍不多见，偶有其例，也多见于士大夫或权贵中间。

淮南王刘安，父厉王刘长。《淮南子》通篇无"长"字，凡言长悉曰修。《淮南子·齐俗训》引《老子》"长短相形，高下相倾"作"高下相倾，短修相形"。张惟骧《讳字谱序》："一人著述而讳其父名者，自刘安讳其父长曰修始也。"后代于淮南国境内出土铜镜，其上的文字"长相思"都改为"修相思"。

至魏晋南北朝时期，家讳的避讳才逐渐普及。其原因在于，

(1)魏晋的统治者取得政权的途径多为“逆取”，于国不为忠，在儒家思想的“忠孝”两种观念中，已经不能鼓吹忠了。(2)魏晋以来的九品中正制的选拔人才的方式，逐渐形成了门阀制度，所谓寒门无上品，家族制度的地位得到空前的提高。当时关于忠孝的讨论也屡屡上演，几乎以孝先于忠而论定。与之相适应，避讳中的家讳就取得了极大的发展。

刘向《说苑·修文》：“齐宣王谓田过曰：‘吾闻儒者丧亲三年，丧君三年，君与父孰重？’田过对曰：‘殆不如父重。’王忿然怒曰：‘然则何为去亲而事君？’田过对曰：‘非君之土地，无以处吾亲；非君之禄，无以养吾亲；非君之爵位，无以尊显吾亲。受之君，致之亲。凡事君，所以为亲也。’”

这种忠孝之辩，以孝为目的，以忠为手段，正同当时的思潮相适应。与这种观念相适应，当时避家讳的情形非常普遍。

刘义庆《世说新语》对于当时的避家讳情况多有记载，可见魏晋时期，避家讳已成风气。只不过，其时去古未远，避讳之事尚宽，不及后代之苛。

《世说新语·方正》：“卢志于众坐问陆士衡：‘陆逊、陆抗是君何物？’答曰：‘如卿于卢毓、卢珽。’士龙失色，既出户，谓兄曰：‘何至如此！彼容不相知也。’士衡正色曰：‘我父祖名播海内，宁有不知。鬼子敢尔！’议者疑二陆优劣。谢公以此定之。”

《世说新语·排调》：“晋文帝与二陈共车，过唤钟会同载，即驶车委去。比出，已远。既至，因嘲之曰：‘与人期行，何以迟迟，望卿遥遥不至。’会答曰：‘矫然懿实，何必同群？’帝复问会曰：‘皋繇何如人？’答曰：‘上不及尧舜，下不逮周孔，亦一时之懿士。’”

《世说新语·排调》：“钟毓为黄门郎，有机警，在景王坐燕饮。时陈群子玄伯、武周子元夏同在坐，共嘲毓。景王曰：'皋繇何如人？'对曰：'古之懿士。'顾谓玄伯、元夏曰：'君子周而不比，群而不党。'"

司马师触钟毓父钟繇之讳以戏之，钟毓以触司马师父司马懿讳答之，又连带触陈玄伯父陈群讳、武元夏父武周讳。可见避家讳已经较广泛，但触讳并不算作大事，比之后代"触家讳如同掘祖坟"的想法自有不同。

《世说新语·排调》："庾园客诣孙监，值行，见齐庄在外，尚幼，而有神意。庾试之曰：'孙安国何在？'即答曰：'庾稚恭家。'庾大笑曰：'诸孙大盛，有儿如此。'又答曰：'未若诸庾之翼翼。'还，语人曰：'我故胜，得重唤奴父名。'"

《世说新语·赏誉》："王蓝田拜扬州，主簿请讳，教云：'亡祖先君，名播海内，远近所知。内讳不出于外，馀无所讳。'"

《世说新语·任诞》："桓南郡被召作太子洗马，船泊荻渚。王大服散后已小醉，往看桓。桓为设酒。不能冷饮，频呼左右令温酒来。桓乃流涕呜咽，王便欲去。桓以手巾掩泪，因谓王曰：'犯我家讳，何预卿事？'王叹曰：'灵宝故自达！'"

汉魏时期家讳也有不尽讳之例，《史记·李斯传》有"宦者韩谈"，《滑稽传》有"谈言微中"，《司马相如传》有"因斯以谈"。都是司马迁不避父司马谈讳之例。

王观国《学林》卷三载，范蔚宗父名泰，故《后汉书》不用泰字，郑泰、郭泰传皆改为太字，而两人传中行文并称郑公业、郭林宗，盖避泰音而呼其字也。按后汉安帝名佑，而《后汉书》有朱佑、吴佑、刘佑。殇帝名隆，而书有刘隆、伏隆、王隆。灵帝名宏，而书有卫宏。"蔚宗于汉臣名犯汉帝之名，则不改避，而犯其父之名则改避，何私于父而略于君耶？"

2. 避家讳常见于文人史家

避家讳在文人行文，史家著述中多有所见。

《史记·赵世家》“张孟谈”作“张孟同”，《佞幸传》“赵谈”作“赵同”，因司马迁父名“司马谈”而讳。

《后汉书》改郭泰为郭太，郑泰为郑太，因范晔父名泰。

《新唐书·肃宗纪》：“上元元年，……山南东道将张维瑾反。”颜真卿书元结墓碑作张瑾，避父讳省维字。颜真卿父名“维贞”。

《新唐书·司马承祯传》“承祯谥贞一”，颜真卿书李玄靖先生碑作“正一”。玄靖先生父孝威，私谥“贞隐”，颜书作“正隐”。

《宋史·韩维传》：“韩维，字持国。”《司马光传》家集称其字曰秉国。光父讳为池，池、持同音，避之。

此一例为避家讳之嫌讳。避家讳以避本讳为常，避嫌名之例较少。

陆游《老学庵笔记》续笔记卷一：“王羲之之先讳正，故法帖中谓正月为一月，或为初月，其他正字率以政代之。”

《老学庵笔记》卷六：“王荆公父名益，故其所著《字说》无‘益’字。苏东坡祖名序，故为人作序皆用‘叙’字。又以为未安，遂改作‘引’，而谓‘字序’曰‘字说’。张芸叟父名盖，故表中云：‘此乃伏遇皇帝陛下。’今人或效之，非也。”

《齐东野语》卷四：“王羲之父讳正，故每书正月为初月，或作一月，馀则以政字代之。王舒除会稽内史，以祖讳会，以会稽为郐稽。李翱祖父名楚今，故为文皆以今为兹。杜甫父名闲，故杜诗无闲字。曾鲁公父名会，避之者以勘会为勘当。蔡京父名准，改平准务为平货务。”

眉山苏氏讳序，苏洵文改序为引，苏轼为人作序，改用叙字。

此为苏洵、苏轼父子避其父祖讳。

沈括《梦溪笔谈》卷二十五称“混同江”为“混融江”，因沈括世父名同故也。

王念孙《读书杂志》引《荀子》原文，作“三者错，无安邦”。因王父名安国，故改之。

3. 唐宋时期家讳趋严

唐宋时期，与国讳发达相适应，家讳也得到快速发展。其例甚多。

杜甫父名闲。《苕溪渔隐丛话前集》卷二〇引蔡宽夫《诗话》：“杜子美诗一部，未尝使闲字，独一联云：‘见愁汗马西戎逼，曾闪朱旗北斗闲。’一处而已。顷见王侍郎钦臣云：‘旧尝疑此，以谓既不避，则不应只犯一字，后于薛枢密向家得五代时人故本，较之，乃是殷字，恐好事者因本朝庙讳易之，而不暇省其父名也。’苕溪渔隐曰：‘老杜家讳闲，而诗中有“翩翩戏蝶过闲幔”，此字在句中，容或印本有误。至于“泛爱容霜鬓，留观卜夜闲”，闲字乃押韵，或云是阑字，殊有理也。“邻家闲不违”，山谷谓问不违，诗意乃佳。王原叔作间字，非也。曾闪朱旗北斗殷，介甫刊作闲字，岂非临文不讳之意乎？’”

杜甫之父杜闲，曾任兖州司马、奉天县令。以唐代避家讳的风气而言，杜甫应该避其父讳。所谓“临文不讳”，并不妥当。

唐代避家讳已经形成风气，而且避讳的范围很广，除了避本讳，也避嫌讳。直接左右着读书人的生活。

韩愈《讳辨》：“愈与李贺书，劝贺举进士。贺举进士有名。与贺争名者毁之曰：‘贺父名晋肃，贺不举进士为是，劝之举者为非。’听者不察也，和而唱之，同然一辞。皇甫湜曰：‘若不明白，子与贺且得罪。’愈曰：‘然。’律曰：二名不偏讳。释之者曰：谓若言‘徵’不称‘在’，言‘在’不称‘徵’是也。律曰：不讳嫌名。释之者曰：谓若禹与雨、丘与蓲之类是也。今贺父名晋肃，贺举进士，为犯二名律乎？为犯嫌名律乎？父名晋肃，子不得举进士。若父名仁，子不得为人乎？”

《齐东野语》卷四载：“若唐裴德融父讳皋，高锴为礼部侍郎，典贡举。德融入试，锴曰：‘伊父讳皋，而某下就试，与及第，困一生事。’后除屯田员外郎，与同除一人参右丞卢简。卢先屈前一人，使驱使官传语曰：‘员外是何人下及第？偶有事，不得奉见。’裴仓遽而去。李贺以父名晋肃，终身不赴进士举，抑又甚焉。”

家讳有时会形成极端。《颜氏家训·风操》载，“梁氏谢举，甚有声誉，闻讳必哭，为世所讥。又有臧逢世，臧严之子也。笃学修行，不坠门风。孝元经牧江州，遣往建昌督事，郡县民庶，竞修笺书，朝夕辐辏，几案盈积。书有称严寒者，必对之流涕，不省记取，多废公事，物情怨骇，竟以不办而还。此并过事也。”“近在扬都，有一士人讳审，而与沈氏交结周厚。沈与其书，名而不姓，此非人情也。”

周密《齐东野语》卷四载，“国朝刘温叟，父名乐，终身不听丝竹，不游嵩岱。徐绩父名石，平生不用石器，遇石不践，遇桥则令人负之而过。此皆避讳不近人情者也。”

4. 避母讳

因“内讳不出门”的原因，避父讳为常例，而避母讳之例希见。

苏轼有诗句，“恰似西川杜工部，海棠虽好不留诗”。《古今诗话》：“杜子美母名海棠，子美讳之，故《杜集》中绝无海棠诗。”

《红楼梦》第二回，冷子兴向贾雨村演说荣国府，“目今你贵东家林公之夫人，即荣府中赦、政二公之胞妹，在家时名唤贾敏。

不信时,你回去细访可知”。贾雨村恍然大悟,拍案笑道:“怪道这女学生读至凡书中有‘敏’字,皆念作‘密’字,每每如是。写字遇着‘敏’字,又减一二笔,我心中就有些疑惑。今听你说的,是为此无疑矣。”就是讲林黛玉为母亲避讳。

桓温母名孔氏宪。《蜀志·霍峻传》有襄阳罗宪,《吴志·孙休传》、《晋书》同。习凿齿《汉晋阳秋》、《襄阳耆旧传》并作罗献。桓温在荆州,辟凿齿为从事,三迁至治中,故其谢笺曰:不遇明公荆州,老从事耳。知为避温母名而改。

避他人母讳之例更为少见,只出现于特殊交情或通家之好之间。

5. 避家讳的特例

(1)避远祖讳

家讳一般只限于父祖,偶也有及叔伯,也有避远祖讳者,多为己名与远祖讳同。

《册府元龟》卷八六三:“周王昭吉仕晋为右金吾卫大将军,天福三年,昭吉奏:‘臣伏睹汉书,昌邑中尉王吉是臣远祖,避名之礼,允属其斯,臣请改名。’”

此一例为避远祖之名,其例不多,避讳范围仅及人名用字。

(2)父避子讳

唐光州刺史王晏宰,子天雄节度使名晏实。《新唐书·王智兴传》:“(智兴孙)晏实幼机警,智兴自养之。故名与诸父齿。”晏实父名晏宰,遂“后去晏,独名宰”。《经史避名汇考》卷三七:“案智兴子,长晏平,次晏宰、晏皋、晏宝、晏恭、晏逸、晏深、晏斌、晏韫,名皆从晏,唯宰以子之故,去晏字,是以父避子也。晏宝居然列恭、逸等上,唐末伦纪倒裂如此。”《经史避名汇考》误以“晏实”为“晏宝”。

(3)皇帝为臣下避家讳

唐玄宗相苏颋,父名瓌。《明皇杂录》卷下:"玄宗尝器重苏颋,欲倚以为相。……以颋姓名授(萧)嵩,令草制。书既成,其词曰:国之瑰宝。上寻读三四,谓嵩曰:'颋,瓌之子,朕不欲斥其父名,卿为刊削之。'"

此为皇帝为臣下避家讳,也可见唐代君臣之间的关系还有一些相互敬重的因素,远不像明清时期,表现为那样赤裸裸的统治与被统治的关系。

(4)避家讳改用词

《经史避名汇考》卷三九:"(明)顾正,字尚诚。……其子姓今居吕塚者,凡谒客名刺,皆题端字于首幅以代正字,避家讳故也。尝见有宦家面题全字者,问之,亦缘避私讳。"

(5)避父祖字

家讳一般只及于父祖之名,偶有避父祖之字的情况。

《贵耳集》卷中:"陈立道知宁国府,有新司法,饶州人,初参,问其所往,答云:'在安仁县寓居。'立道径入大恸于家庙,云:'属吏辄称先世之名,为罪大矣。'司法旁皇失措,即寻医而去。"陈卓,字立道,宋绍熙进士,父居仁,字安仁。

此一例为属吏话语中同时触犯其父之名和字。

避家讳不仅通行于文人士大夫之间,民间也有避家讳的习俗,有时避讳不当,遂成笑谈。

《鸡肋编》卷中:"浙东人以畜产相呼,乃笑而受之,若及父祖之名,则为莫大怨辱,有殴击因是而致死者。又其语音讹谬,讳避尤可笑。处州遂昌县有大姓潘二者,人呼两翁,问之,则其父名义也。"

(五)太子

避太子名讳,其例特殊,原因并不在于其例多少,而在于太子身份在避讳中的尴尬。一方面太子是未来的国君,同时又有不确定性,可谓君不君。同时又不是真正的臣子,所谓臣不臣。对太子名字的避讳就既不同于国讳,也不同于一般的皇亲国戚避讳。

1.避太子讳的争论

对于太子名字的避讳,礼文有所记载。《礼记·曲礼》:"君大夫之子,不敢自称曰余小子。大夫士之子,不敢自称曰嗣子某,不敢与世子同名。"这儿的"不敢与世子同名"是说,避世子讳只限于起名的范围之内,而在其他方面则不必避讳。从后代的实际避讳情况看,太子名字的避讳颇有一番争论。

《隋书·礼仪志四》载,天保元年,皇太子监国,"时议疑宫吏之姓与太子名同,(邢)子才又谓曰:'案《曲礼》,大夫士之子,不与世子同名。郑注云:若先之生,亦不改。汉法,天子登位,布名于天下,四海之内,无不咸避。案《春秋经》,"卫石恶出奔晋",在卫侯衎卒之前。衎卒,其子恶始立。明石恶与长子同名。诸侯长子,在一国之内,与皇太子于天子,礼亦不异。郑言先生不改,盖以此义。卫石恶、宋向戌,皆与君同名,《春秋》不讥。皇太子虽有储贰之重,未为海内所避,何容便改人姓。然事有消息,不得皆同于古。宫吏至微,而有所犯,朝夕从事,亦是难安。宜听出宫,尚书更补他职。'制曰可"。

顾炎武《日知录》卷二十三"皇太子名不讳"条载:"《册府元龟》:唐王绍为兵部尚书,绍名初与宪宗同。宪宗时为广陵王,顺宗即位,将册为皇太子,绍上言请改名。议者或非之曰:'皇太子亦人臣也，东宫之臣当请改尔，奈何非其属而遽请改名，岂为以礼事上邪?'左司员外郎李藩曰：'历代故事，皆自不识大体之臣而失之，因不可复，正无足怪也。'"

《旧唐书·李藩传》："顺宗册广陵王淳为太子，兵部尚书王纯请改名绍，时议非之，皆云：'皇太子亦人臣，东宫之臣改之宜也，非其所属而改之，谄也。如纯辈岂为以礼事上耶!'"

赞成避太子讳的以《礼记》为根据，而不赞成的则以"太子亦人臣"，天无二日，据此而论。所以在具体的避讳时表现出很大的随意性，甚至为了特殊的政治目的而避讳，抹上了很清晰的政治色彩。

2. 避太子讳盛于南北朝

避太子名讳，较早的记载见于南北朝时期，隋代以后，其例渐多。

南朝梁太宗简文皇帝名萧纲。《元和郡县志》卷二九：邵州武冈县，"梁天监元年，以太子讳纲，改为武强。"

《北史·齐本纪中》：天保二年七月，"辛卯，改殷州为赵州，以避太子之讳。"此为避北齐废帝高殷之讳，时为文宣帝之太子。

南朝宋明帝刘彧第七子，邵陵殇王名友。《南齐书·武十七王传》：齐竟陵文宣王萧子良，初曾"为宋邵陵王左军参军，转主簿，安南记室参军，邵陵王友。王名友，寻废此官，迁安南长史"。《经史避名汇考》卷二八："案宋制，王国置师、友、文学各一人。友者，因文王四友之名也。竟陵方除是官，随以犯王名迁长史，此讳友字名据也。《南史·竟陵王传》乃云'仕宋为邵陵王友。时宋道衰谢，诸王微弱，故不废此官。'误矣。《宋书·殇王传》云：友年五岁，出为使持节、督江州豫州之西阳新蔡晋熙三郡诸军事、南中郎将、江州刺史。府州文案及臣吏不讳有无之有。史书此者，以'友、有'同音，理本当讳，王冲幼无威，故寮属敢犯其嫌讳。见明帝委任非人也。《南史·殇王传》则又改曰：王室衰微，友府州文案及臣吏不讳，有无君之心。以不讳连上读，尤为失旨。"《汇考》是也，"有无君之心"解释太过穿凿。

隋文帝杨坚长子，废太子名勇。《汉书·地理志下》"天水郡勇士县"，唐颜师古注："即今土俗呼为健士者也。隋室之初，避皇太子讳，因而遂改。"

《日知录》卷二十三："唐中宗自房州还，复立为皇太子。左庶子王方庆上言：太子皇储，其名尊重，不敢指斥。晋尚书仆射山涛启事，称'皇太子'而不言名。朝官犹尚如此，宫臣讳则不疑。今东宫殿及门名皆有触犯，临事论启，回避甚难。孝敬皇帝为太子时，改'宏教门'为'崇教门'；沛王为皇太子，改'崇贤馆'为'崇文馆'，皆避名讳以遵典礼。伏望依例改换。制从之。史臣谓方庆欲尊太子，以示中兴之渐，然则方庆之言盖有为言之也。"

唐睿宗李旦，初名旭轮。《长安志》卷八：宣平坊西南隅法云尼寺，注云："初名法轮寺，睿宗在储，改法云寺。"

后赵武帝石虎，太子名宣。《后赵录》：建武十四年"四月，秦公韬起宣光殿于太尉府，梁长九丈。太子宣视而恶之，斩匠截梁而去"。《经史避名汇考》卷二六引蒋之翘曰："以犯其名也。"

《金史·张行信传》："张行信字信甫，先名行忠，避庄献太子讳，改焉。"

此为避金宣宗太子完颜守忠之讳，守忠为宣宗长子，死谥庄献。

《日知录》卷二十三"皇太子名不讳"条载："有明之制，太子、亲王名俱令回避，盖失之不考古也。崇祯二年，兵部主客司主事贺烺以避皇太子名，改名世寿。而光宗（钱大昕曰：名常洛）为太子，河南府（钱大昕曰：洛阳县）及商州属县（钱大昕曰：洛南县）并未尝改。”

《明太祖实录》言：“洪武十四年十月辛酉，给事中郑相同，请依古制，凡启事皇太子，惟东宫官属称臣，朝臣则否，以见尊上无二之义。诏下群臣议。翰林院编修吴沈言：‘太子所以继圣体而承天位者也，尊敬之体宜同。’从之。”历代不称臣之制自斯而变。

历代对于避太子之讳的争论，至此有了一个结论，以应避为准。避太子讳的范围遂突破东宫，延及全国。造成这种情况的原因主要在于，明代是封建王朝统治者之间君臣关系发生变化的时期，出身草莽的朱元璋对大臣们非常猜忌。而避太子讳也成为巩固太子地位，确保朱家江山的手段。

明熹宗朱由校第二子，悼怀太子名慈焴。《康熙太平县志·人物志》：“朱元育，原名焴避东宫讳，故删其两旁曰育，字长孺，号月岩。”

明太祖朱元璋，孙惠帝允炆。《明史·徐辉祖传》：“辉祖，初名允恭，……以避皇太孙讳，赐今名。”

明初避讳例不多，此为避皇太孙例，更为少见，盖因太祖朱元璋长子朱标早逝，以皇太孙继帝位，故避其名。

（六）皇亲国戚

1. 避皇后皇太后名讳

避皇后讳，属于内讳，各时期的表现不同，有的只限于内宫，而有的则遍及全国。这与当时的社会观念有关，也与皇后当时的地位有关。大略而言，如果皇后执掌大权，则避其讳，而如果皇后只活动于内宫,则不避其讳。通观中国整个封建社会,一直是父系制社会,男子处于社会活动的中心,而女子处于附属位置。形成男主外,女主内的局面。与之相适应,整个社会避男不避女。而又由于皇后地位之尊贵,具备成为避讳对象的资格。这一矛盾的解决,是以其身份的转移而变化的:当其地位尊贵的一方面得到强化时,避讳得以实行;而当其女性身份为主时,则不须避讳。

避皇太后名讳则有所不同,一则当皇太后主政,避其讳成为常例;而当皇太后不主政时,其皇帝儿子为其避家讳,从而延伸至群臣及全国。

杜佑《通典》卷一百〇四:晋武帝泰始二年正月,有司奏故事皇后讳与帝讳俱下,诏曰:"礼内讳不出宫,而近代讳之,非也,勿下。"可见当时避皇后讳已蔚成风气。

从三国时期开始,至晋代,皇后名字的避讳尤为突出。《史讳举例》卷八:"然晋时讳制,并不如唐宋之繁,其特异者,为东晋皇后讳,比历代特多。《通典》帝所生讳议,即当时因吴兴郡上事,有春字犯郑太妃讳,下制书推之,众官多以为小君之讳,列于讳榜,故天下同讳;所生之讳,不列讳榜,故天下不同讳。可知晋时后讳,实列讳榜。故《晋书·后妃传》:'成恭杜皇后讳陵阳(阳字衍),改陵阳县为广阳。'《毛穆之传》:'字宪祖,小字武生,名犯哀靖王后讳,故行字。后又以桓温母名宪,乃更称小字。'至郑太妃讳,虽经朝议,多数以为不应讳。然君之所讳,臣无不讳之说,亦极有力,故凡春字地名,悉以阳字易之。如富春曰富阳,宜春曰宜阳之类,是也。又当时议礼之臣,引春秋必曰阳秋,如郑太后传曰'阳秋之义,母以子贵',又曰'依阳秋二汉故事',是也。孙盛、檀道鸾辈著书,亦曰阳秋,如晋阳秋、续晋阳秋,是也。褚哀传则曰'季野有皮里阳秋'，后世至传为美谈。杜佑《通典》卷一百〇四载晋武帝泰始二年正月，有司奏故事皇后讳与帝讳俱下，诏曰：礼内讳不出宫，而近代讳之，非也，勿下。从中可以看出当时后讳几可与帝讳同列。"严格来看郑太后名字的避讳，为晋简文帝避母讳，"君之所讳，臣无不讳之说"，进而为群臣所避。实际上等于由母子关系扩展至君臣关系。它是以家族关系为基础的。

汉景帝王皇后名志，字阿渝。邓名世《古今姓氏书辨证》卷三〇："郑公子渝弥，周桓王时为郑司徒，后立别族为渝氏，历秦汉至景帝，皇后讳志字阿渝，中元二年，避讳改水为喻，因为喻氏。"《经史避名汇考》卷二四："案史记于后讳皆不书，尊之同于帝也。邓氏于景后不详其氏，据云中二年，时薄后已废，栗姬亦以子废忧卒，则为王皇后无疑。然何由考其名字也？"

晋康献褚皇后，崇德太后名蒜子。太后三度临朝称制，在位凡四十年。《通典·礼六四》载太后诏曰："古者内讳不出宫，但勿听以为名字。至于吾名，但在见避，过礼其或过谬，皆勿却问以烦简书也。"

这儿的避讳，以褚太后的开明，将之限制在"勿听以为名字"，避讳范围大大缩小。

宋光宗慈懿李皇后，小字凤娘。《四朝闻见录》戊集："金凤花，如凤味飞舞。……谓之金凤花。中都宫闱媄语，谓凤儿花。慈懿之生，有鸑鷟仪于墨民，名曰凤娘。迨正坤极，六宫避旧称，曰好女儿花。今行在犹然。"

此为内讳不出宫之例。因其不出宫，故所见其例甚少。

2. 避皇后父母名讳

在以家族制度为基础的封建社会中，母以子贵，父母因儿子的地位而尊贵，是社会的普遍现象，其延伸，就是父母以女贵，女儿贵为皇后，父母自然就地位显赫，也就具备了作为避讳对象的资格。避皇后父母名讳，主要原因有两种情况，一是皇后当权，二是皇后特别受宠。

避皇后父母名讳，早在汉代已有其例。蔡邕《独断》上云："禁中者，门户有禁，非侍御不得入，故曰禁中。孝元皇后父大司马阳平侯名禁，当时避之，故曰省中。"孝元皇后王政君为汉元帝刘奭之皇后，历元、成两代，备极荣宠，至平帝时，孝元执政，故当时避其父王禁之名讳。

避皇后家讳，以避其父讳为常见，而避母讳之例甚少，因"内讳不出宫"之故。

(1)避皇后父讳

避皇后父讳较为常见，于女性地位的提高中仍然透露出父权的影子。

三国魏明帝郭皇后，从父虎贲中郎将名芝。《三国志》卷二一裴注引《文章志》："(潘)勖字元茂，初名芝，改名勖，后避讳。"《经史避名汇考》卷二九："是时无名芝应避者，当是明元郭后从父也。"

晋简文顺王皇后，父右军将军名遐。《通典·礼六四》："晋右军将军王遐司马刘昙，父名遐。昙求解职事。博士谢铨曰：'按礼，诸侯讳祖与父，大夫、士并讳伯父母及姑，又，父子之所，天尊无以比，宜听解职。'博士许干议曰：'君子不夺人之亲，故孝经云：资父以事君而敬同，是以为尊者讳，为亲者讳。昙自列父与将军同名，圣朝垂恩，不许昙解，可使换官。'"

此一例避讳，极为独特，表现为下属官员父讳与上司名讳相犯，而上司又是皇后之父，"求解职事"也是无可奈何之举。该例不同于一般的官讳的地方在于，普通官讳是下属官吏与上司名讳或者上司父祖名讳相犯，而此例是下属官吏父讳与上司官员名讳相犯。普通官讳表现的是上司官员不欲下属犯起讳，而此例表现的是下属官吏不欲自己的父讳与上司名字相同。

至唐代避皇后父母讳例尤多。概言之，宋代以前，男女内外之别，并没有划然区分，遂有"不重生男重生女"之句。再者，大唐盛世，胸襟开阔，并不汲汲于男尊女卑，妇女地位极高，故多有避皇后父母讳之例。

宋周密《齐东野语》卷四："元后父讳禁，以禁中为省中。武后父讳华，以华州为太州。韦仁约避武后家讳，改名元忠。窦怀贞避韦后家讳，而以字行。刘穆之避王后家讳，以宪祖字行。后复避桓温母讳，遂称小字武生。虞茂避穆后母讳，改名预。本朝章献太后父讳通，尝改通直郎为同直郎，通州为崇州，通判为同判，通进司为承进司，通奉为中奉，通事舍人为宣事舍人。至明道间，遂复旧。此则避后家讳也。"

王楙《野客丛书》："元后父讳禁，以禁中为省中。武后父讳华，以华州为太州，韦仁约避武后家讳，改名元忠。窦怀贞避韦后家讳，而以字行。刘穆之避王后讳，以宪祖字行，后又避桓文母讳，更称小字武生。虞茂避明穆后母讳，改名预。"

《旧唐书·崔玄晴传》："本名晕，以字下体有则天祖讳，乃改为玄晴。"《韦思谦传》："本名仁约，字思谦，以音类则天父讳，故称字焉。"则天父名士護。《魏元忠传》："本名真宰，以避则天母号改焉。"《外戚传》：窦怀贞少有名誉，韦庶人干政，"怀贞每谄顺委曲取容，改名从一，以避后父讳，自是名称日损"。后父，韦玄贞也。

《新唐书·地理志》："山南道夔州，本名信州，武德二年改，避唐高祖外祖独孤信名也。又垂拱初，避武氏祖讳，改华州曰大州，华阴县曰仙掌，华原县曰永安，华容县曰容城，江华县曰云汉，华亭县曰亭川。”

《宋史·石元孙传》：“始名庆孙，避章献太后祖讳易之。”《李继隆传》：“（继隆子）昭庆，改名昭亮。”章献明肃皇后祖名延庆。而徽宗时有保安军人刘延庆，为镇海军节度使，死于靖康之难。又后父名通，天圣初改通进司为承进司，诸州通判为同判，通事舍人为宣事舍人。又改淮南之通州为崇州，蜀之通州为达州，通利军曰安利，通化县曰金川。

宋英宗宣仁圣烈高皇后，父鲁王名遵甫。《宋史·滕元发传》：“初名甫，字元发，以避高鲁王讳，改字为名，而字达道。”《宋史·邓润甫传》：“字温伯，建昌人，尝避高鲁王讳，以字为名，别字圣求，后皆复之。”高鲁王，英宗高后父遵甫也，《宋史·哲宗纪》：元丰八年三月，“令中外避太皇太后父遵甫名”。元祐八年，高后崩，绍圣元年二月，又“诏依章献明肃皇后故事，罢避高遵惠（惠为甫之讹）讳”。

南唐嗣主光穆钟皇后父名太章。马令《南唐书·后主书》：后主即位，“尊母钟氏为太后，太后父名太章，故改号圣尊后”。

宋真宗章（或作庄）献明肃刘皇后，父名通。《宋史·仁宗纪》载，乾兴元年二月，真宗崩，仁宗嗣位，尊后为皇太后，同御承明殿垂帘决事。十月“诏中外避皇太后父讳”。

（2）避皇后母讳

其例不多，虽母以子贵，终不脱内讳不出外之范例。

《经史避名汇考》卷四十三：“武后母杨氏号太真夫人，旧书魏元忠始名真宰，避则天母号改焉。《长安志》朱雀街西怀真坊，武后以母号太真夫人，讳真字改怀贤。神龙元年复旧。”

《晋书·虞预传》：“本名茂，犯明穆皇后母讳，故改焉。”

此为避晋明帝后明穆皇后母讳，明穆皇后姓庾名文君，父庾琛，母姓名无考。据此例，其母名当为茂。此例为避皇后母名，甚为希见。

避皇后父母名讳，应为一时之惯例，未著之礼文，也以个人的意志为转移，因而有不同的处理方式。《宋史·刘正夫传》：刘正夫“元丰八年南省奏名在优选，而犯高鲁王讳，凡五人皆当黜。宣仁后曰：‘外家私讳颁未久，不可以妨寒士。命置末级。’”

按通例，科举犯国讳，必定罢黜。而犯皇后父母讳，处理起来相对较轻，加之宣仁皇后之宽宏，故“置末级”。

宋哲宗昭慈圣献孟皇后，祖名元，父荣州刺史名在。《宋史·后妃传下》：康王赵构即位，“尊后为元祐太后，尚书省言：元字犯后祖名，请易以所居宫名，遂称隆祐太后。”此为避祖名而改后号之例。《宋史·后妃传下》载，后性谦谨，“（帝）诏文书应奏者避后父名，（后）不许。”

大略而言，避皇后家讳，有一定的限制，只有名声极盛的皇后，或主持朝政，或极受君王宠幸，才有可能避其家讳。而一般皇后家讳的避用，只在后宫之内，用于宫女、太监之间。

3. 避皇室亲属讳

(1)避皇叔名讳

光武帝刘秀，叔父赵王名良。《续汉书·郡国志》：兖州东平国寿张，“春秋曰良，汉曰寿良，光武改曰寿张”。

《山东通志》卷六“寿张县梁山”，注云：“在县东南七十里。邑志云：本名良山，因梁孝王游猎于此，故名梁山。考县本名寿良，因光武帝避叔讳改名寿张，则山之改良为梁，以此。《史记·梁孝王世家》：北猎良山。《汉书·文三王传》作‘梁山’，此班氏避赵王讳明矣。”

后秦高祖姚兴，叔父名绪，又叔父名硕德。《晋书·姚兴载记》上："兴谦恭孝友，每见绪及硕德，如家人之礼，整服倾悚，言则称字，车马服玩，必先二叔，然后服其次者。朝廷大政，必咨之而后行。又，班告境内及在朝文武，立名不得犯叔父绪及硕德之名，以彰殊礼。"

(2)避皇帝父名

一般而言，父位子承，只有开国皇帝，其父祖不是帝王。也有特殊情况，皇帝的父亲并不是帝王，而按照父以子贵的规则，当然也要避其名讳。

三国魏元帝曹奂，父燕王名宇。《三国志·魏陈留王奂纪》："(景元元年)十一月，燕王上表贺冬至，称臣。诏曰：'古之王者，或有所不臣，王将宜依此义，表不称臣乎？'"有司奏，以为"凡诏命、制书、奏事、上书诸称燕王者，可皆上平。其非宗庙助祭之事，皆不得称王名。奏书、上书、文书及吏民皆不得触王讳"。

(3)避驸马父讳

避驸马父讳，其例不多，盖因驸马地位并不算高，其父讳不具备进入避讳的资格。但不同时期的情况有所差异，唐代驸马的地位较为尊崇，一个原因是唐代公主地位极高，社会地位视为正一品官，为最高等级。而且经常活跃在当时的政治舞台上，如太平公主、安乐公主。二是唐代士族之家多不愿娶公主为妻，而尚公主之驸马多为家世特殊者。唐代能够查到的成婚公主共111人，大多嫁给功臣、外戚之家，其中不乏家世显贵者，故可避其讳。

唐中宗时驸马都尉武攸暨，父名怀道。《长安志》卷七："万年县所领朱雀门街之东，从北第一兴道坊。"注云："景龙三年，以驸马都尉武攸暨父名，改曰瑶林坊，景云元年复旧。"

此为避驸马父讳而改称。以驸马之父，于皇亲之中也可以看作远亲，本没有进入避讳的资格，只是因其与武则天的关系，整个武家的地位高升，故而避讳。

《长安志》卷七：朱雀街东第二街凡九坊，“第一，务本坊。”注云：“景龙三年，以驸马都尉杨慎交父名嘉本，改为玉楼坊，景云六年复旧。”

杨慎交为唐中宗长宁公主驸马，长宁公主深得中宗宠爱，故及于驸马之父。再者，杨慎交传为隋代皇室之后，地位较为显贵。致有避驸马之父讳，后代希见。

(4)避亲王名讳

顾炎武《日知录》卷二十三：“亲王之名尤不必讳，而亦讳之。正统十二年，山西乡试《诗经》题内‘维周之桢’，‘桢’字犯楚昭王讳，考试及同考官俱罚俸一月。”明楚昭王，为太祖朱元璋第六子，名朱桢。

明代避讳是较为稀少的，于避讳之规则研究甚少，帝王名字多有不讳之例，而矫枉过正，连带而及，连亲王名字也避讳，后人多有非议。

(5)其他

唐高祖李渊，外祖独孤氏名信。《通典·州郡五》，夔州下云：“梁置信州，……大唐武德三年，避皇外祖讳，改信州为夔州。”

《宋史·李继宣传》：李继宣，太平兴国初出卫邠、宁、庆三州巡检、都监。“本名继隆，与明德皇后兄同姓名，至是太宗为改焉。”

汉武帝刘彻同父异母姐，修成君名俗。《史记·外戚世家》载，褚先生述钟离生言曰：“王太后在民间时所生女者，父为金王孙，王孙已死，景帝崩后，武帝已立，……乃自往迎取之。谒太后，太后曰：女某邪？曰：是也。”《经史避名汇考》卷二四：“案徐广注云：女名俗，然则，太后呼女即当曰‘女俗耶’，褚先生以帝之女兄，不敢斥言，故以某代之。”

外戚之讳以其与皇帝亲属关系的远近而呈现出不同的变化，关系近者则避讳数量较多，延续时间较长，避讳的禁制也较为严格；亲属关系远者则反之。避皇后及皇太后名讳，一般只及其生前，死后即不再避。

宋真宗章（或作庄）献明肃刘皇后，父名通。《宋史·仁宗纪》载，乾兴元年二月，真宗崩，仁宗嗣位，尊后为皇太后，同御承明殿垂帘决事。十月“诏中外避皇太后父讳”，至明道二年三月，皇太后崩，八月，始“诏中外毋避庄献明肃太后父讳”。

三、避讳的扩展

（一）避讳对象的范围

1. 避名

避讳最为常见的是避名，《孟子·尽心》：“讳名不讳姓，姓所同也，名所独也。”《颜氏家训·风操》：“古者名以正体，字以表德，名终则讳之。”都说出了避名的根据。

在古人的观念中，名是人的精神所在，避名既可以远离使用该名字的人对自身所可能造成的伤害，又可以避免他人对使用该名字的人造成伤害。

随着避讳的发展，避字、避姓乃至避谥号、国号、陵名等，纷纷出现，不一而足。而避字、避姓也有其形成理由。

与避名相似的是避姓和避字，表面上看来，这些避讳的性质是一样的，但其内在的含义则不同。首先，字是为避免称名而取，而对字再进行避讳，其机制则有了变化，增加了其中的社会因素。这样也就限制了这些避讳的适用范围，也就是说，这些避讳只有在特定的社会条件中才能形成，而离开了这样的社会条件，避讳则不能成立。

2.避字、避姓与避旧名、小字

(1)避字

避字之习，可能起源也较早。《经史避名汇考》卷五："《史·儒林传》载，孔甲为涉博士，甲名鲋，孔子八世孙也。著《小尔雅》，避王讳无胜字、涉字。"《史记·陈涉世家》："陈胜，阳城人也，字涉。"是避名亦避字也。

但两汉之际一直以称名为忤，以避名称字为敬。避字之例并不多见。

《闻见后录》卷九："高祖令项籍旧臣皆名籍，独郑君者不奉诏。尽拜名籍者为大夫，而逐郑君。"此例为汉初"称名为忤"例。

《闻见后录》卷九："汉高祖嫚侮人，骂詈诸侯群臣如奴耳。至张良，必字曰子房而不敢名。"此例为汉初"称字为敬"例。

至汉末三国时期，则避字习俗逐渐流行，以称字为忤。

《三国志·蜀书·马超传》裴注引《山阳公载记》记载了马超曾因称呼刘备之字，几乎被关羽、张飞杀掉的故事，可见当时已经以称字为忤。

避字的风俗至魏晋南北朝时期蔚成风气，《三国志》、《晋书》中都有记录，可见流风所及。

《三国志·常林传》："年七岁，有父党造门，问林：'伯先在否？汝何不拜？'林曰：'虽当下客，临子字父，何拜之有？'"

《晋书·儒林·刘兆传》:"尝有人著靴骑驴至兆门外,曰:'吾欲见刘延世。'兆儒德道素,青州无称其字者,门人大怒,兆曰:'听前。'"刘兆,字延世。

唐宋以来,直至清代,避字的风气一直不衰。

皮日休《郢州孟亭记》:"先是亭之名取先生之讳,(郑)公曰:'焉有贤者之名为趋厮走养朝夕言于刺史前邪?'命易之以先生姓。日休时在宴,因曰……书名日贬,书字日贵,况以贤者名署于亭乎!君子是以知公乐善之深也。"

唐范摅《云溪友议》载:杜甫在成都,赴严武宴,"乘醉言曰:'不谓严挺之有此儿也!'武恚目久之,曰:'杜审言孙子拟捋虎须!'合坐皆笑,以弥缝之。武曰:'与公等饮馔谋欢,何至于祖考耶?'房太尉绾亦微有所忤,忧怖成疾。武母恐害损贤良,遂以小舟送甫下峡。母则可谓贤也,然二公几不免于虎口矣。"

宋罗大经《鹤林玉露》乙编卷之一"古人称字":"古人盖以称字为至重,今世唯平交乃称字,稍尊稍贵者,便不敢以字称之,与古异矣。"

《经史避名汇考》卷三九引于万培《凤阳县志》:刘继祖,"濠州人,与太祖父仁祖邻居,仁祖所葬地,继祖所赠也。及太祖起兵,继祖已卒,其子常在左右。一日,与汪秀同侍帷幄,太祖赐之名曰英,因目秀曰:'尔非与刘中表兄弟耶?其父字大秀,尔名秀,不安,盍易为文?'二人皆顿首谢。"

清王应奎《柳南续笔》卷四"称字":"冠而字,成人之道也。成人,则贵其所以成人,于是乎命以字之。字之为有可贵焉。《春秋》以书字为褒,二百四十二年之间,字而不名者,十二人而已。昌黎墓志数十篇,标题概称官阀,唯李元宾、柳子厚、樊绍述称字,以见其人不必以爵位为重,是亦所以贵之也。后世不明此理，反以称字为简慢，遂仅呼一字，而以翁、老承之，虽稚子幼生，无不蒙此称者。”

王应奎《柳南续笔》卷三："古人敬其名，则未有不称字者。自宋人多著别号，于是有卑幼不敢字其尊长之说。然当时大儒如朱晦庵、魏鹤山之徒，犹不谓然。自明迄今，人尤重号，一登仕板，遂不复以字行矣。”

(2)避姓

避姓属于避讳中的特殊情况，《孟子·尽心》："讳名不讳姓，姓所同也，名所独也。”

避姓有三种情况，一是帝王家姓，至尊无比，连带所及，与之同音的事物名也要避讳。二是帝王家姓偶与不祥不吉之物音同，则可责令更改，以避之。三是对于特别厌恶的人，也可避其姓。

《旧唐书·玄宗纪上》载：开元三年二月及十九年正月，先后两次下诏，“禁断天下采捕鲤鱼”。段成式《酉阳杂俎》卷一七："国朝律，取得鲤鱼即宜放，仍不得吃。号赤鲜公。卖者杖六十，言李为鲤也。”

宋方勺《泊宅编》："《唐律》禁食鲤，违者杖六十，岂非李鲤同音，彼自以为裔出老君，不敢斥言之，至号鲤为‘赤鲜公’，不足怪也。”

以上为第一种情况。

《资暇集》下："俗呼‘下俚家’为‘嘉俚家’者，以俚与国姓音同，不敢连‘下’字呼，因改为嘉。”

这一避讳也是为了避不吉语，将“下”与国姓“李”分开。

明以朱为国姓，内臣朱姓者令改姓“诸”，以副“公族无刑人”。

此一避讳是讳姓与讳不吉的结合，讳姓只限制在小范围内，内臣为刑余之人，被认为不吉，这从司马迁《史记》内无“阉”字可以看出其不吉的色彩，“朱”姓是因了不吉的内臣而形成了避讳，是想将“朱”姓与内臣之间形成避忌。《礼记·文王世子》：“公族，其有死罪，则磬于甸人；其刑罪，则纤刌，亦告于甸人。公族无宫刑。”《礼记·曲礼下》：“礼不下庶人，刑不上大夫。刑人不在君侧。”

《万历野获编》卷一“禁宰猪”条：“正德十四年十二月亦有之。时武宗南幸，至扬州行在。兵部左侍郎王抄奉钦差总督军务，威武大将军、总兵官后军都督府、太师镇国公朱钧帖，照得养豕宰猪，固寻常通事。但当爵本命，又姓字异音同，况食之随生疮疾，深为未便。为此省谕地方，除牛羊等不禁外，即将豕牲不许喂养，及易卖宰杀，如若故违，本犯并当房家小，发极边永远充军。”

《古今图书集成》第三十四册载，明武宗正德十四年(1519年)十月，“禁民不许养猪及易卖宰杀，违者发极边卫分充军，以猪音同国姓，故严旨禁之。远近流传，旬日之间，直省各处城市乡村地方，猪尽减价贩卖，其小者皆埋弃”。是讳明国姓“朱”。

清徐珂《清稗类钞》卷三：“国初，江岸善崩，土人谓有水兽曰猪婆龙者搜抉其下而然。适朝廷访求其故，人以猪与国姓同音，讳之，乃嫁祸于黿。上以黿与元同音，益恶之，于是下令捕黿，大江中黿无大小，索捕殆尽。老黿逃捕者，不上滩浅，则以炙猪为饵钓之。众力掣不能起，有老渔云：‘此盖四足爬土石为力耳。当以甕穿底，贯钓缗而下，甕罩其头，必用前二足推拒，从而并力掣之，则足浮而起矣。’如其言，果然。猪婆龙，云四足而长尾，有鳞甲，疑即鼍也。未知是否。闻黿之大者能食人，是亦可恶，然搜抉江岸，非其罪也。夫以高皇之聪明神智，人言一迁就，祸及无辜如此。则朋党狱兴之时，人之死于迁就者，可胜言哉！”

《绥寇纪略》卷一〇：“献忠以（甲申）十一月十六日即伪位，……禁其下勿得触讳。凡郡邑、人物，犯必改。石碑亦镵其字，否者立死。左右有诇事小儿数千，夜则周行街巷听人语，犯者白垩识其门，黎明而收者至。俚语云：张家长，李家短。有犯者亦在收中，献忠笑曰：‘此我家胜自成之谶也。’释之。”

以上为第二种情况。

《池北偶谈》卷二五：“宋史秦桧既杀岳忠武，以岳州与其姓同，改岳州为纯州，岳阳军为华阳军，其忮刻穿凿至此。”

五代吴国主姓杨，吴越与吴邦交素恶，至不欲闻其姓。《吴越备史》卷一：开平四年“五月，奏改西府富阳县为富春县，东府暨阳县为诸暨县。处州松阳县为长松县”。《十国春秋·地理表下》：杭州富春县。注：“旧为富阳，吴越天宝元年，改富阳曰富春，时武肃王与杨氏有怨，凡县名有‘阳’字者皆易之。”又处州白龙县，注：“故唐松阳县，吴越天宝三年五月上言于梁，以淮寇未平，耻闻逆姓，请改为长松。”

周寿昌《思益堂日札》卷四：“道光甲辰，予游河间，有张家庄者，其村人本姓魏，故明魏阉（忠贤）族，因耻与逆阉同姓，故改氏张。”

《文献徵存录》卷一：“理鬯和，字寒石，西华人，本姓李，耻其姓与李自成同，曰：‘吾今姓理矣。’”

《鲒埼亭集》卷十四载南岳和上退翁碑：“退翁，扬之兴化县人，姓李氏。父嘉兆，甲申之变，贻书其子曰：‘吾始祖咎繇为理官，子孙因氏理，其后以音同，亦氏李。今先皇帝死社稷，而贼乃李氏，吾忍与贼同姓乎！吾子孙尚复姓理氏。’先是中州李鬯和上书请改理氏，嘉兆适与之合，天下传为二理。”

《归田录》卷一："五年，因郊，又改元曰'宝元'。……是岁，赵元昊以河西叛，改姓元氏，朝廷恶之，遽改元曰'康定'。"1032年夏王赵元昊继承父位。其父在宋赐名为赵德明，封西平王，在辽则名为李德明，封夏国王，并以兴平公主与其婚配，赵元昊即为兴平公主之子。1038年赵元昊称帝，史称西夏，定都兴庆，即今宁夏银川。

以上为第三种情况。

(3)避旧名

《宋史·礼志十一》："嘉定十三年十月，司农寺丞岳珂言：'孝宗旧讳从伯从玉从宗，考国朝之制，祖宗旧讳二字者，皆着令不许并用。'又言，'钦宗旧讳二字，其一从亶从旦，其一从火从旦，皆合回避。乞并下礼、寺讨论，颁降施行。'既而礼、寺讨论：'所有钦宗、孝宗旧讳，若二字连用，并合回避，宜从本官所请，刊入施行。'从之。"

宋真宗赵恒，初名德昌。太平兴国八年改名元休；端拱元年改名元侃，至道元年八月立为皇太子，更名恒。

《愧郯录》："宝元六年四月四日，翰林侍读学士李淑奏请毋得连用真宗旧名。"

宋仁宗赵祯，初名受益。《愧郯录》卷二："治平元年十一月三日，翰林学士贾黯奏请毋得连用仁宗旧名，自后遂署之文书令，为不刊之典。"

《齐东野语》卷一六载，宋代为度宗议谥，其中有"实"字，以其为英宗旧名而放弃。英宗旧名宗实。

(4)避小字

小字，即今之所谓小名，又称"乳名"、"咳名"，《礼记·内则》："三日负子，国君世子生，告于君，接以太牢。三月之末，妻以子见于父，父执子之右手，咳而名之。"《颜氏家训·风操》："梁武小名阿练，子孙皆呼练为绢。"《梁书》彧，梁武帝萧衍小字练儿。是为避小字。避小字一般属于习惯范围之内，不著之于礼文。至金代，受宋朝避讳的影响，金国内的避讳得到大的发展，避讳范围及方式都超越前人，且将避小字的规则也著于礼文。《金史》卷十一《章宗纪》：泰和元年三月"辛巳，敕官司，〔公〕私文字避始祖以下庙讳小字，犯者论如律"。周广业《经史避名汇考》："金自章帝以后，二名嫌名皆避，与宋法同，所异者兼避讳小字耳，盖小字是其本讳，有在位积久而始改者，有身后追改者，故必严其禁也。"

后唐末帝李从珂，年号清泰，小字二十三。《续博物志》卷六："清泰小字二十三，盖正月二十三日生也。以是日为千秋节，人臣奏对，但云两旬三日，或数物，则云二十二更过二十四，不敢斥尊也。"

南朝宋明帝太子，后废帝刘昱，小字慧震。《宋书·萧惠开传》："初名慧开，后改慧为惠。"《经史避名汇考》卷一二："盖避太子小字也。"

《三国志·崔琰传》裴注引《魏略》曰：许攸字子远，"自恃勋劳，时与太祖相戏，每在席，不自限齐，至呼太祖小字曰：'某甲，卿不得我，不得冀州也。'"此为许攸直呼曹操小字"阿瞒"，《魏略》为之讳。

讳小字的情况很稀少，这有两个原因，一是小字不出外，不为人知，不容易形成避讳；其二，小字往往是非正式的称呼，与避讳这种严肃的语言方式不协调，也不容易形成避讳。

避小字不但数量不多见，而且避讳的范围也很小，一般只限于人名，不及物名、常语等。

3. 避谥号、年号、尊号、国号、官名、陵名

谥号、年号、尊号、国号、官名、陵名，本是为了称呼而用，本不应避，而如果人名等与它们形成了重叠，就会产生指称不明的情况，这是形成避讳的原因之一。其二就是，谥号、年号、尊号、国号、官名等都是正式场合使用的称呼，又都是尊者、贤者所用，“为尊者讳，为贤者讳”，所以容易形成避讳。

(1)避谥号

《逸周书·谥法解》：“谥者，行之迹也；号者，功之表也。……是以大行受大名，细行受细名，行出于己，名生于人。”

《通志·谥略·序论》：“生有名，死有谥。名乃生者之辨，谥乃死者之辨，初不为善恶也。”

《史记·秦始皇本纪》：“制曰：‘朕闻太古有号毋谥，中古有号，死而以行为谥。如此，则子议父，臣议君也，甚无谓，朕弗取也。’”

《仪礼·士冠礼》：“古者生无爵，死无谥。”《通志·谥略》：“古无谥，谥起于周人。”一般的看法认为谥起于周公，是“周公作法”的结果。然而争论颇多。有前推商代，认为“商代后期的武丁、康丁、文丁，已成为特定的专称，这就与周谥全同。或者说，周之文、武的谥号，是因袭于殷代的。”(吴静渊《谥法探源》，见《中华文史论丛》1979 年第 3 期)也有后延至春秋之后的。“周初诸王，若文、武、成、康、昭、穆，皆号而非谥也。……谥法之作，其在宗周共、懿之后乎？”(王国维《观堂集林》卷十八《遹敦跋》)

考“谥”的含义，《说文》：“谥，行之迹也。”就是说谥是人一生行为的概括，因而都是在死后由别人定谥，所谓“盖棺论定”。以此论之，尧舜禹都不是谥号，《尚书·尧典》：“帝曰：‘格！汝舜。询事考言，乃言厎可绩，三载。汝陟帝位。’”是尧当面称呼舜名，

所以不是谥号。商代后期帝王的名号"武丁、康丁、文丁"应该也不是谥号，因为一朝之内，谥号应该不同，而武丁之后又有武乙，可见武不是谥号。康丁《史记》作"庚丁"，文丁《史记》作"太丁"（同于汤之太子），都不应该是谥号。况且，谥号应该是死后由大臣议定，而伊尹作《太甲训》三篇，咎单作《沃丁》，巫咸作《太戊》都在太甲、沃丁、太戊生前，既能生称之，就不应该是谥号。然而商代虽没有真正的谥号，类似于谥号的东西已经产生，《史记·殷本纪》："于是汤曰'吾甚武'，号曰武王。""武"乃汤"行之迹也"，汤称武王，与姬发称武王，应为相同性质的称号，都类似于谥号，只是汤称武王在其生前而已。所以只能称其为萌芽，而不能算作真正的谥号。

谥号应该起于周初，《史记·周本纪》："诗人道西伯，盖受命之年称王而断虞芮之讼。后十年而崩，谥为文王。"《尚书·武成篇》："我文考文王，克成厥勋，诞膺天命，以抚方夏，大邦畏其力，小邦怀其德。"《礼记·大传》："牧之野，武王之大事也，既事而退，……追王太王亶父、王季历、文王昌。"

避谥号大概产生于三国、晋代。《晋书·礼志中》："魏朝初谥宣帝为文侯，景王为武侯，文王表不宜与二祖同，于是改谥宣文、忠武。"《晋书·景帝纪》：晋景帝崩，"谥曰武公。文帝表让曰：'臣亡父不敢受丞相相国九命之礼，亡兄不敢受相国之位，诚以太祖常所阶历也。今谥与二祖同，必所祗惧。昔萧何、张良、霍光咸有匡佐之功，何谥文终，良谥文成，光谥宣成。必以文武为谥，请依何等就加。'诏许之，谥曰忠武。"《经史避名汇考》："史书之避谥始此。"

金太祖完颜旻，谥号应乾兴运昭德定功仁明庄孝大圣武元皇帝。《金史·后妃传下》：世宗皇后乌林荅氏，初谥昭德皇后，

"章宗时，有司奏太祖谥有昭德字，改谥明德皇后"。

以上以皇后谥号避帝王谥号。

宋真宗赵恒，谥文明武定章圣元孝皇帝。《归田录》卷一："丁文简公（度）罢参知政事为紫宸殿学士，即文明殿学士也。文明本有大学士，为宰相兼职；又有学士，为诸学士之首，后以文明者，真宗谥号也，遂更曰紫宸。……丁既受命，遂称丁紫宸。议者又谓紫宸之号非人臣之所宜称，遽更曰观文。观文是隋炀帝殿名，理宜避之，盖当时不知。然则朝廷之士，不可以不学也。"

宋太祖赵匡胤四世祖朓，追尊僖祖文献皇帝。《东都事略》卷七〇："夏竦卒，谥文正，刘敞以竦行不当谥，改谥文献，（王）洙曰：此僖祖谥也。前有司谥王溥为文献，章得象为文宪，字虽异而音同，皆当改。于是太常更谥文庄。而溥、得象皆易谥。"

《愧郯录》卷六："按国朝典故，皇祐三年九月乙卯，武宁节度使兼侍中夏竦卒，赠太师中书令，赐谥文献。知制诰王洙当草制，封还其目，谓臣下不当与僖祖同谥，遂改焉。是月丙子，遂改太子太师谥文献王溥为文康，司空致仕谥文宪章得象为文简，盖溥同僖祖，得像同周公，亦以洙言也。"

以上以臣谥避帝王谥号。

宋真宗赵恒，谥文明武定章圣元孝皇帝。《愧郯录》卷一三："真宗庙谥武定，伪蜀尝以洋州为武定军节度，景祐四年四月，诏以犯庙谥，改为武康军。"

赵匡胤父弘殷，追尊宣祖武昭皇帝。《愧郯录》卷一："国朝故事，殿号、州、县、镇之犯宗庙讳称、陵名，例从改易，盖恶其复，如……景祐四年四月庚午，改武定军为武康，闰四月己卯，改昭武军为宁武，避真宗、宣祖谥。"

以上以地名避谥号。

唐睿宗窦皇后谥号昭成。《旧唐书·玄宗纪上》：开元四年正月，“丁亥，宋王成器、申王成义，以‘成’字犯昭成皇后谥号，于是成器改名宪，成义改为捴。”

以上以人名避谥号。

(2)避年号

年号始于汉武帝时期，宋吴仁杰《两汉刊误补遗》卷二：“文帝凡两改元，故以前后别之。景帝凡三改元，故以前中后别之。武帝即位以来，大率六年一改元，二十七年之间，改元者五，当时但以一元、二元、三元、四元、五元为别。五元之三年，有司言‘元宜以天瑞命，不宜以一二数’盖为是也。”《史记·孝武本纪》：“有司言元宜以天瑞命，不宜以一二数。一元曰建元，二元以长星曰元光，三元以郊得一角兽曰元狩云。”终武帝一代，在位五十四年，共用十二个年号。从此，年号之使用逐渐普遍。一般来说，一朝皇帝使用不止一个年号，往往因各种原因而改元。再一种情况是由年号的尊贵，避年号而改为他称。

由于年号有趋吉避凶的目的，用字经常会出现重复的情况。《浪迹三谈》卷二载：“《随园随笔》载年号雷同者，建武有七，中兴有六，建元有六，建平有八，天成有六，永和有五，应天有五，太平有五，建兴、建初、正始俱有四。”

避年号的情况一般表现为同类相避，后代起年号名时，要避前代年号。也有因避年号而改地名者。

晋惠帝司马衷，有年号曰永康。《道光武康县志》卷一：“晋武帝太康元年，改永安县为永康，寻改武康，属吴兴郡。县名武康始此。……改永康为武康者，以同惠帝年号故也。”

周广业谓“避年号始此”。

金世宗完颜雍年号大定。《金史·地理志上》：中都路滦州石城县,"长春淀,旧名大定淀,大定二十年更"。大定为金世宗完颜雍年号,公元 1161～1189 年,大定二十年应为公元 1180 年。此为避年号改地名。

辽道宗耶律洪基有年号曰大安。《辽史·道宗纪四》:大康十年,"冬十二月乙未,改庆州大安军曰兴平,是月,改明年为大安"。大康为公元 1075～1084 年,大安为公元 1085～1094 年。此为避年号改地名。

明穆宗朱载垕年号曰隆庆。《明史·地理志一》:延庆州云:"永乐十二年三月置隆庆州……隆庆元年改曰延庆州。"隆庆为公元 1567～1572 年。此为避年号改地名。

明太祖高皇帝朱元璋年号洪武。《冬夜笺记》:"钱塘洪有恒初名洪武,忌者上书言其名犯年号,高帝曰:'此朕兴之兆耳。'御书有恒易之。"此为避年号改人名。

《归田录》卷一:"仁宗即位,改元'天圣'。时章献明肃太后临朝听制,议者谓撰号者取'天字',于文为'二人',以'二人圣'者,悦太后尔。至九年,改元'明道',又以为'明'字于文,'日月并'也,与'二人'旨同。无何,以犯契丹讳,明年遽改曰'景祐',是时连岁天下大旱,改元诏意冀以迎和气也。五年,因郊,又改元曰'宝元'。……是岁,赵元昊以河西叛,改姓元氏,朝廷恶之,遽改元曰'康定'。而好事者又曰'康定'乃谥尔,明年又改曰'庆历'。至九年,大旱,河北尤甚,民死者十八九,于是又改元曰'皇祐',犹'景祐'也。六年,日蚀四月朔,以谓正阳之月,自古所忌,又改元曰'至和'。三年,仁宗不豫久之,康复,又改元曰'嘉祐'。自'天圣'至此,凡年号九易,皆有谓也。"

李自成建立大顺政权,年号永昌。《经史避名汇考》卷二三引《杭州府志》:"东城门旧曰永昌,康熙初以其为自成年号,改望江门。”此为避年号改地名。

清太宗皇太极年号崇德。《池北偶谈》卷四“县名避年号”条：“顺治中，改嘉兴府崇德县为石门县，以避太宗年号也。”崇德为公元1636～1643年。此为避年号改地名。

(3)避尊号

帝王除死后议谥号以外，生前还可以上尊号，尤以唐代为甚。

唐中宗李显，神龙元年十一月上尊号曰应天皇帝，三年九月(或作八月)，又加尊号曰应天神龙皇帝。《唐会要》卷三〇：“麟德二年二月十二日，所司奏乾元殿成。其应天门先亦焚之，及是造成，号为则天门。”注曰：“神龙元年三月十一日，避则天后号，改为应天门，唐隆元年七月，避中宗号，改为神龙门。”

唐高宗则天皇后，母杨氏号太真夫人。《旧唐书·魏元忠传》：“魏元忠，宋州宋城人也。本名真宰，以避则天母号改焉。”

《长安志》卷九：“朱雀街西第二街有怀贞坊。”注云：“武太后以母号太真夫人，讳真字，改为怀贤坊，神龙元年复旧。”

《新唐书·姚崇传》：姚崇字元之，“始名元崇，以与突厥叱剌同名，武后时以字行。至开元世，避帝号，更以今名。”《资治通鉴》“唐玄宗开元元年”曰：“元之避开元尊号，复名崇。”

元世祖忽必烈，谥号圣德神功文武皇帝，国语尊称薛禅皇帝。《南村辍耕录》卷二：“中书右丞相伯颜所署官衔计二百四十六字，……当其擅政之日，前后左右无非阴邪小辈，唯恐献谄进佞之不至，孰能告以忠君爱民之事。有一王爵者驿奏云：薛禅二字，人皆可以为名，自世祖皇帝庙号之后，遂不敢用。今太师伯颜功高德重，可以薛禅名字与之。……文定王沙剌班，时为学士，从容言于上曰：万一曲从所请，关系非轻。遂命学士欧阳玄，监丞揭傒斯会议，以‘元德上辅’四字代之，加于功臣之上。”

(4)避国号

避国号之例，汉代已有见。王莽篡政，改国号为“新”，避国号改新为心、为信。

《汉书·王莽传》：莽始建国四年，“改十一公号，以新为心，后又改心为信”。因其“定有天下之号曰新”。是为避国号也。

《汉书·王子侯表》，新乡侯佟，《王莽传》作信乡侯。也是避国号“新”字。

《金史·章宗纪》载，金章宗明昌二年，“敕有司国号犯汉、辽、唐、宋等名不得封，臣下乃议以辽为恒，宋为汴，秦为镐，晋为并，汉为益，梁为邵，齐为彭，殷为谯，唐为绛，吴为鄂，蜀为夔，陈为宛，隋为泾，虞为泽”。又“禁伶人不得以历代帝王为戏，及称万岁。犯者以不应为事重法科”。

《明太祖实录》卷五二：洪武三年五月，“上谕中书省臣曰：‘小民不知避忌，往往取先圣、先贤、汉、唐、国、宝等字以为名，宜禁革之。’于是礼部定议，……其名字有天、国、君、臣、圣、神、尧、舜、禹、汤、文、武、周、汉、晋、唐等国号相犯者，悉令更改。”

国号本为称呼而用，本不应避，但如果人名用字犯国号，则须避，以彰显国号之庄重。

宋郑国公宋庠，初名郊。《宋史·宋庠传》：“帝遇庠厚，行且大用矣。庠初名郊，李淑恐其先己，以奇中之，言曰：‘宋，受名之号，郊，交也。合姓名言之为不祥。’帝弗为意。他日以谕之，因改名庠。”

《归田录》卷一：“宋郑公初名郊，字伯庠，与其弟(祁)自布衣时名动天下，号为二宋。其为知制诰，仁宗骤加奖眷，便欲大用。有忌者先进谮云，谓其‘姓符国号，名应郊天’，又曰：‘郊者交也，交者替代之名也。宋交，其言不祥。’仁宗遽命改之，公怏怏，不获已，乃改为庠，字公序。”

此例因宋郊之姓同于国号，“名所独也，姓所同也”，名犯国号，可以改名。而姓同国号，本无改姓之理。但连“宋郊”而言，于国不吉，故而改之。虽没有改“宋”姓，但形成避讳的基础则为因国号“宋”而起，实为是避国号与避不吉的结合。

《浙江通志》卷二八〇引《镇海县志》：“鄞人单仲友能诗，洪武中征至南京，献诗称旨，因奏本府名同国号，请改之。上喜曰：‘彼处有定海，海定则波宁。’改明州曰宁波，时洪武十四年。”此为避国号而改地名。

周广业《经史避名汇考·杂讳》：“崔浩字伯渊，工书，人多托写急就章，所书以百数，必称冯代疆，以示不敢犯国。其谨如此。(魏书)《日知录》云：‘急就篇有“冯汉疆”，魏起漠北，讳言汉疆，改从国号故也。’师古急就篇序曰：‘避讳改易，斩就芜舛’，正指此也。广业案：浩尝奉敕解急就篇，所避当不止此，今无可考。魏书地形志，改梁兴县为魏兴，犹魏改汉寿为魏寿，晋武改吴寿为晋寿也。《水经注》，广汉亦改广魏。”

以上避国号之例都是出于敬的心理而避，也有出于恶的心理而避之例。

沈德符《万历野获编》卷二“触忌”条：“宋南渡后，人主书金字俱作今，盖与完颜世仇，不欲称其国号也。至高宗之刘贵人、宁宗之杨后，所写金字亦然，则宫闱亦改用矣。”

《万历野获编》补遗一“年号别称”条：“(明初)贸易文契，如吴元年、洪武元年，俱以原字代元字，盖又民间追恨蒙古，不欲书其国号。”

(5)避官名

《明太祖实录》卷二三〇:洪武二十六年十二月,"丙戌,命礼部申禁军民人等,不得用太孙、太保、太师、待诏、大官、郎中等字为名称"。

官名的避讳,为数甚少,避讳方式也较为简单,且范围窄狭,只及于人名用例,余不涉及。

(6)避陵名

南朝宋文帝刘义隆,陵名长宁。《宋书·州郡志二》"永宁太守"下,"晋安帝侨立为长宁郡,宋明帝以名与文帝陵同,改为永宁"。《经史避名汇考》:"避陵名始此。"

北魏文成文明冯皇后,北周文宣叱奴皇后,陵名同称永固。《宋史·礼志二十五》:绍兴九年,"宰臣秦桧等请上陵名曰永固,……十三年,改陵名曰永祐。"

《闻见后录》卷一:"绍兴己未春,金人初许归徽宗梓宫,宰臣上陵名永固,有王铚者言:犯后魏明帝、后周文宣二后陵名。下秘书省参考,如铚言。……再议徽宗陵名,改永祐云。"

《挥麈前录》卷一:"绍兴戊午,徽宗梓宫南归有日,秦丞相当国,请以永固为陵名。先人建言:北齐叱奴皇后寔名矣。不可犯。且叱奴,夷狄也,尤当避。秦大怒,几蹈不测。后数年,卒易曰永祐。"

宋哲宗赵煦,陵名永泰。《游宦纪闻》卷三:"永福创自唐代宗时,割福、泉、建三州之地,因号永泰。后避哲宗陵寝名,改名永福。"

《乾隆淳安县志》卷四:"龙华寺,在县东南五十五里和义乡,旧名永泰寺,……宋政和三年,以犯哲宗陵名,改今额。"

宋真宗赵恒,陵名永定。《愧郯录》卷一:"天圣七年九月辛未,改永定军为永宁,避真宗陵之类是也。"

《清史稿》卷六七载，清圣祖玄烨，陵名景陵。北周改宵城曰竟陵，五代晋避高祖石敬瑭讳，改县曰景陵，沿用至明。清以名同圣祖陵，改为天门县，属湖北安陆府。改天门在雍正四年。

4. 其他

(1)讳疾

前秦厉王苻生眇一目，《通志》卷一八九：既自有目疾，其所讳者，“不足、不具、少、无、缺、伤、残、毁、偏、只之言，皆不得道。左右忤旨而死者不可胜纪”。又云：“尝使太医令程延合安胎药，问人参好恶并药分多少，延曰：‘虽小小不具，自可堪用。’生以为讥其目，凿延目出，然后斩之。”

《渑水燕谈录》卷九：“钱镠之居钱塘也，子跛，镠钟爱之。谚谓跛为瘸，杭人为之讳，乃称茄为落苏。”

《史记·吴太伯世家》：“(吴王僚)十三年春，吴欲因楚丧而伐之，使公子盖馀、烛庸以兵围楚之六、灊。”索隐曰：“《春秋》作掩馀，《史记》并作盖馀，义同而字异。或者谓太史公被腐刑，不欲言掩也。”此为司马迁耻其受宫刑，避阉字。

(2)讳数目字

《华阳国志》卷三：蜀郡四出大道，“道实二十里有衢，今言十八里者，昔蜀王女未嫁，年二十亡。王哀悼，不忍言二十，故言十八也”。

《兼明书》卷五：“吴王之女名二十，而江南人呼二十为念，而北人不为之避也。”此一例避数目字也是由于以数目字为名之故。

(3)讳属相动物

宋徽宗赵佶生于元丰五年壬戌之年，于十二生肖属狗。《曲洧旧闻》卷七：“崇宁初，范致虚上言：十二宫神，狗居戌位，为陛下本命。今京师有以屠狗为业者，宜行禁止。因降指挥，禁天下杀狗，赏钱至二万。”清俞樾《茶香室四钞》卷九：“按此禁甚为可笑。若然，使人主生丑年、未年，祭祀当不得用牛羊矣。”

《清稗类钞》：“盐城有何姓者，其家主人自以子为本命，肖鼠也，乃不蓄猫，见鼠，辄禁人捕。”

柳宗元《三戒》中《永某氏之鼠》也谈到，主人属鼠，不许蓄猫捕鼠，以至鼠害横行。

(4)讳五行

周广业《经史避名汇考》卷四十六：“东汉光武都雒阳，汉地志注引鱼豢《魏略》、张华《博物志》并云，洛从水旁各，汉火行，忌水，故去水加隹，至魏复为洛。李涪《刊误》，王观国《学林》，据《史记》已用雒字，非光武改。且汉亦从水，岂独洛字忌之哉，鱼说非也。广业案，《魏志》文纪注引《魏书》曰：诏：以汉火行，火忌水，故洛去水而加隹。魏于行次为土，水得土而流，土得水而柔，故除隹加水，变雒为洛。诏书出于当时，岂得有误，且高祖都咸阳，故不以汉为嫌，光武都洛阳，与国号字皆从水，物忌太盛，亦理之常。《史记》经后人传写，未可因一字定为西汉旧本。”

(5)谶讳

谶讳是为了求得吉祥而使用的一种避讳方式，通过避讳而形成吉祥话，或者通过避讳破解某种不祥的预言，达到趋吉避凶的目的。

《广弘明集》卷六载释道宣《叙列代王臣滞惑解》：北周太祖以前，有忌黑者，谓有黑人次膺天位。至周武帝宇文邕时，“有实禅师者，释门之望，帝亦钦重。私问后运是谁应得，实曰：‘非僧所知。’帝曰：‘如谶所传，云黑者应得，……黑者是谁？’实曰：

'……黑者大有，老乌亦黑，大豆亦黑，如是非一，可亦得耶？'帝闻有姓乌、姓窦者，假过诛之。"

周武帝迷信，听信"黑人次膺天位"传言，实禅师之意本是意图转移到乌鸦、大豆身上，以免祸及生人，不意致使与黑有关的姓"乌"姓"窦"的，遭受无妄之灾。以帝王之尊，怀枉自猜测之心，臣民之祸也。

《汉书·地理志上》：太原郡阳曲县，颜师古注："隋文帝自以姓杨，故恶阳曲之号，乃改其县为阳直。今则复旧名焉。"

隋炀帝杨广，初为晋王时名英。《隋书·五行志上》：文帝名晋王曰英，"时人呼杨姓多为嬴者。或言于上曰：杨英反为嬴殃。帝闻而不怿，遽改之。"

此一例为正反倒反例，晋王之名杨英，杨英反嬴，英杨反殃，合为嬴殃。正反之例颇多，倒反也有其例，为数不多，殆为三国以后的特殊用法，《三国志》"于何相求成子阁"，"成子阁"成阁反切石，阁成反切冈，《隋书》沿用其例，其后鲜见。炀帝以"嬴殃"不吉，改之。

隋光禄大夫李敏，一名洪儿。《隋书·李敏传》：炀帝讨辽东，"有方士安伽陀，自言晓图谶，谓帝曰：'当有李氏应为天子。'劝尽诛海内凡李姓者"。又，大业中，童谣曰：桃李子，鸿鹄绕阳山，宛转花村里。莫浪语，谁道许。而"时或言敏一名洪儿，帝疑洪字当谶，尝面告之，冀其引决。敏由是大惧，数与金才、善衡等屏人私语。宇文述知而奏之，竟与（李）浑同诛，年三十九。"

隋代帝王，逆取而不能顺守，怀猜忌之心而好事者又鼓唇于其中，致使滥杀无辜，宜其福祚不久。

《朝野佥载》卷一："天授中，则天好改新字，又多忌讳。有幽州人寻如意上封云：'國字中或，或乱天象，请口中安武以镇之。'

则天大喜，下制即依。月余，有上封者云：‘武退在口中，与囚字无异，不祥之甚。’则天愕然，遽追制，改令中为八方字。”

则天皇帝好为新字，曌为一例，此圀也为一例。

《资治通鉴》“唐肃宗至德元载”胡三省注云：“明皇以安禄山反，改常山之鹿泉曰获鹿，饶阳之鹿城曰束鹿，以厌之。”

五代李升代吴王杨溥称帝，建南唐国。《资治通鉴·后晋纪二》：“(南唐)群臣争请改府寺州县名有吴及阳者，留守判官杨嗣请更姓为羊。徐玠曰：‘陛下自应天顺人，事非逆取，而谄邪之人专事更改，咸非急务，不可从也。’唐主然之。”

《十国春秋·南唐烈祖本纪》：升元二年六月，“东都留守判官杨嗣请更姓为羊，群臣亦请改府寺州县名有吴及阳者，帝不许。既而诏改吴兴阁为升元阁”。

《石林燕语》卷一：“熙宁末年，旱，诏议改元。执政初拟大成，神宗曰：不可。成字于文，一人负戈。继又拟丰亨，复曰：不可。亨字为子不成，惟丰字可用。改元丰。”

《归田录》卷一：“仁宗即位，改元‘天圣’。时章献明肃太后临朝听制，议者谓撰号者取‘天’字，于文为‘二人’，以‘二人圣’者，悦太后尔。至九年，改元‘明道’，又以为‘明’字于文，‘日月并’也，与‘二人’旨同。无何，以犯契丹讳，明年遽改曰‘景祐’，是时连岁天下大旱，改元诏意冀以迎和气也。五年，因郊，又改元曰‘宝元’。……是岁，赵元昊以河西叛，改姓元氏，朝廷恶之，遽改元曰‘康定’。……而好事者又曰‘康定’乃谥尔，明年又改曰‘庆历’。至九年，大旱，河北尤甚，民死者十八九，于是又改元曰‘皇祐’，犹‘景祐’也。六年，日蚀四月朔，以谓正阳之月，自古所忌，又改元曰‘至和’。三年，仁宗不豫久之，康复，又改元曰‘嘉祐’。自‘天圣’至此，凡年号九易，皆有谓也。”

《金史·世宗纪上》:大定九年三月,"辛未,禁民间称言'销金',条理内旧有者,改作明金字。"

《齐东野语》卷一一:吴倜为宁海推官,"时蔡京罢相居城中,意其生计从容,委买霅川土物无虚月。倜意不平,念吾以文学起身,而不以儒者见遇,报以实值。京觉之而怒。重和二年,召为九域图志所编修官。时京以太师鲁公赐第京师,朝朔望。一日,上问京:'卿曩居杭,识推官吴倜乎?今以大臣荐,欲除官。'对曰:'识之,其人傲狠无上。'上惊曰:'何以知之?'曰:'吴知陛下御讳而不肯改,乃以一圈围之。'盖言倜字也。上默然不怿。未几,言者承风旨论罢,自是不复出。"此为避偏旁的变式。徽宗名佶,吴倜之倜本不犯其讳,只是其字内含亻和吉,蔡京以此中伤之。其穿凿附会与刻薄狠毒,可见一斑。经蔡京一番解释,"倜"字就有了不吉之意,当然要避之了。

宋钦宗朝户部尚书聂昌,初名山。《经史避名汇考》卷三二引《尧山堂外纪》:"渊圣尝语山曰:'古之名者,不以山川,今名山,可乎?'山因乞更名。渊圣许自择以进,于是以'何、参、崇、景'等条上,自比萧、曹、姚、宋,最后及周昌,御批:'周昌强直可慕,可赐名昌。'"《左传·桓公六年》:"名有五:有信、有义、有象、有假、有类。……不以国,不以官,不以山川,不以隐疾,不以畜生,不以器币。"古礼"不以山川",乃指山川之名,而非"山"字。赐名"昌",则有违"为尊者讳,为贤者讳"之古训。

(二)避讳在语言文字上的表现

从语言文字的角度看避讳的方式,可以把避讳分成三类,即,避本讳,避嫌名,避偏旁。避嫌名是避讳在语音方面的延伸,避偏旁是避讳在文字方面的延伸。

1.避本讳

避本讳是指避与避讳对象音同、义同、形同的字，本来没有什么疑问，但是汉字中有一些多音字，对于这些多音字的处理就存在一个标准问题，因此而产生的争论也不乏其例。

宋哲宗赵煦，初名傭。《六经正误》五：傭字，"训均、训直者，当音耻恭切，与敕龙反同。训雇赁者，当音庸。尝闻前辈言：先朝旧讳，必取钧直之义，则耻恭切者当讳，馀封切者不当讳。一时有司失于详审，定为馀封切，遂以租傭之傭为讳字。未知是否。"

《礼部韵略》附韵略条式："元祐五年七月，太学博士孙谔等陈乞：旧颁庙讳外，无明文而私辄回避者：庸字今学者多回避，疑与藩邸名同义。……未委合与不合回避，欲乞明降指挥。礼部看详：庸字既非旧名本字，自不当回避，今合申明行下。"

傭字有三个义项，①均等、公平。诗小雅节南山："昊天不傭，降此鞠讻。"②平凡、普通。《荀子·非相》："远举则病缪，近世则病傭。"此一义项通"庸"。③受雇为人劳动。义项①读音《广韵》"丑凶切"，也即"耻恭切"。义项②、③读音，《广韵》"馀封切"。宋哲宗初名傭，取义均等、公平，应该避"丑凶切"一音，"馀封切"一音不须避。而群臣不仅避"丑凶切"一音，而且还避"馀封切"一音，甚至连"傭"的异体"庸"字也避，是不合规矩的。

《宋史·礼志十一》："绍兴二年十一月，礼部太常寺言，渊圣皇帝御名见于经传义训者，或以威武为义，或以回旋为义，又为植立之象，又为亭邮表名，又为圭名，又为姓氏，又为木名。当各以其义类求之。以威武为义者，今欲读曰威；以回旋为义者，今欲读曰旋；以植立为义者，今欲读曰植。若姓氏之类，欲去木为亘；又缘汉法，邦之字曰国，盈之字曰满，止是读曰国曰满，其本字见于经传者，未尝改易。……今来渊圣皇帝御名欲定读如前外，其经传本字，即不当改易，庶几万世之下，有所考证，推求义类，别无未尽。"

从这两个例子可以看出，当避讳中的本字意义不同的时候，并不妨碍都避。而如果意义不同，而且读音也有差别时，就要分别对待了。也就是说，如果被避字是一个单音多义字，在各种意义上都要避讳。而如果被避字是一个多音多义字，就只避一个读音下的各义项。只是在这种情况下，避讳是着眼于词的层面，而不是字的层面。

避本讳贯穿于整个避讳阶段，只有汉代的避讳采用的是一对一的避讳方式，避讳本字与代用字之间呈整齐的对应。随着避讳的发展，这种情况不再。

汉武帝刘彻。《汉书·武帝纪》颜师古注引荀悦曰："讳彻之字曰通。"

《汉书·蒯通传》："蒯通，范阳人也，本与武帝同讳。"颜师古注："本名为彻，其后史家追书为通。"

《汉书·百官公卿表上》："彻侯金印紫绶，避武帝讳，曰通侯，或曰列侯。"

《汉书·高帝纪下》："五年，……上曰：'通侯诸将毋敢隐朕，皆言其情。'"颜师古注引应劭曰："旧曰彻侯，避武帝讳曰通侯，通亦彻也。通者，言其功德通于王室也。"

汉以后，避本讳之例用字比较繁杂，有时避讳用字可达几个，甚至十几个。

2. 避嫌名

避嫌名是指避讳与被讳者音同的字，是避讳在语音方面的延伸。《礼记·曲礼》："礼不讳嫌名。"郑注："嫌名谓音声相近，若禹与雨、丘与区也。"

关于避嫌名产生于何时，存在争论。《讳略》："始皇讳政，并避正。改正月为端月。此避嫌讳之始也。"《讳略》认为早在秦始皇时期就有了避嫌名的情况，陈垣不同意这种说法。《史讳举例》卷五："政与正本通，始皇以正月生，故名政。《集解》引徐广曰：'一作正。'宋忠云：'以正月旦生，故名正。'避正非避嫌名也。"

从汉代的避讳情况来看，陈垣的说法合理。陆德明《经典释文》卷十一："汉和帝名肇，不改京兆郡；魏武帝名操，陈思王诗'修阪造云日'，是不讳嫌名。"终西汉一代，没有见到避嫌讳的例子。

《礼记·檀弓上》："殷人殡于两楹之间，又，予畴昔之夜，梦生奠于两楹之间。"《史记·孔子世家》作两柱之间，以柱代楹。周广业《历代避名汇考》认为汉代人不避嫌名，此处应该看作是避偏旁字，为避偏旁字之始。这种说法不确。其一，比较避本讳、避嫌名、避偏旁三种避讳方式，避嫌名是避讳在语音方面的延伸，避偏旁是避讳在文字形体方面的延伸，前者属于语言的范畴，后者属于文字的范畴，前者应该早于后者。其二，《史记》距三国时间很短，由三国时期的避嫌名上推至《史记》时期应该能够说得通。而如果认为是避偏旁，应该在相近的时期里可以找到避偏旁的同类例子，但是我们没有找到。还是看作避嫌名比起看作避偏旁更为妥当一点，而避偏旁产生还应在此之后。就这一个例子来说，似乎还不能表明西汉时期就有避嫌讳的情况，其一，"楹"、"柱"同义，本可相代。其二，避讳在词语使用范围上的发展，大致是：避起名，避称名，避专名，而行文避讳则在其后，西汉去周未远，行文避讳的情况还不多见。其三，以司马迁而言，应避高祖刘邦、惠帝刘盈、文帝刘恒、景帝刘启之讳，而《史记》中有很多不避的情况。《史记·仲尼弟子列传》:“出门如见大宾,使民如承大祭。在邦无怨,在家无怨。”不避“邦”字。《史记·夏本纪》:“于是启遂即天子之位,是为夏后帝启。”不避“启”字。以“楹”作“柱”看作避惠帝嫌讳,不妥。

讳嫌名之俗,应该起于三国。《三国志·吴书二》:赤乌五年,“立子和为太子,改禾兴为嘉兴”。此为避嫌讳之始。但是当时还没有形成制度,从吴国景帝为其子取偏僻之名可以看出。“孤今为四男作名字:太子名䨻,䨻音如湖水湾澳之湾……次子名𩅦,音如兕觥之觥……次子名壾,壾音如草莽之莽……次子名𡦀,𡦀音如褒衣下宽大之褒……此都不与世所用者同,故钞旧文会合作之。”(《三国志·孙休传》注引《吴录》)陈垣《史讳举例》以为,“则吴时仍不讳嫌名。果讳嫌名,则䨻𩅦壾𡦀之字虽易避,而湾觥莽褒之音仍难避也。今既制新字,以为易避,则其不讳嫌名可知”。

陈垣的结论有失偏颇,考后代帝王为了“易避”,多有改用生僻之字为名的情况,而这并不妨碍避嫌名。三国时产生避嫌名应该没有疑义。至晋代,避嫌名渐成风尚。

《晋书·羊祜传》:祜卒,“荆州人为祜讳名,屋室皆以门为称,改户曹为辞曹焉”。嫌名之讳,遂寖成风俗。其后晋简文帝名昱,改育阳县为云阳。桓温父名彝,改平夷郡曰平蛮,夫夷县曰扶县,夷道县曰西道。后魏道武帝名珪,改上邽县曰上封。

《独异志》卷中:“晋羊祜,字叔子,为荆州守,有恩及闾里。及死,阖境并不言‘祜’字,其有同音,亦改讳之。”

从三国时开始,避嫌名逐渐普及开来,晋代以后,避嫌名渐成常例,至隋唐之时,渐趋繁琐。

唐代是中国历史上一个繁荣的时期,表现在礼仪制度的建立方面，也有大的发展，避讳在这一时期趋向于完成。避嫌名也成为了惯例。

南宋邓名世《古今姓氏书辨证》卷一四："祁县王氏，唐时称乌丸王氏，今避御嫌名，因改之。"

《万历野获编》卷一："宋钦宗讳桓，则并嫌名丸字避之。科场韵脚用丸字者，皆黜落。"

以上二例皆为避宋钦宗赵桓之嫌讳。

白居易祖名锽。《经史避名汇考》卷三七："陈直斋作《年谱》云：贞元十九年癸未，以拔萃选，登科。李商隐撰《墓碑》云：前进士，避祖讳选书判拔萃。盖以公祖名锽，与'宏'同音，所以不应宏词也。"

《通志·氏族三·姬氏》，注云："开元初，明皇以嫌名改为周氏。"此为姓氏犯唐玄宗名李隆基嫌讳，而改姓之例。

《史讳举例》卷五："据此则当时嫌名之讳，渐趋繁数，故隋文帝父名忠，兼避中，唐高祖父名昞，兼避丙。韩愈讳辨，专辨嫌名，而谓：'今上章及诏，不闻讳浒势秉饥。'不知南史沈约传，称约先世浒为仲高，即讳虎之嫌名浒。贞观廿三年，改兴势县为兴道，即讳世之嫌名势。南史十三刘秉传，称彦节而不名，即讳昞之嫌名秉。德宗九日赐曲江宴诗'时此万枢暇'，即讳基之嫌名机也。然因愈之言，足证唐时嫌名之讳，尚未垂为定制。至宋始颁布所谓文书令，应避嫌名，有一帝至五十字者，其繁极矣。"

《颜氏家训·风操》："刘绍、缓、绥，兄弟并为名器，其父名昭，一生不为照字，惟依《尔雅》火旁作召耳。凡文与正讳相犯，当自可避，其有同音异字，不可悉然。刘字之下，即有昭音。吕尚之儿，如不为上，赵壹之子，傥不作一，便是下笔即妨，是书皆触也。""凡避讳者，皆须得其同训以代换之。桓公名白，博有五皓之称;厉王名长,琴有修短之目。不闻谓布帛为布皓,呼肾肠为肾修也。梁武小名阿练,子孙皆呼练为绢;乃谓销练物为销绢物,恐乖其义。或有讳云者,呼纷纭为纷烟;有讳桐者,呼梧桐树为白铁树,便似戏笑耳。"

韩愈《讳辩》为李贺不能举进士抗辩。"今贺父名晋肃,贺举进士,为犯'二名律'乎?为犯'嫌名律'乎?父名晋肃,子不得举进士,若父名仁,子不得为人乎?夫讳始于何时?作法制以教天下者,非周公孔子欤?周公做诗不讳,孔子不偏讳二名,春秋不讥不讳嫌名,康王钊之孙实为昭王,曾参之父名晳,曾子不讳昔。周之时有骐期,汉之时有杜度,此其子宜如何讳?将讳其嫌,遂讳其姓乎?将不讳其嫌乎?汉讳武帝名彻为通,不闻又讳车辙之辙为某字也。讳吕后名雉为野鸡,不闻又讳治天下之治为某字也。今上章及诏不闻讳'浒'、'势'、'秉'、'饥'也,惟宦官宫妾乃不敢言'谕'及'机',以为触犯,士君子言语行事,宜何所法守也?今考之于经,质之于律,稽之以国家之典,贺举进士为可邪,为不可邪?"由此也可以看出当时避嫌讳已成为普遍之风尚。

后唐高祖石敬瑭。《能改斋漫录》卷九:"会稽鉴湖,今避庙讳,本谓镜湖耳。"

金太祖武元皇帝完颜氏名旻。《松漠纪闻·补遗》:"虏中庙讳尤严,不许人犯,……武元初只讳旻,后有申请云:旻,闵也,遂并闵讳之。"

又避嫌名悯。

《南烬纪闻录》:靖康二年五月,金人幽禁宋徽、钦二帝及二后,"朱后有疾卧冷地上,连日呻吟,监者尚加诟詈。帝语左右:'汝等可悯念吾国破家亡,取汤水相救。'左右曰:'吾国禁违犯者过于杀人。汝呼悯字,已该大罪,尚欲索汤水耶?'再三恳之,不顾而去。”

避嫌名也有多音字的问题，因此而有纠纷。《东轩笔录》卷九：刘攽、王介同为开封府试官。举人有用“畜”字者，介谓音犯主上嫌名，攽谓礼部先未尝定此名为讳，不可用以黜落，因纷争不已。而介以恶语侵攽，攽不校。既而御史张戬、程灏并弹之，遂皆赎金。御史中丞吕公著又以为议罪太轻，遂夺其主判。其实中丞不乐攽也。又曰：时试“节以制度不伤财”赋，举子多用“畜积”字，畜本音许六反，广韵又呼玉反，声近御名，介坚欲黜落，攽争之，遂至诟忿。监试陈襄闻其事，遂夺主判。东都事略七：考试开封府，进士程文有用“小畜”字者，王介谓犯神宗嫌名，攽曰：“此六畜之畜，亦嫌名也？”因纷争。御吏劾之，遂出通判泰州。

宋神宗名赵顼，王铚《四六话》下：“神宗初即位，王介中父、刘攽贡父，同考进士。中父以举人卷子用‘小畜’字，疑畜字与御名同音，贡父争以为非。中父不从，固以为御名，贡父曰：‘此字非御讳，乃中父家之讳也。’因相诟骂。既出试院，御史以为言，贡父坐罢同判太常礼院，罚铜归馆。”“畜”字有二音，一为“丑救切”，义为：①人所饲之禽兽，六畜。②积贮，通“蓄”。③限制。一为“许竹切”，义为：④饲养。⑤顺从。⑥喜爱，通“慉”。严格来说，应以“许竹切”一音为宋神宗赵顼的嫌名，而不必避“丑救切”一音。《礼部韵略》入声屋韵“畜”字注引元祐五年太学博士孙谔等陈乞云：“至今场屋用‘畜’、‘慉’二字，不问义训音切，并以蓄字代之，殊失文理。……且向来讳殷不讳因，讳敬不讳径，今畜、慉二字，乞许从便押用。”

《礼部韵略》附韵略条式：元祐五年七月，太学博士孙谔等陈乞：“旧颁庙讳外，无明文而私辄回避者：庸字今学者多回避，疑与藩邸名同义。……未委合与不合回避，欲乞明降指挥。礼部看详：庯字既非旧名本字，自不当回避，今合申明行下。”

宋代于避嫌名以从宽从繁为多见。

避嫌名也有延伸至家讳之例。

唐给事中袁德师，父名高。韦绚《刘宾客嘉话录》：“袁德师给事中，高之子也。九日出糕，谓人曰：‘某不敢吃，请诸公破除。’且言是其先讳，良久低头。”

《愧郯录》卷一〇引李焘奏稿：熙宁八年，“宋敏求提举万寿观，敏求父名绶，自言寿字犯父嫌名，诏改醴泉观”。

《鸡肋编》卷中：“世有自讳其名者。如田登在至和间为南宫留守。上元，有司举故事呈禀，乃判状云：依例放火三日。坐此为言者所攻而罢。”避嫌名也延伸至官讳、家讳，只是使用范围有限，如果枉自扩展，几近戏笑。

避嫌名在宋代发展到极致，宋高宗赵构的嫌名达五十五字之多，可作为一项纪录。

3. 避偏旁

避偏旁是指避与本讳有相同偏旁的字，或其偏旁为本讳之字的字。

五代唐明宗李亶。《旧五代史·杨光远传》：“杨光远，小字阿檀，及长，止名檀，唐天成中，以明宗改御名亶，以偏旁字犯之，始改名光远。”

《旧五代史·唐末帝纪中》：清泰二年五月，“中书奏：‘准敕，凡庙讳但回避正文，其偏旁文字不在减少点画。今定州节度使杨檀、檀州、金壇等名，酌情制宜，并请改之。其表章文案，偏旁字缺点画；凡臣僚名涉偏旁，亦请改名。’诏曰：‘偏旁文字，音韵悬殊，止避正呼，不宜全改。杨檀赐名光远，馀依旧。’”

避偏旁起于何时，前人已有讨论。《礼记·檀弓上》："殷人殡于两楹之间。"又，"予畴昔之夜，梦坐奠于两楹之间。"《史记·孔子世家》："谓子贡曰：天下无道久矣，莫能宗予。夏人殡于东阶，周人于西阶，殷人两柱间。昨暮予梦坐奠两柱之间，予始殷人也。""两楹"作两柱。汉人尚不避嫌名，周广业认为是司马迁避汉惠帝刘盈之讳，应该看作是避偏旁字，此为避偏旁字之始。

周广业之说不能成立。其一，汉代避讳有专门的避讳用字，汉惠帝刘盈的避讳用字是满。其二，汉代文献中避偏旁只有此一例，是为孤证。其三，避嫌名是避讳在语言上的扩展，而避偏旁是避讳在文字上的扩展，按常理，应该前者先于后者。

与上面一例相似的是：

《史记·齐太公世家》："哀姜欲立庆父，鲁人更立釐公。"《集解》引徐广曰："《史记》僖字皆作釐。"《左传》之晋僖侯、齐僖公、郑僖公，《史记》并作釐。

《史记·周本纪》："十五年，庄王崩，子釐王胡齐立。"正义："釐音僖。"

司马迁祖名喜。《汉书·司马迁传》："毋怿生喜，喜为五大夫，卒，皆葬高门。喜生谈，谈为太史公。……太史公既掌天官，不治民。有子曰迁。"《历代避名汇典》认为，改僖作釐，避嫌名也。恐也不确。避偏旁大约起源于魏晋时期。

《毛诗传笺通释》卷八：魏晋间避武帝讳，凡从喿制自多改从参，……《北山》诗"或惨惨畏咎"，释文：惨本作懆，《抑》"我心惨惨"，张参《五经文字》作"懆"。余如"劳心惨兮"，"忧心惨惨"，并当为"懆"。是其类也。此为避偏旁之始。

唐代以后，避偏旁之例渐繁。

唐卫国公李德裕，父名吉甫。《唐语林》卷七："周瞻举进士，谒李卫公，月余未得见。阍者曰：'公讳吉，君姓中有之，公每见名纸即颦蹙。'瞻俟公归，突出肩舆前，讼曰：'君讳偏旁，则赵壹之后，数不至三；贾山之家，语不言出；谢石之子，何以立碑？李牧之男，岂合书姓？'卫公遂入。论者谓两失之。"

周瞻之姓"周"，内含一"吉"字，与李德裕之父名"吉甫"之"吉"相犯，"吉"为"周"之偏旁，是为讳偏旁。

唐武宗名炎，乃避"谈、淡、郯"字。改谈作谭，书淡为澹。唐顺宗子李经，本封郯王，后人袭爵，改称嗣覃王。改谈为谭。《新唐书·诸帝公主传》：玄宗"常山公主，下嫁薛谭。"《新唐书·薛稷传》作薛谈。改淡作澹。《因话录》卷五："武宗皇帝庙讳炎，改两火相重，其偏旁言谈字已改为谭，淡改为澹。"

《游宦纪闻》卷九："世字因唐太宗讳世民，故今牒、葉、棄皆去世而從云。漏泄、缧绁又去世而从曳。世之与云，形相近；与曳声相近。若皆从云，则泄为沄矣，故又从云而变为曳也。"

《石林燕语》卷八："（宋）神宗元丰五年，黄冕仲榜唱名，有暨陶者，……暨下自缺一画，苏（子容）复言：字下当从旦。此唐避睿宗讳，流俗遂误弗改耳。"

后赵太祖武皇帝石虎。《金石文字记》卷五：唐国子学石经，今在西安府学，"凡经中虎字皆缺末笔"。"虎、虓、號、虢、饕、滮、篪、褫"字皆同。

宋邢国公宋偓，父名廷浩。《宋史·宋偓传》："偓本名延渥，以父名下字从水，开宝初上言改为偓。"父名廷浩。

也有不以避偏旁为意者。

《五代史补》卷五："冯瀛王道之在中书也，有举子李导投贽所业，冯相见之，戏谓曰：'老夫名道，其来久矣。加以累居相府，秀才不可谓不知，然亦名導，于礼可乎？'李抗声对曰：'相公是无寸底道字，小子有寸底導字，何为不可也？'公笑曰：'老夫不惟名无寸，诸事亦无寸，吾子可谓知人矣。'了无怒色。"

四、避讳的时间和场合

(一)避讳的时间

1. 国讳的时间

(1)国讳及于七代

避讳的时间因避讳的种类不同而有差异，一般来讲，帝王名字的避讳延续时间比较长，从登基开始，有的还从皇太子时就开始，一直延续到身后七代。避讳的时间与古代的昭穆制度有关。《礼记·王制》："天子七庙，三昭三穆，与大祖之庙而七。诸侯五庙，二昭二穆，与大祖之庙而五。大夫三庙，一昭一穆，与大祖之庙而三。士一庙，庶人祭于寝。"古代帝王立七庙，对其世次疏远之祖，则依制迁去神主藏于祧，故迁去神主也称祧。

祧，指祀远祖、始祖之庙。《礼记·祭法》："天下有王，分地建国，置都立邑，设庙、祧、坛、墠而祭之。……远庙为祧。"《左传·襄公九年》："以先君之祧处之。"注："诸侯以始祖之庙为祧。"《周礼·春官·守祧》："掌守先王先公之庙祧。"注："迁主所藏曰祧。"

依《礼记》的记载，"已祧不讳"，七代之下，即不再避讳。

这种昭穆制度一直延续到清代，每当太平盛世，帝王宗庙多按照这一制度实行。

晋代，《晋书·礼志中》：王济、羊璞等并云："……宜依讳名之义，但及七庙祖宗而已。"

唐代，《册府元龟》："唐宪宗元和元年，礼仪使奏言：'谨按《礼记》曰：既卒哭，宰夫执木铎以命于宫曰：舍故而讳新。此谓已迁之庙，则不讳也。今顺宗神主升祔礼毕，高宗、中宗神主上迁，请依礼不讳。'制可。"

《日知录》卷二十三："文宗开成中，刻石经，凡高祖、太宗及肃、代、德、顺、宪、穆、敬七宗讳，并缺点画；高、中、睿、玄四宗，已祧则不缺；文宗见为天子，依古卒哭乃讳，故御名亦不缺。"钱大昕对此有异议："唐人避上讳，如章怀太子注《后汉书》，改治为理，正在高宗御极之日，初无卒哭乃讳之例也。文宗本名涵，即位后改名昂，故石经不避涵字。亭林失记文宗改名一节，乃有卒哭而讳之说，贻误后学，不可不正。"钱说为是。唐以后避国讳多有超过七代之例。

《旧五代史·礼志下》载，后唐明宗"天成四年五月，中书门下奏曰：'……(少帝谥)册文内有基字，是玄宗庙讳，虽寻常诏敕皆不回避，少帝是继世之孙，不欲斥列圣之讳，今改基为宗字。'从之。"四库本注："今昭宣上去玄宗十四世，奏改册文，非典故也。"

宋代，对避讳的时间依例照"已祧不讳"执行。《宋史·礼志十一》："绍兴三十二年正月，礼部太常寺言：'钦宗祔庙，翼祖当迁。……以后翼祖皇帝讳依礼不讳。'诏恭依。"但民间多有超出其范围的例子。《夷坚支志》癸卷一〇："天台王居敬，字简卿，淳熙十三年，以布衣经过衢州，谒刘枢干问命。刘元不知其名，即书云：此命富贵，但名下一字系旧庙所讳，今虽已祧迁，终不可达天听。王大骇，既退，亟改为居安，而学资道。"此避赵匡胤祖追尊翼祖简恭皇帝赵敬之讳。淳熙为宋孝宗年号，其时距太祖已十世，仍避其祖名。随着封建王朝的逐渐发展，帝王的地位越来越高，避讳的时间也越来越长，只是在崇尚古代礼仪制度的时期，不能找到延长避讳时间的根据，而不能著于礼文。

（2）避前代讳

帝王名字的避讳不仅有超出礼制所规定的时间，甚至于有异代避讳的情况，应属于另外的心理所致。

陆游《老学庵笔记》载：唐初，魏郑公等撰《隋书》，以隋文帝之父名忠，故凡"忠"字皆谓之"诚"，谓死事之臣为诚节传，书中凡忠臣皆曰"诚臣"。书作于唐，犹为隋避讳，骤读之，殆不可晓。太宗诗云："疾风知劲草，板荡识诚臣。"亦是避隋讳耳。（《续笔记》卷一）

顾炎武《日知录》卷二十三"前代讳"条："孟蜀所刻石经，于唐高祖、太祖讳皆缺书。石晋《相里金神道碑》，'民'、'珉'二字皆缺末笔。南汉刘岩尊其父谦为代祖圣武皇帝，犹以'代'字易'世'。至宋，益远矣，而乾德三年卜谭《伏羲女娲庙碑》'民'、'珉'二字，咸平六年孙冲序《绛守居园池记碑》'民'、'珉'二字，皆缺末笔。其于旧唐之礼何其厚与！"

《日知录》卷二十三："杨阜，魏明帝时人也，其疏引《书》'协和万国'，犹避汉高祖讳。韦昭，吴后主时人也，其解《国语》，凡'庄'字皆作'严'，犹避汉明帝讳。唐长孙无忌等撰《隋书》，易《忠节传》以'诚节'，称'苻坚'为'苻永'，固亦避隋文帝及其考讳。【原注】后汉应劭作《风俗通》，有讳旧君之议。自古相传，忠厚之道如此，今人不知之矣。"

避前代讳的情况，可以分为三类：一种是由于前代的避讳而形成了固定词语或固定写法，已经广为使用，后人并不能区分是否是避讳而沿用。严格说来，这种情况并不能算避前代讳。正如陈垣《史讳举例》所言：善乎魏王肃之言曰："汉元后父名禁，改禁中为省中，至今遂以省中为称，非能为元后讳，徒以名遂行故也。”语见《通典》一〇四《礼篇》。今俗书玄弘宁贮等字，犹多缺笔，岂为清讳，因仍习惯，忘其起于避讳矣。

另一种是后人对前代人怀有崇敬之情，而愿意继续为其避讳。《日知录》和《老学庵笔记》所载都属于此类。

还有一种情况是后代统治者为了强化其统治权威，而强迫后人避前代皇帝名讳。李荐《济南集》有“汉彻方秦政”之句；《北史·文苑传》叙有“颉颃汉彻”之句，其中有汉武帝刘彻名字，四库全书馆臣修书时没有改避，遭乾隆痛斥，饬令改为汉武。并将此谕载之四库提要卷首，“使天下知皇帝之尊，百世下犹可为厉也”。

(3)异代同讳

两代或数代有相同的避讳字的情况，称异代同讳。如汉文帝名恒，唐穆宗、宋真宗亦名恒；汉灵帝名宏，后魏孝文帝亦名宏；汉殇帝名隆，唐玄宗名隆基；后魏献文帝名弘，唐高宗太子亦名弘，宋太祖之父名弘殷，清高宗乾隆皇帝名弘历，俱避弘字；宋以其先祖为玄朗，讳玄，清以康熙皇帝名玄烨，亦讳玄，等等。

宋代高承《事物纪原》“野鸡”条：“即雉也。自汉吕后称制，避其讳故也。汉高后纪注：后讳雉之字曰野鸡。颜师古曰：吕后名雉，字娥姁，故臣下讳雉。至唐高宗讳治，又帝小字雉奴，故相承避至今也。”

也有避前代讳而形成习惯，沿袭不改者，不应看作避异代讳例。

《石林燕语》卷八：“(宋)神宗元丰五年，黄冕仲榜唱名，有暨陶者，……暨下自缺一画，苏(子容)复言：字下当从旦。此唐避睿宗讳，流俗遂误弗改耳。”

《道山清话》:"(仁宗)庆历中,胡瑗以白衣召对,侍迩英讲易,读《乾》元亨利贞,不避上御名,上与左右皆失色,瑗曰:'临文不讳。'后瑗因言孟子,'民无恒产',读为常,上微笑曰:'又却避此一字。'盖自唐穆宗已改常字,积久而读熟。"

此两例皆为宋代之例,不应避唐讳,积久成习而已。

帝王名字的避讳,往往随着改朝换代而产生变化,令人兴沧桑之慨。

《宋书·百官志下》:"汉武元封四年,令诸州岁各举秀才一人,后汉避光武讳,改茂才,魏复曰秀才。"

《江南别录》:南唐烈祖受禅,尊吴主为让王,"乃徙让皇于丹徒,迁诸杨于泰州,初吴武王讳行密,谓杏为甜梅,及是复呼为杏,故老有泣下者"。

2. 官讳和家讳的时间

官讳和家讳的时间只延续父祖两代。按照《礼记》的记载,除了避父母之讳外,对祖父母名字的避讳还有一定的条件,"逮事父母则讳王父母,不逮事父母则不讳王父母",是否避祖父母之讳,还要看是否"逮事父母"。据孔颖达疏,祖父母为父母之父母,言称祖父母之名,父母会"闻名心瞿",所以有机会侍奉父母的人要讳祖父母之名;而幼时即父母丧亡的人,就没有言及祖父母之名,使父母"闻名心瞿"的问题,所以可以不避祖父母之名。

后代对于家讳的时间限制,多在父祖范围内,并不强求是否"逮事父母"。官家在对于官讳的规定里,也只要求避父祖之讳,祖讳之上,则不要求避。

官讳也有限制。《宋史·贾黯传》:"律:府号官称,犯祖父讳名而冒荣居之,又上书若奏事犯祖庙讳,罪皆有差。"则并有不避讳而议罪之律矣。

陆游《老学庵笔记》之《续笔记》卷一："王羲之之先讳正，故法帖中谓正月为一月，或为初月，其他正字率以政代之。"

周密《齐东野语》卷四："王羲之父讳正，故每书正月为初月，或作一月，余则以政字代之。王舒除会稽内史，以祖讳会，以会稽为郐稽。李翱祖父名楚今，故为文皆以今为兹。杜甫父名闲，故杜诗无闲字。曾鲁公父名会，避之者以勘会为勘当。蔡京父名准，改平准务为平货务。"

周密误，王正不是王羲之之父，而是其祖。避父祖名成为通例。

家讳一般只限父祖名讳，远祖只于名字尚讳，行文等则不讳。这种情况下犯讳的可能性不大，因为子生三月，父为之名，一般要查阅族谱，应该能避免与祖先重名。

《册府元龟》卷八六三："周王昭吉仕晋为右金吾卫大将军，天福三年，昭吉奏：臣伏睹汉书，昌邑中尉王吉是臣远祖，避名之礼，允属于斯，臣请改名。"

元集贤院大学士吴直方，十世祖名佐。宋濂《故集贤大学士荣禄大夫致仕吴公行状》："公讳直方，字行可，姓吴氏，初名佐孙，后避十世祖讳而更以今名。"

此二例为避远祖之名，其例不多，避讳范围仅及人名用字。

3. 其他避讳的时间

避皇太后、皇后及外戚讳一般只在其生前避讳，而身终则避讳终止。

宋真宗章（或作庄）献明肃刘皇后，父名通。《宋史·仁宗纪》载，乾兴元年二月，真宗崩，仁宗嗣位，尊后为皇太后，同御承明殿垂帘决事。十月"诏中外避皇太后父讳"，至明道二年三月，皇太后崩，八月，始"诏中外毋避庄献明肃太后父讳"。

宋英宗宣仁圣烈高皇后，父鲁王名遵甫。《宋史·哲宗纪》载，元丰八年三月，“令中外避太皇太后父遵甫名”。元祐八年，高后崩，绍圣元年二月，遂“诏依章献明肃皇后故事，罢避高遵甫讳”。

《长安志》卷七：朱雀街东第二街凡九坊，“第一，务本坊。”注云：“景龙三年，以驸马都尉杨慎交父名嘉本，改为玉楼坊，景云六年复旧。”景龙三年为 709 年，景云年号只使用了两年，“景云六年”应有误。“景云”为睿宗即位后改元年号，此避讳只延续短短几年。

特殊避讳的延续时间没有定例，随统治者的意愿而定。

《容斋续笔》卷四：“政和中，禁中外不许以龙、天、君、王、帝、上、圣、皇等为名字。”是禁至宣和七年七月方手诏解除。

（二）避讳的场合

宋朱翌《猗觉寮杂记》卷三：“本朝宽厚，自非举子为文，臣寮奏牍，不敢犯庙讳，天下人语言，未尝讳也。”

所谓“本朝宽厚”当然是溢美之词，宋代为避讳最繁之朝代。“自非举子为文，臣寮奏牍，不敢犯庙讳，天下人语言，未尝讳也。”则说的有道理。宋人避讳虽繁，然而并不像清朝那样严酷，其避讳的场合有限，举子为文，臣寮奏牍，自是避讳最为讲究的场合。

可以说，国讳是遍及全国的避讳，几乎是没有范围限制的，而其他的避讳则有一定的场合。主要表现在这样几个方面：

1. 科场避讳

科场避讳要求甚多，既避国讳，又要避一些恶讳，有时还要避考官家讳。

《经史避名汇考》卷三十七:“崔殷梦,字济川。父龟从,字元吉。《容斋续笔》引《语林》云:‘殷梦知举,吏部尚书归仁晦托弟仁泽,殷梦唯唯而已。亡何,仁晦复托之,至于再四。殷梦敛色端笏曰:“某见进表让此官矣。”仁晦始悟己姓乃殷梦家讳也。’”广业案:“此避主文讳也。盖唐自中叶以后,讳避益严。……咸通中卢子期著《举子》一卷,细大不遗。就试三场,避国讳、宰相讳、主文讳云云。大略有与今制同者,独避宰相主文讳不复讲。”可见当时科场避讳范围和规则。周广业认为,“此制宣懿朝始厉”。

宋绍兴二年,吏部尚书沈与求上书称:“渊圣皇帝御名,涉前代姓谥最多,而臣下迁就回避,有可概见者,如,鲁公则谓为允公,齐公则谓为小白,皆以名易其谥也。周王则谓为壮王,汉帝则谓为刚帝。或谓齐鲁二公为安公。它皆仿此,随意更易,无复质据。而有司行移有不可通晓者,士人科举程文,或以是故,枉被黜落。”科场避讳非常普遍。

《万历野获编》卷一:“宋钦宗讳桓,则并嫌名丸字避之。科场韵脚用丸字者,皆黜落。”

明英宗朱祁镇。《闲中古今录》:“天顺庚辰,殿试读卷,定祁顺卷第一。既而司礼监太监问所定卷,阁老以姓名对。太监曰:此卷固出人一等,但传胪时北方人音与御名相似,阁老愕然。乃以王一夔卷易之。而祁第二甲中。祁广东人,任终郡守。”

《冷庐杂识》卷八:“场屋中用忌讳字,往往被黜。……嘉善陆孝廉浚,工制艺,道光癸巳春闱,首艺,识者决其必售,陆亦自谓文可夺命矣。榜发,竟被放。比阅落卷,则主事已填中式名次,复涂去,以次艺用‘骞、崩’二字,捧卷大哭,目尽肿。寻得病,卒于都中。(清道光)丙申殿试,何子贞太史卷已列进呈十卷之首,旋以'大行'二字为阅卷大臣某公指出,改置二甲第八名。"《后汉书·安帝纪》李贤注引韦昭曰:"大行者,不反之辞也。天子崩,未有谥,故称大行也。"

科场避讳多为犯帝王名讳,或用不吉字,也有犯考官名讳而被黜者,此为将官讳移至科场,虽不成定例,却实为悖妄,对考生尤为不公。按官场习惯,新官上任,下属必先请讳,以为避讳之用。而科场之时,考生无从知晓考官之家讳,因而犯讳,如被黜落,实属无辜。

宋英宗宣仁圣烈高皇后,父鲁王名遵甫。《宋史·哲宗纪》载,元丰八年三月,"令中外避太皇太后父遵甫名。"《宋史·刘正夫传》:刘正夫"元丰八年南省奏名在优选,而犯高鲁王讳,凡五人皆当黜。宣仁后曰:'外家私讳颁未久,不可以妨寒士。'命置末级。"

明熹宗朝相国朱国桢,太史陈如冈。《经史避名汇考》卷三三引《野乘》:"朱相国万历戊戌主会闱,得一卷甚佳,以策犯国桢字,弃去。太史陈如冈房一卷亦以'如冈如陵'句犯其名见弃。识者每嗤其刻。"

科场避考官家讳,于理不合,所以时论也以其为"刻"。

《清稗类钞·姓名类》"裕德贵秀铁良锡良之讳名"条:"裕德多忌讳,最恶人犯其先人之名。光绪某科入闱,尝以其父名崇纶之故,令各房官不准荐犯崇纶二字之卷,即拿破仑仑字,英伦伦敦之伦字,以与纶字同音,亦不得巧为回护。又一日,阅稿有'轮奸'字样,嘱司官改之。司官言此系律例应用之字,若大人欲改,请大人吩咐。裕不怿,卒亦无如何。"《清史稿·裕德传》:"裕德,字寿田,喜塔腊氏,满州正白旗人,湖北巡抚崇纶子。"曾官工部侍郎、理藩院尚书、体仁阁大学士,充会试总裁。致有科场避其父讳之事。

2. 官场避讳

《唐律·职制篇》:"诸府官号称犯祖父名,而冒荣居之者,徒一年。"疏议云:"府有正号,官有名称。府号者,假若父名卫,不得于诸卫任官,或祖名安,不得任长安县职之类;官称者,或父名军,不得作将军,或祖名卿,不得居卿任之类。皆须自言,不得辄受。"对冒荣居之的惩罚是"徒一年"。

晋王舒父、王允之祖,名会。《通典·礼典六四》:"东晋成帝咸康八年,诏以王允之为卫将军、会稽内史。允之表郡与祖会同名,乞改授。诏曰:'祖讳孰若君命之重耶?下八座详之。'给事黄门侍郎谯王无忌议以为春秋之义,不以家事辞王事,是上之行于下也,夫君命之重,固不得崇其私。又国之典宪,亦无以祖名辞命之制也。"

官场避讳有两种情况,其一是官名犯官员父祖名及官员名字,处理方式有二:一是辞官或改任他官;二是改官名。辞官是将决定权交给上峰,可以允许辞官也可不许而任原官,也可改任他官。只有位高权重者可为之改官名,也属于"恩出制外"。

《旧唐书·懿宗纪》:咸通二年八月,中书舍人卫洙"奏状称:'蒙恩除授滑州刺史,官号内一字与臣家讳音同按洙父名次公……请改授闲官。'敕曰:'嫌名不讳,著在礼文,成命已行,固难依允。'"《旧唐书·贾曾传》:贾曾拜中书舍人,"以父名忠,固辞。……议者以为中书是曹司名,与曾父名音同字别,于礼无嫌,曾乃就职。"《新五代史·刘昫传》:"太常卿崔居俭,以故事当为礼仪使,居俭辞以祖讳蠡。"

柳宗元祖名察躬。贞元间,柳宗元由蓝田尉除监察御史,上状云:"准《名例律》,诸官与父祖讳同者,不合冒荣居之。臣祖名察躬，今臣蒙恩授前件官，以幼年逮事王父，礼律之制，所不敢逾。臣不胜进退惶恐之至，谨诣光顺门奉状听闻，伏听敕旨。”敕：“新除监察御史柳宗元，祖名察躬，准礼，二名不偏讳，不合辞让。”

《新唐书》卷六七《方镇表》：天祐二年，赐昭信军节度，号戎昭军节度。据《旧唐书·哀帝纪》：天祐二年十月，“金州冯行袭奏昭信军额内一字，与元帅全忠讳字同，乃赐号戎昭军。”盖全忠祖讳信也。

《五代会要》卷十三载唐长兴四年九月敕：“冯赟有经邦之茂业，宜进位于公台，但缘平章字犯其父名，不欲斥其家讳，可改同平章事为同中书门下二品。”以上是以人臣家讳，致改官名以就之也。

《愧郯录》卷一〇：熙宁十年十月十三日，新知荆南府提举本路兵马巡检公事吴中复言，衔内“举”字犯先讳，乞改提辖。中书奏请批依。神宗忽降奎札曰：“朝廷官称，避守臣私讳，于义未安，宜不行。”

第二种情况是下属官员名犯上司名或其父祖名，处理方式有二：一是由下属申请改换位置；二是下属改名。这两种处理方式都没有强制性，也可以不避。

《册府元龟》卷八六三：“崔宁为剑南西川节度使，奏本管兵马使泸州刺史韩澄与先代讳同，请改名谭，许之。”此为改名例。

唐宪宗朝相崔群，父名积。《因话录》卷三：“崔相国群为华州刺史，郑县陆镇以名与崔公近讳音同，请假。崔视事后遍问官属，怪镇不在列，左右以回避对。公曰：县尉旨授官也，不可以刺史私避而使之罢不治事。召之令出。镇因陈牒，请权改名瑱。公判准状，仍戒之曰：公庭可以从权，簿书则当仍旧，台省中无陆瑱名也。其知大体如此。”此为临时改避例。

《光绪慈溪县志》卷二八："秦金字懋南，嘉靖二年进士。谒选，时无锡秦尚书与同名，讽之改，且得要署。金曰：'礼，子生三月，父命之名。先人在犹不敢改，既没，忍以一官易乎？'卒不改。"不避官讳例。

一般新官上任，下属官吏要"请讳"，即先询问上司的父祖名字，以求避免犯讳。这种制度来源甚早。

东晋王述祖汝南太守名湛，父东海相名承。《晋书·王述传》：永和十年，"代殷浩为扬州刺史，加征虏将军。初至，主簿请讳，报曰：'亡祖先君，名播海内，远近所知，内讳不出门，馀无所讳。'"

3. 家内避讳

家讳行于本家族内部。避讳对象一般是父祖之名。也有将官讳引入家庭内部的例子。

《闲燕常谈》："薛肇明谨事蔡元长，至戒家人避其名。宣和末，有朝士新买一婢，颇熟事。因会客，命出侑尊。一客语及京字，婢遽请罚酒。问其故，曰'犯太师讳'。一座骇愕。婢具述先在薛太尉家，每见与宾客会饮，有犯京字者必举罚。平日家人辈误犯必加叱詈，太尉脱或自犯，则自批其颊以示戒。"

以太尉之尊位，事蔡京如此恭谨，以至将宪讳引入家庭内部，谨遵守之。

桓温母孔氏名宪。《蜀志·霍峻传》有襄阳罗宪，《吴志·孙休传》、《晋书》同。习凿齿《汉晋阳秋》、《襄阳耆旧传》并作罗献。桓温在荆州，辟凿齿为从事，三迁至治中，故其谢笺曰：不遇明公荆州，老从事耳。知为避温母名而改。

文人作文，史家撰史，也常有将家讳体现于其中的例子。

《经史避名汇考》卷三九："（崔铣）著《洹词》十二卷，凡为人作铭、传,遇陛迁官职,避家讳以晋、陟代之。或作升。唯疏、表不避。”崔铣为明代名臣,父名陛。

4. 内宫避讳

宫廷避讳即所谓内讳,“内讳不出宫”,所以避讳的范围很小,往往不为人知。偶尔会有记载。

宋光宗慈懿李皇后,小字凤娘。《四朝闻见录》戊集“好女儿花”条记载了宫内为避宋光宗慈懿李皇后小字凤娘,而改称金凤花为好女儿花,是内宫避讳之例。

清代艺人进宫唱戏须先了解皇上、太后、皇妃的名讳、属相,以便于避讳。慈禧属羊,剧目、台词中含有羊的都要改,《变羊记》《苏武牧羊》都不能唱。“羊入虎口,有去无回”改为“鱼儿落网,有去无回”。

第三章　避讳的发展变化

避讳从周代产生以来，至晚清趋于消失，其间绵延近三千年的时间，在这样一个漫长的时间里，避讳经历了许许多多的变化。

一、避讳的发展脉络

(一)避讳观念的变化

避讳观念的变化主要表现在两个方面。

1. 从人神之间到人人之间

避讳的发展最突出的一点，就是整个避讳观念的变化。作为避讳的原始形态，其表现的主要是人神之间的关系，《礼记·曲礼》："卒哭乃讳，生事毕而鬼事始已。"郑注："敬鬼神之名也。讳，辟也。生者不相辟名，卫侯名恶，大夫有石恶。君臣同名，春秋不非。"郑玄去古未远，颇能体会出早期避讳的精髓。《礼记·曲礼下》："天子不言出，诸侯不生名，君子不亲恶。诸侯失地，名；灭同姓，名。"其意为"普天之下，莫非王土"，故天子不言出。

而诸侯为一方之主，其位尊，故生而不称名，这儿表现的是尊尊之意。“天子未除丧，曰予小子，生名之，死亦名之。”这儿《礼记》的记载有了矛盾，既然“卒哭乃讳”，那就一定“生名之”，这就同“诸侯不生名”的规则相矛盾，也同“天子未除丧，曰予小子，生名之，死亦名之”的规则相矛盾。这一现象实际上是表现了周代人同后代人的避讳观念的不同。在《礼记》、《仪礼》的记载中，“讳”与“不名”是不同的，《礼记·曲礼下》：“国君不名卿老、世妇，大夫不名世臣、侄、娣，士不名家相、长妾。”“君大夫之子，不敢自称曰余小子。大夫士之子，不敢自称曰嗣子某，不敢与世子同名。”“嗣子某”乃“诸侯在丧自称之词”。“世子”指诸侯的嫡长子。起名、称名都有忌讳，表现的是生者之间的尊卑上下关系。“子于父母则自名也”，表现的是亲亲之意。这儿的名与不名都是说的生前的事情，它是为了协调人之间的关系而形成的习惯和制度。唐甄《潜书·名称》：“名者，序长幼，辨贵贱，别嫌疑，礼之大者也。”称名的作用在于表示生者之间的关系。一般来说，地位低下者对地位尊贵者“不名”，而在地位尊贵者面前则要自称己名以示恭谨。而“讳”则表示的是人与神的关系，所以生前避名不能称“讳”，而只能称“不名”。

2. 从死讳到生讳

《礼记·檀弓》记载：“子蒲卒，哭者呼‘灭’，子皋曰：‘若是野哉！’哭者改之。”“灭”，子蒲之名。按丧礼，“复”时呼名，哭不得呼名。复即招魂，《礼记·檀弓》：“复，尽爱之道也。”招魂一定要明确，所以要呼名。就是说卒哭之前有一些称名的机会和场合，“不名”和“讳”是不同的。

再者，避讳观念变化的另一方面是，早期避讳的观念是人死之后，化而为鬼神，直呼其名，等于对鬼神的召唤，而容易招来鬼神的伤害,所以要避讳其名。避讳是着眼于避者免遭伤害,犯讳本身并不对被避者造成损害。这种观念来源于早期的祖先崇拜。神的观念从自然神演化为人格神,早期形态就是祖先神。人们认为,世间的一切灾难都可以由祖先的保佑而得到避免,同时人间的一切灾难又都是由于祖先的不予保佑而形成,这样,祖先神既可以对人们造成伤害,又可以对人们进行保佑,所以就形成了人们对逝去的祖先敬畏交加的矛盾心理。祭祀与祈祷,表现的是敬的方面,而"讳"则是表示畏的方面。在古人的观念中,鬼神的力量是远远大于人的,所以在世的人不可能通过呼名而对鬼神造成伤害,而造成伤害的只能是犯讳者自身。之所以避名可以具有避免灾害的作用,是因为在原始思维里,名与实之间不是一种代替与被代替的关系,而是一种同一的关系,名即人本身,避名即远离了其人,也就远离了其人可能造成的伤害。

在后来的避讳里,不仅死讳,生人之名也避讳,观念就变化了。避讳由表现人神之间的关系变为表现人之间的关系。自汉代至唐代,至宋代,至清代,虽然也继承了古代的七庙制度,但内容已经不同了。对于祖先的避讳实际上被用来表示现存的人之间的关系,通过避庙讳和御名,作为对在世的帝王崇敬的一种方式。而观念上,犯讳不再是被避者对犯讳者造成伤害,而是犯讳者对被避者的触犯。因此需要对犯讳者进行惩罚。

在早期避讳制度里,犯讳的惩罚是不用明文规定的,可以说惩罚是由所讳者自动作出的,是伴随着犯讳行为而自然产生的,所以不需要规定,更多地体现在心理层面。而随着观念的改变,惩罚与犯讳本身分离了,既然是表示的现世的人和人之间的关系,那么,惩罚也由现世的人来作出,于是就有了《唐律》、《大清律》等的明文规定,惩罚更多地是体现在实际的生理方面。

(二)避讳对象的发展

从避讳对象的角度来看,避讳的发展经历了一个逐渐扩大的过程。大体有这样一些线索:国讳——家讳——官讳。

避讳发端于原始禁忌。在原始禁忌那儿,最多的是国王名字的禁忌、死人名字的禁忌,这表现了原始人的一种观念,即,所有能引起人心理震动、对人造成伤害的事物都具有进入禁忌的资格。而国王和死人具有最为强烈的心灵震撼力,也就最有可能成为禁忌对象。而死去的国王就具有了双重的力量。避讳最早就是从原始的国王名字禁忌来的,所以国讳可以算作最早的避讳,“天子诸侯讳群祖”,其避讳范围较大,而家讳则是国讳的缩小,体现了汉民族祖先的“家国天下”的观念。其避讳范围仅及父祖,且“逮事父母,则讳王父母;不逮事父母,则不讳王父母”。国讳产生的时间较早,周代就有一些国讳的记载。而家讳的记载则要晚一些,在春秋战国之间。官讳是家讳与国讳的变体,一方面,官讳要避官员父祖名讳,这是家讳的成分;另一方面,形成官讳的成分里面又有权力的影子,这又是国讳的因素。官讳不过是将家讳的对象,以国讳的形式有限制地表现出来。官讳的产生时间更晚,汉魏时期尚不多见,唐宋以后渐成风气。

(三)避讳外在形式的发展

避讳在其外在的语言文字的表现上,经过了一个讳本字到讳嫌名,再到讳偏旁的过程。

避讳原来是在一个较小的范围内实行的,也就是在士阶层以上的人中间实行,而对于帝王名字的避讳,只限于称名的场合,这种范围有限的避讳是可以行得通的,并不需要由繁琐的礼文、律法来约束，几乎是建立在习惯的基础之上的。《礼记》、《仪礼》所记载的避讳规则，是对现成习惯的记录。发展到后来，避讳的情况就不同了，避讳的使用场合越来越多，从命名到称名，再到官场、科场用字，再到书札文牍，甚至地名、物名，范围越来越广，场合越来越多。与之适应，避讳在语言上的表现也逐渐扩散，由原来的避本字，发展到避嫌名，再到避偏旁。可以说，避嫌名是避讳在语音上的扩展，避偏旁是避讳在文字形体上的扩展。

《礼记·曲礼》："礼不讳嫌名。"郑注："为其难辟也。嫌名谓音声相近，若禹与雨，丘与区也。"形成避嫌名的原因有两方面。在原始的避讳那儿，本来是不避嫌名的，顾炎武《日知录》："卫桓公名完，楚怀王名槐，古人不避嫌名，故可以为谥。"随着避讳使用范围的扩大，使用者已经不限于有知识的阶层，而在这些下层阶层里，区分所要避讳的词与其同音词，就显得不太容易，或者是不必要。索性连带同音的词语一起避讳，客观上形成了避嫌名的情况。嫌名之有讳，在汉未之闻。晋羊祜为都督荆州诸军事，及薨，荆州人为祜讳，名室户皆以"门"为称，改户曹为"辞曹"，一般认为，此为讳嫌名之始。羊祜为荆州都督，深得人心，故合郡为之讳，普通百姓自不辨祜、户，所以有避嫌名的情况。另一方面，随避讳的发展，统治者已经不满足于避本讳，期望避讳的范围与其统治的扩大相适应，成为避嫌讳产生的主观因素。纵观避讳繁盛的朝代，统治者无不强调避讳，以期作为一种手段，规范臣民的行为。实际上，他们已经把避讳作为时刻提醒臣民尊卑上下秩序的一种手段，成为封建王朝社会秩序的重要组成部分。宋代是避嫌讳最繁琐的朝代，据绍定《礼部韵略》所载"淳熙重修文书式"，其避讳用字有多达五十多字，为前无古人，后无来者之举。举其最著者两例：

宋钦宗赵桓、宋高宗赵构，避嫌名用字最多，一为四十九字，一为五十五字。

避偏旁是避讳发展的又一形式，可以设想，早期避嫌讳，由于汉字中形声字所占比例极高，在不识字的人那儿，根据同音的原则避嫌名，而在识字的人哪儿就可能理解成是避其相同的偏旁。进而推及并不同音的字之间，避偏旁就正式形成。唐代避偏旁的情况已经非常常见。

(四)避讳的约定形式的发展

避讳的约定形式的发展过程是：习俗—礼文—律法。

避讳的约定形式最早只限于习俗层面，因其由古老的原始禁忌而来，转化非常自然。至孔子时代，对于“名”的作用，得到了空前的重视，“名不正则言不顺，言不顺则事不成”，名已经成为事情成败的关键，那么，避名也就不能只局限于习俗层面了，于是先儒就有了对于命名与避名的一系列明确记载，避讳著之于《礼记》、《仪礼》等著作，成为后代制定礼仪制度的参照。

礼文的约定是非强制性的，特别在后代礼崩乐坏的时期。而避讳发展的下一个阶段就是律法阶段，大约在隋唐时期，这一阶段的突出特点是犯讳的惩罚有了明确的规定。

(五)避讳惩罚的发展

避讳的惩罚大略经历了由轻到重的过程。

早期避讳的惩罚是发自避讳者自身，所谓“闻名心瞿，见似目瞿”，听见所要避讳的名字，心里面就会伤心，见到相似的人，同样也会悲伤。这种来自自身情感的惩罚是自然的，而不是强加的，也就自然没有约束性。而随着避讳的发展，对于犯讳的惩罚逐渐由内在向外在变化，由避讳者自身向被避者转化。与约束人们的行为的手段的变化相协调，逐渐由内心的道德谴责，向外在的惩罚过渡。以唐代为界限，前此的社会统治手段更多的是侧重于内在的道德诉求，后此的统治手段则更多的是外在的肉体惩罚。随着封建社会逐渐走向穷途末路，其外在的惩罚也越来越重，直至达到清代的株连九族。唐代对于犯讳的惩罚已有明文规定。《唐律疏议》卷十"上书奏事犯讳"："诸上书若奏事，误犯宗庙讳者，杖八十；口误及余文书误犯者，笞五十。"疏议曰："上书若奏事，皆须避宗庙讳。有误犯者，杖八十；若奏事口误及余文书误犯者，各笞五十。"

又，"即为名字触犯者，徒三年。若嫌名及二名偏犯者，不坐。"疏议曰："普天率土，莫非王臣。制字立名，辄犯宗庙讳者，合徒三年。若嫌名者，则礼云'禹与雨'，谓声嫌而字殊；'丘与区'，义嫌而理别。'及二名偏犯者'，谓复名而单犯，并不坐。"宋窦仪等撰《宋刑统》，律同《唐律疏议》。

《大清律辑注》卷三"上书奏事犯讳"："凡上书，若奏事，误犯御名及庙讳者，杖八十；余文书误犯者，笞四十。若为名字触犯者，杖一百。其所犯御名及庙讳，声音相似，字样各别，及有二字只犯一字者，皆不坐罪。"律后注："御名庙讳，臣子所当谨避者。若上书之中，奏事之时，而有误犯者，虽为无心之错，亦是不敬之端，杖八十。其余各衙门文书误犯者，笞四十，以其不至御前，只是失于检点，非有不敬也，故轻之。若取为名字，则常为人所呼唤，非误犯，是触犯矣。以其无忌惮，故重之。"

宋周密《齐东野语》卷四："盖殷以前，尚质不讳名，至周始讳，然犹不尽讳。如穆王名满，定王时有王孙满之类。"

可以说周密的论断很中肯，周代尚处于避讳产生的初级阶段，其讳法疏而不密，应为必然。况且有周一代，中央集权还没有建立起来，分封诸侯各有政令，及至幽王而后，更是王权旁落，诸侯纷起，周王室已是形同虚设，避讳之法自然就不可能风行于全国，形成疏密不一的局面。

王观国《学林》卷三："夏商之时质，质则事简，故无所讳。周之时文，文则事备，故有讳而不酷讳也。秦汉以来，文乎文者也，文乎文则多事，多事则疑，疑则为之防也密矣。此其所以酷讳之也。"

避讳从周代开始，具有避讳的原始形态，即"卒哭乃讳"。周人的称名方式是："幼名，冠字，五十以伯仲，死谥，周道也。"（《礼记·檀弓上》）所以死后避讳生前名字。然而周代的避讳很不普遍，考之经史，周文王名昌，武王名发，后卫有公叔发，郑有公子发。《诗经·周颂·雝》有"克昌其后"，《噫嘻》有"骏发而私"。至秦代，开始避生人名讳，《史记·秦始皇本纪》："秦俗多忌讳之禁"，始皇帝名"政"，故讳"政、正"，称"正月"为"端月"，或改读平声。秦政以酷著称，然尚未见因触讳而惩罚之例。

汉代的避讳已经普遍于帝王名讳，是避讳的形成阶段，突出的表现是帝王名讳有专门的避讳用字，高祖刘邦代字为国，惠帝刘盈代字为满，这种整齐的避讳规则是汉代强大帝国的表现。这一时期的避讳虽有较为统一的规则，但仍处于避讳发展史上的初期。魏晋南北朝时期是避讳的发展时期，至隋唐时期接近完成。可以说，隋唐为避讳的成熟时期。表现在以下几方面：

其一，避讳的惩罚已形成定例，由习俗著之于礼文，以至于著之于律法。为后代宋、清所承袭。

其二，经过魏晋南北朝的讨论，对于避讳的观念已经清晰，并且与帝王宗庙祭祀制度相协调，成为整个封建制度的一个组成部分。

其三，避讳的方法也渐趋完备，改词、更读、变体等主要方法都已经具备。

其四，避讳在读书人之间广泛地形成潮流，对于语言文字的使用都产生了重要影响。

其五，避讳对象越来越明确，而且呈现出范围逐渐扩大的趋势。

其六，避讳的使用范围越来越广，从官场、科场逐渐普及到普通百姓。

唐以后，宋代以其避讳之繁，清代以其避讳之酷，延续着发展着避讳，也逐渐将避讳带入灭亡的境地。

二、异族避讳

避讳在地域及民族方面的扩展，就是异族之间形成避讳，避讳跨越地域民族的界限，成为不同民族的共同的文化特征。

从唐朝开始，中国与周边的其他国家之间就有密切的联系，文化上的认同度非常高，就有了异族避唐国讳的情况。就唐代的情况来说，异国避讳的情况主要发生在唐与其属国之间，以附属国避唐讳为常，甚至唐朝可以强行改变附属国君的名字，表现出文化强权的意味。《旧唐书·东夷传》载：新罗王"（金）兴光本名与太宗同，先天中则天改焉。"是比较突出的例证。考《旧唐书》的记载，有不确之处，则天帝死于中宗神龙元年，为公元705年，下距玄宗先天年（712～713）有七八年之多。据《旧唐书·东夷传》记载，"（新罗王）理洪以长安二年卒。则天为之举哀，辍朝二日。遣立其弟兴光为新罗王。"则兴光改名当在长安二年左右，即公元702年左右，其时则天帝尚在位。

及至宋代，宋与周边的其他国家之间有着非常复杂的关系，各国力量相互消长，宋、辽、金、西夏、高丽等国之间，互相避讳的情况就成为主流。可以说，南北宋时期，避讳这一汉民族的文化现象已经蔓延到周边的其他国家，成为共同的区域文化特征。

《金史·交聘表上》载，海陵天德二年正月辛己，曾"以名讳告谕宋"、"以名讳告谕夏"、"以名讳告谕高丽"。

世宗大定六年(1166)，"御前批送下御名、庙讳"。次年，朝廷"奏定御名、庙讳，……回避字样，合遍下随处外，御名、庙讳报谕外方"。

可见当时有互相避讳之通例，所以要将名讳告知各国。

元代为异族统治，避讳不兴；明代闭关，外部交流甚为闭塞，互相避讳之例希见。清代避讳虽然繁酷，似乎只是对付汉族读书人的一种手段，已经远非避讳之原意，异国之间的避讳就更无从谈起。

异族避讳主要发生在宋、金时期，唐代偶有之。大略有宋、辽互避，宋、金互避，唐宋与高丽、新罗互避，宋、西夏互避等几种情况，另外从五代至宋、金，也有其他国之间互避的情况，为数不多。

(一)宋、辽互避

宋辽两国自宋真宗景德元年(辽景宗统和二十二年，公元1004年)澶渊定盟以后，至宋徽宗宣和四年(辽天祚帝保大二年，公元1122年)两国关系破裂，其间有约一百二十年的时间，虽曾发生几次战争，但基本上还是维持和平友好的关系。每年两国都互派使节，交贺国主、国母等"生辰"、"正旦"。遇有一方国君登基等喜事，或死亡等丧事，必会遣“告登宝位使”、“告哀使”等，对方也会有派遣“贺登宝位使”、“吊慰使”、“祭奠使”的回礼。这种外交礼仪，都会照顾到对方国家的避讳，成为当时的通例。

《续通鉴长编》卷一四二：宋庆历三年八月，西头供奉官、阁门祗侯丁亿，贺辽国主生辰；阁门通事舍人李惟贤，贺辽国母正旦。“诏惟贤权更名宝臣，亿为意，以避契丹讳”。

宋庆历三年，为辽兴宗重熙十二年，即公元1043年，亿更名为意，是避辽太祖耶律阿保机，汉名亿之讳。惟贤更名为宝臣，是避辽景宗耶律贤之讳。

《辽史·圣宗纪八》：太平六年“十一月乙丑，宋遣韩翼、田承说来贺顺天节”。校勘记：“按翼原名亿，因奉使辽廷，避太祖耶律亿名，改意，辽史又改翼。”

《辽史·圣宗纪八》：“（太平）十年春正月乙卯朔，宋遣王夷简、窦处约、张易、张士宜来贺。”校勘记：“张易，长编作张亿，此避耶律亿名改。”

《辽史·兴宗纪一》：景福二年十一月，“癸未，宋遣刘随、王德本来贺应圣节”。校勘记：“王德本，长编作王德基，此避道宗洪基名改。”辽道宗孝文皇帝名耶律洪基。

《辽史·兴宗纪一》：重熙元年十二月庚戌，“宋又遣杨日严、王克纂来贺永寿节”。校勘记：“王克纂，长编作王克基，此避道宗洪基名改。”

《辽史·圣宗纪三》：统和六年六月“乙酉，夷离堇阿鲁勃送沙州节度使曹恭顺还，授于越”。校勘记：“恭顺，长编、通考作贤顺，此避景宗嫌名改恭顺。”应为避辽景宗耶律贤名本讳，非嫌讳。

《归田录》卷一载，宋仁宗时，改元“明道”，“无何，以犯契丹讳，明年遽改曰‘景祐’。”此为避辽穆宗孝安敬正皇帝讳，其名璟，后更名明，小字述律。本为太宗长子。

《铁围山丛谈》卷一：“北(朝)先有重熙年号，时后主名禧，其国中因避重熙，凡称重熙，则为重和。”辽代兴宗时已有重熙年号，天祚帝名耶律延禧，宋徽宗朝也改重熙年号为重和。为宋避辽讳。

(二)宋、金互避

《金史·章宗纪四》：泰和六年正月“丁亥，宋使陈克俊等朝辞。”《宋史·宁宗纪二》：开禧元年九月，“丁未，遣陈景俊使金贺正旦。”宋使入金有改名之事，修史时回改未能一致。此为避金章宗完颜璟名讳而改景为克。

《宋史·地理志四》：绍兴二十八年，避金太子光瑛名，改光州为蒋州，光山县曰期思。光瑛又作光英，为金海陵王太子。

《宋史·地理志五》：利州路西和州云：“旧名岷州，(绍兴)十二年与金人和，以岷犯金太祖嫌名，改西和州。”金太祖名完颜旻，本名阿骨打。

《金史·章宗纪二》：明昌四年十一月“戊寅，以翰林直学士完颜匡等为贺宋正旦使，命匡权易名弼，以避宋讳”。事又见《金史·完颜匡传》。此为避宋太祖赵匡胤讳。

《金史·光英传》：“天德四年二月，立光英为皇太子，……宋亦改光州为蒋州，光山县为期思县，光化军为通化军云。”金海陵王完颜亮，太子名光英。此为避其名讳。

(三)唐、宋与高丽、新罗互避

唐代时，朝鲜半岛处于高丽、新罗、百济三国分立时期，邻近大唐的高丽与唐不睦，唐王朝倾向于支持新罗。由于新罗的附属国地位，避讳的表现主要是新罗避唐讳。统一新罗、王氏高丽、李氏朝鲜均奉中国正朔，是中国的附属国，也以避中国的国讳为主。

《旧唐书·东夷传》载：新罗王"（金）兴光本名与太宗同，先天中则天改焉"。

据朝鲜《三国史记·地理志》载：酒泉县"本高句丽酒渊县，景德王改名，今因之"。长渊县、澶渊县分别被改名为长水县和澶水县，西魏所置金渊郡、金渊县被追改为金泉郡、金泉县。按：此地即今韩国江原道南部的酒泉郡。高句丽与唐为敌，而新罗自真德王四年（650 年）后奉唐正朔，故此为景德王（742 年～756 年在位）时避李渊名讳而改酒渊为酒泉。

此为新罗国避唐讳。

及至宋代，朝鲜半岛处于统一新罗之后的高丽时代，全面接受中国文化，避讳的情况也更为普遍。

中国北宋仁宗天圣初年，因章献太后父名通，遂改通州为崇州（今江苏南通市）、改通利军为安利军（今河南浚县西北）。据《世宗实录》卷一五四及《高丽史·地理志》载：宣州"本安化郡，高丽初改为通州，显宗二十一年称宣州"。按：高丽显宗二十一年为公元 1030 年，相当于北宋天圣八年。可见王氏高丽改通州为宣州（今平安北道宣川）显然是为了避宋讳。

今韩国有大邱广域市。此地原为新罗、高丽的大丘县，李朝升为大丘都护府，《三国史记·地理志》、《世宗实录·地理志》、《高丽史·地理志》、《新增东国舆地胜览》卷二六俱作"大丘"。按：汉字"邱"系中国清朝雍正初为避孔圣人（名丘）名讳而新造的字。则韩国今作"大邱"也是受中国避讳制度的影响。

(四)宋、西夏互避

《宋史·外国一》:"彝兴,彝超之弟也,本名彝殷,避宋宣祖讳,改殷为兴。"此为避宋太祖之父追封宣祖武昭皇帝弘殷之讳。

李元昊以父名德明,在国内改称宋明道年号为显道。范仲淹与元昊书,也称后唐明宗为显宗。此为宋臣避西夏景宗李元昊之父追尊太宗光圣皇帝德明之讳。

《宋史·外国一》载,李彝兴之子"克睿初名光睿,避太宗讳,改光为克"。此为避宋太宗赵光义之讳。

此三例为宋与西夏互避。

(五)其他

《松漠纪闻》载:女真即古肃慎国也。"五代时始称女真。后唐明宗时尝寇登州渤海,击走之。其后避契丹讳,更为女直"。下注云:"契丹之讳曰宗真。"此为避辽兴宗耶律宗真之讳。

此为金避辽讳。

《文献通考·四裔二》:宋哲宗时,高句丽怀王王尧卒,叔父鸡林公熙嗣位,"熙后避辽主讳,改名颙"。《宋史·外国》也载有此事。此为避辽天祚帝耶律延禧之嫌讳。

《高丽史·地理志三》记载:宁德镇,"文宗十年(1056 年)避契丹兴宗讳,改'镇'为城,以'镇'字从'真'字也。"契丹兴宗名耶律宗真,公元 1031～1054 年在位,宁德城故地在今北韩平安北道义州东南四十里处。此为避辽兴宗耶律宗真"真"字偏旁。

以上二例为高丽避辽讳。

《封氏闻见记》卷十载:"兼御史大夫韦伦奉使吐蕃,以御史荀曾(一作会)为判官,行有日矣。或谓伦曰:'吐蕃讳狗,大夫将一苟判官，何以求好？'伦遽奏其事。今上令改'苟'为'荀'，而其人不易。及使还，曾遂姓荀，不归旧姓。"

此为宋避吐蕃讳。

《仇池笔记》卷上"溪洞画李师中像"条："过太平州，见郭祥正，言尝从章惇辟，入梅山溪洞中，说谕其首领。见洞主苏甘家有神画像，被服如士大夫，事之甚严。问之，云：此知桂府李大夫也。问其名，曰：此岂可名哉。叩头称死罪数四，卒不敢名。徐考其年月本末，则李公师中诚之也。诚之尝为提刑，权知桂府尔。吾识诚之，知其为一时豪杰也。然小人多异议，不知夷僚乃尔畏信之。"《宋史·李师中传》也载，"师中檄谕祸福，立率其族以地降。边人化其德，多画像立祠以事，称为桂州李大夫，不敢名"。

此为南蛮避宋人名讳。

五代南汉高祖天皇大帝刘龑，祖名安仁。陆游《南唐书·王会传》：王会本名安，"烈祖代吴，用为百胜军节度使，虔州与岭南地接南汉，使者往来，节度使当燕劳问遗，而会旧名犯汉王祖讳，乃赐今名"。

此为南唐避南汉讳。

《旧唐书·刘仁轨传》载，仁轨于高宗时平定百济，立即"颁宗庙忌讳，立皇家社稷"。宣宗大中初，南召坦绰酋龙继立，号骠信，唐朝以其"名近（玄宗）庙讳，复无使朝贡，不告国丧，遂绝册立"。后杜悰入相，主张安抚，请求"诏清平官以下，谕其君长名犯庙讳"，使之"遣使谢恩，易名贡献"。

此为百济、南诏避唐讳。

《全唐文纪事》卷一引《五代会要》载，后周显德三年（956年）八月，"宣翰林学士院，今后凡与诸侯王诏书，除本名外，其文词内有与其本名同者，宜改避之”。

此为后周避其他诸侯王讳。

五代南方政权，凡奉唐及北方中原王朝为正朔的，无不尊其国讳。洪迈《容斋随笔》卷四“孟蜀避唐讳”条载，前蜀王建已称帝，蜀本石经避渊、世民诸字，所立龙兴寺碑言及唐朝诸位皇帝之名，也都缺笔。

异国避讳一般只出现于三种情况下：其一，为使节避讳，两国互派来使，为尊重对方，临时改变犯讳的名字，一般在使命完成后，回国即复旧名。避讳时间较为短暂。其二，为两国君王名字相犯，国力较强的一方使对方改变名讳，这种避讳方式一般延续时间较长。有时异国君王之间的避讳，并不由国力之强弱来决定，而是由文化之间的认同度所决定，对对方认同度较低，往往不欲其名与之相同，故而避之；而对对方文化认同度较高，则反之。表现为汉民族国家不欲与周边少数民族同名，因而常常避讳。而少数民族国家避汉名的程度要较弱。其三，因异族避讳而改本国地名等，这种情况数量不多。此一类多由文化的认同度所决定，朝鲜的三国时期，新罗对中国文化非常认同，从唐代开始，新罗真德王即“奉唐正朔”，一直延续至宋，朝鲜半岛也由三国时期进入统一新罗时代和高丽时代，仍有避宋讳的例子。而宋朝也有为避辽讳而改地名之例，其意在建立和睦关系。由避讳这一文化特征，我们可以说在唐宋时期形成了一个以中国为中心的文化圈，这一文化圈的形成，为汉民族文化的传播和不同民族间的文化交流奠定了基础。

三、厌恶避讳

一般的避讳是由避讳对象与避讳者之间的敬的成分构成的，而随着避讳的发展，由避讳对象与避讳者之间的恶的成分构成的厌恶避讳也逐渐盛行起来。

厌恶避讳，其心理机制与原始禁忌有着直接的联系，在原始禁忌那儿，对不洁物的禁忌根源于不洁物所引起的心理的悸动，这种悸动所引起的心理反应是排斥，反映在社会习俗的层面，就形成禁忌。在原始思维里，对不欲之事可以通过漠视的方式得到化解，从而避免因为这种心理的悸动而形成伤害。厌恶避讳也是想通过避免谈及所厌恶的事或人，从而达到避免此一事情的发生或者避免此人所造成的伤害。

厌恶避讳的心理机制中还有厌胜的作用，《资治通鉴·唐纪三十四》"唐肃宗至德元年"注云："明皇以安禄山反，改常山之鹿泉曰获鹿，饶阳之鹿城曰束鹿，以厌之。"

避讳中还有的是因为惧怕而形成，其间厌恶的成分远小于惧怕的成分，其表现与敬讳有相似之处。在原始禁忌那儿，最初的禁忌都是出于惧怕，后来的避讳中突出了敬的成分，而逐渐淡化了惧的成分，而这种惧的成分还在厌恶避讳中有所保存。《宋史·王嗣宗传》：真宗时，邠州"城东有灵应公庙，傍有山穴，群狐处焉。妖巫挟之为人祸福，民甚信向，水旱疾疫悉祷之。民语为之讳狐音。"

厌恶避讳数量不多，但起源也较早，可追溯至秦代。《新书》："秦俗多忌讳之禁，意林载风俗通，自辛为辠，令其辛苦忧之也。秦王谓辠字似皇，改为罪。"

厌恶避讳与普通避讳不同的是：厌恶避讳起自避讳者自身，由避讳者趋利避害的心理形成，形式上这种避讳所起到的作用是保护避讳者，而不是被避者。

(一)厌恶避讳的种类

厌恶避讳包括：避厌恶之人，避厌恶之事，避不吉不祥字，惧讳。

1. 避厌恶之人

唐肃宗恶安禄山，郡县名字中有安、禄的都予以改换，至德元年，安定郡改保定，安化郡改顺化，安静郡改保静。至德二年，安邑县改虞邑，安边郡改兴唐，安康郡改汉阴，尚安县改万全，咸安郡改蓬山，同安郡改盛唐，同安县改桐城，绥安县改广德。唐安县改唐兴，溶安县改溶水，宝安县改东莞，遂安县改晋康，安南县改镇南，保安县改保宁，齐安县改恩平，万安郡改万全，安城郡改岭方，安城县改保城，安京县改保京，安昌县改义昌，安乐郡改常乐，始安郡改建陵，始安县改临桂，兴安县改理定，安仁县改容山，安义县改永业，安海县改宁海，崇安县改崇平，军安县改军宁，福禄郡改唐林，安远县改柔远，安定州改宜定。

《新唐书·十一宗诸子传》："舒王谊……大历十四年始王舒，……军中以哥舒翰由元帅败，而王所封同之，帝乃使徙王普。"

《新唐书·李抱玉传》："李抱玉，本安兴贵曾孙，世居河西，……禄山乱，守南阳，斩贼使。至德二载上言：'世居凉州，耻与逆臣共宗。'有诏赐之姓，因徙籍京兆，举族以李为氏。"

南朝宋文帝刘义隆，太子名劭(劭弑父篡位，史称元凶)。《旧唐书·肃宗纪》："(开元)二十六年六月庚子，立上为皇太子，改名绍，后有言事者云：绍与宋太子名同，改今名。”《册府元龟》卷三：“肃宗初名嗣，……开元二十八年改名绍，有献书者言宋太子名劭，恶其声类，天宝三载，又改名亨。”

《宋史·王子融传》：融“本名皞，字子融。元昊反，请以字为名”。《朱谔传》：“初名绂，以同党籍人姓名，故改名。”崇宁二年十二月诏，巨僚姓名有与奸党同者，并令改名。奸党谓元祐党人。

《宋史·夏随传》：“元昊反，……随本名元亨，与元昊有嫌，因奏改焉。”

《归田录》卷一：宋仁宗景祐五年，因郊，又改元曰‘宝元’。……是岁，赵元昊以河西叛，改姓元氏，朝廷恶之，遽改元曰‘康定’。”

五代吴国主姓杨，吴越与吴邦交素恶，至不欲闻其姓。《吴越备史》卷一：开平四年“五月，奏改西府富阳县为富春县，东府暨阳县为诸暨县。处州松阳县为长松县。”《十国春秋·地理表》下：“杭州富春县。”注：“旧为富阳，吴越天宝元年，改富阳曰富春，时武肃王与杨氏有怨，凡县名有‘阳’字者皆易之。”又“处州白龙县”。注：“故唐松阳县，吴越天宝三年五月上言于梁，以淮寇未平，耻闻逆姓，请改为长松。”

《池北偶谈》卷二五：“宋史秦桧既杀岳忠武，以岳州与其姓同，改岳州为纯州，岳阳军为华阳军，其忮刻穿凿至此。”

李自成建立大顺政权，年号永昌。《经史避名汇考》卷二三引杭州府志：“东城门旧曰永昌，康熙初以其为自成年号，改望江门。”

《文献徵存录》卷一：“理鬯和，字寒石，西华人，本姓李，耻其姓与李自成同，曰：‘吾今姓理矣。’”

《鲒埼亭集》卷十四南岳和上退翁碑：“退翁，扬之兴化县人，姓李氏。父嘉兆，甲申之变，贻书其子曰：‘吾始祖咎繇为理官，子孙因氏理，其后以音同，亦氏李。今先皇帝死社稷，而贼乃李氏，吾忍与贼同姓乎！吾子孙尚复姓理氏。’先是中州李皑和上书请改理氏，嘉兆适与之合，天下传为二理。”

明英宗朝司礼太监王振。《光绪荆州府志》卷四七明臣门：“公安县明宣德庚戌进士王恂，字用诚，初名振，以同中官名，改焉。”《涌幢小品》卷一八：“正统中，翰林编修有王振，司礼监太监亦有王振，振既陷驾土木，王编修耻其同名，请改恂，从之。”

明郑仲夔《耳新》卷二：“闽中有士人魏姓者，佚其名，愤魏阉恣擅，耻己与之同姓，乃去鬼称委。彼有俨然朝绅而称祖爷，称殿爷，与夫称功颂德、雷同附和者，闻此直当羞死耳。”

《冷庐杂识》卷二引《名经》：魏忠贤时，“魏氏有去鬼而为委者。盖恶与其同姓也”。

南朝宋太子詹事刘湛以结党弄权被诛，吏部尚书江湛，以元凶刘劭篡逆遇害。《南齐书·王晏传》：晏子德元，“初名湛，世祖谓晏曰：刘湛、江湛，并不善终，此非佳名也，晏乃改之”。此一例兼避厌恶之人和避不吉。

唐文宗朝凤翔节度使郑注，以谋诛中官仇士良等，事败被杀。《事原》：“元和初，酌酒用尊杓，无何，改为注子。其形如罂而有盖，嘴、柄皆具。元和中，贵人仇士良恶其名同郑注，乃去其柄而小异之，目曰偏提。”

2. 避厌恶之事

周广业《经史避名汇考》引《清波别志》：“表章用字有合回护处，若危乱倾覆之类，通朝士书如罪出忧去，甚至以中谢为叙谢。”

《史记·吴太伯世家》：“(吴王僚)十三年春，吴欲因楚丧而伐之,使公子盖馀、烛庸以兵围楚之六、灊。”索隐曰:“《春秋》作掩馀,《史记》并作盖馀,义同而字异。或者谓太史公被腐刑,不欲言掩也。”

《汉书·地理志上》:“太原郡阳曲县”,师古注:“隋文帝自以姓杨,故恶阳曲之号,乃改其县为阳直。今则复旧名焉。”

《南史·陈庆之传》:“梁世寒门达者唯庆之与俞药。药初为武帝左右,帝谓曰:‘俞氏无先贤,世人云俞钱。非君子所宜,改姓喻。’药曰:‘当令姓自于臣。’”

沈德符《万历野获编》卷二:“宋南渡后,人主书金字俱作今,盖与完颜世仇,不欲称其国号也。至高宗之刘贵人,宁宗之杨后,所写金字亦然,则宫闱亦改用矣。”

《万历野获编》补遗卷一:“明初贸易文契,如吴元年,洪武元年,俱以原字代元字,盖民间追恨元人,不欲书其国号也。”

《万历野获编》卷二:“明世宗晚年苦虏之扰,厌见夷狄字,每写夷狄字必极小,凡诏旨及章疏皆然。”

明初禁民间名字不得意寓僭窃。《经史避名汇考》卷二三引许相卿《革朝志》:“有胡子昭者,旧名志高,避嫌改子昭。”

《明斋小识》卷五:“王畹香史己酉会试,掇巍科,殿试名列二甲。后挑选,王大臣嫌其名,屏而弗用。因改廷兰。得铨选作知县。”此例以“史”、“屎”谐音,故厌恶之。

《遯斋闲览》:“举子落榜曰康了。柳冕应举多忌,谓安乐为安康,忌乐落同音也。榜出,令仆探名,报曰:‘秀才康了。’世传以为笑。”

3.避不吉不祥语

避不吉不祥语与避厌恶人名的心理机制不同,避厌恶人名,是想通过不说厌恶人的名字而达到使之消失的结果。而避不吉不祥语则是想通过避讳而使不吉不祥的事情不能作用于自身。前者是作用于对方，后者是作用于自身，但最终都是达到趋利避害的结果。

《说文·辛部》："辠，犯法也，从辛从自。言辠人蹙鼻苦辛之状，秦以辠似皇字，改为罪。"《游宦纪闻》卷九："秦始皇嫌辠字似皇，改为罪，自出己意，谓非之多则有辠也。"

周广业《经史避名汇考》卷四十六："宋书明帝多忌讳，言语文书有祸、败、凶、恶，及疑似之言应回避者数千百品，有犯必加罪戮。改蜗字为边瓜，以蜗字似祸字也。"

南朝宋明帝刘彧多忌讳，《初学记》二五引王琰《宋春秋》："明帝禁制回避者数十百品，亦恶'白'字，屏风书古来名文，有'白'字辄加改易，玄、黄、朱、紫，随宜代焉。"

《宋书·明帝纪》："宣阳门民间谓之白门，上以白门之名不祥，甚讳之，尚书右丞江谧误犯，上变色曰：'白汝家门！'谧稽颡谢，久之方释。"

《水经注》卷二十三引《陈留风俗传》："章帝东巡过县，诏曰：'陈留菑县，其名不善，高祖鄗柏人之邑，世宗休闻喜而显获嘉应，亨吉元符，嘉皇灵之顾，赐越有光，列考武皇，其改菑县曰考城。'"

《经史避名汇考》卷四六引《六书正义》："(明)嘉靖间，南昌府进士哀贞吉对第进呈，世宗以哀为不祥，举笔加之，赐姓衷，同宗以为荣，俱改衷氏。"

《容斋三笔》卷一四"政和文忌"条："(宋徽宗)政和三年，臣僚又言：比者试文，有以圣经之言辄为时忌而避之者，如曰'大哉尧之为君'，'君哉舜也'，与夫'制治于未乱，保邦于未危'，'吉凶悔吝生乎动'，'吉凶与民同患'，以为哉音与灾同，而危、乱、凶、悔非人乐闻，皆避。今当不讳之朝，岂宜有此？诏禁之。”

《孙公谈圃》卷上：“苏洵允明作《权书》，永叔大奇之，为改书中所用‘崩、乱’十余字，奏于朝，明允因得官。”

《兴化旧志》：“徽宗大观二年，兴化黄泳字宋永，应童子科。上摘毛诗‘如南山之寿’发诵，泳应声曰‘不骞不坠’。上以崩字为问，对曰：‘诗人之言，不识忌讳，臣安敢复道？’上大喜，明年，赐五经及第，后为鄂州别驾。”按毛诗原文下句应为“不骞不崩”。帝王晏驾曰崩，黄泳改“崩”为“坠”以避之。

《冷庐杂识》卷八：“场屋中用忌讳字，往往被黜。……嘉善陆孝廉浚，工制艺，道光癸巳春闱，首艺，识者决其必售，陆亦自谓文可夺命矣。榜发，竟被放。比阅落卷，则主事已填中式名次，复涂去，以次艺用‘骞、崩’二字，捧卷大哭，目尽肿。寻得病，卒于都中。”

又载：“（清道光）丙申殿试，何子贞太史卷已列进呈十卷之首，旋以‘大行’二字为阅卷大臣某公指出，改置二甲第八名。”《后汉书·安帝纪》：李贤注引韦昭曰：“大行者，不反之辞也。天子崩，未有谥，故称大行也。”

南朝宋尚书令袁粲，“幼孤，祖哀之，名之曰愍孙。”明帝立，乃改名粲，字景倩。《南史·袁粲传》引粲外孙王筠云：“明帝多忌讳，反语袁愍为殒门，帝意恶之，乃令改焉。”

《分日馀话》卷四：“邹平县乡语讳毕，吾邑毕荩臣，字致吾，明季名医也。外族孙氏家常有危疾，或言非毕不可，诸舅恶其姓，终不肯延致之。咸笑其迂拘。然唐杜牧之梦改名毕而卒，宋邹忠公浩梦道君赐笔而亦卒，则古已有此忌矣。特以姓为疑，则诚迂耳。”

顾炎武《音学五书·音论》卷下：“反切之名，自南北朝以上皆谓之反，孙愐《唐韵》则谓之切，盖当时讳反字，如《荀子》‘口行相反’，《战国策》‘上党之民皆反为赵’，《淮南子》‘谈语而不称师，是反也’，《家语》‘其强御足以反是独立’，今本并作返。《梁书·侯景传》：取台城如反掌。亦作返。皆是后人所改。而《水经》、《说文》‘汳’字，唐人亦改作‘汴’《路史》云：隋炀帝恶其从反，易之。‘飯’字亦或为‘飰’。”又云：“唐玄度《九经字样序》曰：‘避以反言，但纽四声，定其音旨。’其卷内之字‘盖’字下云：公害翻。代反以翻。叉字下云：平表纽，代反以纽。是则反也，翻也，切也，纽也，一也。然张参《五经文字》并不讳反，则知凡此之类必起于大历以后矣。”

《石林燕语》卷一：“熙宁末年，旱，诏议改元。执政初拟大成，神宗曰：‘不可。成字于文，一人负戈。’继又拟丰亨，复曰：‘不可。亨字为子不成，惟丰字可用。’改元丰。”

《朝野佥载》卷一：“天授中，则天好改新字，又多忌讳。有幽州人寻如意上封云：‘國字中或，或乱天象，请口中安武以镇之。’则天大喜，下制即依。月余，有上封者云：‘武退在口中，与因字无异，不祥之甚。’则天愕然，遽追制，改令中为八方字。”

《竹窗杂录》：“（明）世宗遇事每多忌讳，典试题，似涉讪谤，即被谪遣。王维祯、袁炜乙卯顺天乡试，首题‘仁以为己任’二句，次题‘必得其名’二句。试录呈御。以首题下文‘死而后已’，怫然不悦，特召问曰：‘仁以为己任，不亦重乎？下句恁么？’应声答曰：‘必得其名，必得其寿。’为之霁颜。可云善解人意。”《论语·泰伯篇》：“仁以为己任，不亦重乎？死而后已，不亦远乎？”《礼记·中庸》：“必得其名，必得其寿。”

明宪宗成化间江南买办妖人王臣。《涌幢小品》卷一八：“成化中，编修有王臣，江南买办妖人亦曰王臣。臣既伏诛，王编修亦耻之。因奏:‘臣名初误犯七世祖讳,乞改名舜功。’有旨:‘王臣名乃其父所命,何得犯其祖讳?礼部看详以闻。’于是尚书尹旻等劾臣:‘名本父命,且授职帖黄已定,辄欲更易,非惟有违父命,抑且烦渎圣聪,当治其罪。’有旨:‘王臣无故搅,本当治罪,姑宥之。’”

《朱子语类》卷一二七:“向改庆元年号时,先拟隆平,某云:向来改隆兴时,有人议破,以为隆字近降字,今既说破,则不可用。”

《金史·世宗纪上》:大定九年三月“辛未,禁民间称言‘销金’,条理内旧有者,改作明金字”。

隋炀帝杨广,初为晋王时名英。《隋书·五行志上》:文帝名晋王曰英,“时人呼杨姓多为嬴者。或言于上曰:杨英反为嬴殃。帝闻而不怿,遽改之。”

《十国春秋·地理表下》:越州赡县,注云:“本为剡县,后周古语二火一刀之说,恶其不祥,改为赡。”

周广业《经史避名汇考》卷四十六:“元时进贺表文触忌讳者著之典章,使人不犯,凡一百六十七字:极、尽、归、化、亡、播、晏、徂、哀、奄、昧、驾、遐、仙、死、病、苦、没、泯、灭、凶、祸、倾、颓、毁、偃、仆、坏、破、晦、刑、伤、孤、坠、隳、服、布、孝、短、夭、折、哭、困、危、乱、暴、虐、昏、迷、愚、老、迈、改、替、败、废、寝、杀、绝、忌、忧、切(切字疑误,当是贼)、患、衰、囚、枉、弃、丧、戾、空、陷、厄、艰、忽、除、扫、摈、缺、落、典、宪、法、奔、崩、摧、殄、陨、墓、桥、出、祭、奠、飨、享、鬼、狂、藏、怪、渐、愁、薨、幻、弊、疾、迁、尘、元、蒙、隔、离、去、辞、追、考、板、荡、荒、古、迍、师、剥、草、睽、违、尸、叛、散、惨、怨、尅、反、逆、害、戕、残、偏、枯、渺、灵、幽、沈、埋、挽、升、退、换、移、暗、了、休、罢、覆、吊、断、收、诛、厌、讳、恒、罪、辜、愆、土、别、逝、泉、陵。此延祐元年十一月取定拟，至三年八月宽其禁矣。其字样虽难悉避，然亦玉堂视草者所宜知也。”(《静志居诗话》)

《资治通鉴·唐纪三十四》“唐肃宗至德元年”注云：“明皇以安禄山反，改常山之鹿泉曰获鹿，饶阳之鹿城曰束鹿，以厌之。”

《清波别志》卷中：“上池初曰教池，以泰陵服药久未康安，俗谓语病，乃改焉。”教池谐音“较迟”，并未有不吉之意，只因宋哲宗久病未愈，欲求速痊，故以“较迟”为不吉，改之。

李绪鉴《禁忌与惰性》记载：1915 年 12 月，袁世凯下令禁元宵，改元宵为汤圆，因元宵谐音“袁消”，民谣有曰：“大总统，洪宪年，正月十五卖汤圆。”

4.惧讳

《宋史·王嗣宗传》：真宗时，邠州“城东有灵应公庙，傍有山穴，群狐处焉。妖巫挟之为人祸福，民甚信向，水旱疾疫悉祷之。民语为之讳狐音。”

《三辅黄图》卷一：“望夷宫，在泾阳县界，长平观道东，北临泾水以望北夷，以为宫名。”《史记·秦始皇本纪》，二世三年，“二世乃斋于望夷宫”。《经史避名汇考》卷五：“盖讳胡称夷也。”

《贞观政要·慎所好篇》：“隋炀帝性好猜防，传信邪道，大忌胡人，乃至谓胡床为交床，胡瓜为黄瓜。”

《大业杂记》：大业四年“九月，自塞北还至东都，改胡床为交床，改胡瓜为白露黄瓜。”

明陈士元《俚言解》：“俗讳各处有之，吴楚为甚。舟中讳住，讳翻，谓箸为快儿，谓翻转为定转，幡布为抹布。又讳离、散，谓梨为圆果，伞为竖笠，又讳狼、籍，谓榔头为兴哥，为响槌，为发槌。今士大夫亦有称箸为筷子者。”

周广业《经史避名汇考》卷四六引《封氏闻见记》:“唐则天垂拱元年初置匭使之制,天宝中元宗以匭字声似鬼,改匭为献纳使,乾元初复其旧名。”

《经史避名汇考·杂讳》:“西陵即今西兴,钱王渡江,以陵非吉语,因易之。(《吴越备史》,西兴渡在萧山)元德昭本姓危,仔倡之子,钱武肃恶其姓,更曰元。(《欧史》)”

金老佛《三教九流江湖秘密规矩》“大快与巧快”条:“江湖上人避讳极多,乃不曰忌而曰快,故俗有犯快之语,谓犯之不祥。小偷忌四大快,即‘虎、猫、帐、罩’四字也。帮上早起忌八大快,即‘龙、虎、乌、蛇、鬼、梦、缺、拿’八字是也。切不可犯,余如早晨起床时不让蹬着,犯者名蹬台子。至饭馆吃饭,菜碗置何处,即于何处就食,不许移动。以匙进汤,匙底不能搁在碗边上。喝茶时茶壶盖不准揭开放于桌上,皆属于巧快。犯之必致旁生枝节。”又,“言语忌讳”条:“于大快巧快之外,普通忌讳之语较多,非此中人实未能尽纪,且有随时变更者。如见塔不呼为塔而名为笋子,饭碗不准提饭字而名为莲花子。受伤出血,不作提血字,而称为挂彩,等等不一。其规律之严,较国法为尤甚。若此中人有故犯之者,轻则三刀六洞,即用攮子在大腿或臂膊上连戳三刀,使成三个对穿洞也。重则刖足或处死,俱极惨酷,而在门槛中人,则身受之而无怨言。此可见仰心之坚强。”

(二)因厌恶而触讳

由于对某一人物比较厌恶,而故意触犯其名讳,这种现象里包含的观念为,触讳已经不再对避讳者造成伤害,而是对避讳对象的伤害。

南朝梁武帝萧衍,小字阿练。《南史·梁武帝诸子传》载,帝

第二子豫章王综，实为齐东昏侯遗腹。综母宠衰，母子于武帝遂怀怨望。综在徐州，“每武帝有敕疏至，辄忿恚形于颜色，……徐州所有练树，并令斩杀，以帝小名练故也”。

南朝宋武帝刘裕，父追尊孝穆皇帝名翘，字显宗。

《晋书·宗室传》：“韩延之，字显宗，南阳赭阳人，魏司徒暨之后也。少以分义称。安帝时为建威将军，荆州治中，转平西府录事参军。以刘裕父名翘，字显宗，延之遂字显宗，名儿为翘，以示不臣刘氏。”

《鸡肋编》卷中“自讳”条：“又有典乐徐申，知常州，押纲使臣被盗，具状申乞收捕，不为施行。此人不知，至于再三，竟寝不报，始悟以犯名之故，遂往见之，云：‘某累申被贼，而不依申行遣，当申提刑，申转运，申廉访，申帅司，申省部，申御史台，申朝廷，身死即休也。’坐客笑不能忍。”

触讳成了报复的手段。

(三)因厌恶而改恶名

因为厌恶而对避讳对象改称不好的名字，也是厌恶避讳的一种变化方式。

清赵翼《廿二史劄记》卷十九“改恶人姓名”条：“恶其人而改其姓名，盖本于《左传》所云梼杌、饕餮、浑沌、穷奇之类，然此但加以恶称，非易其氏名，且非朝制也。其改为恶姓恶名者，王莽以单于囊知牙斯不顺命，改匈奴单于为降奴单于，此已开其端。后汉桓帝诛梁冀，恶梁姓，时邓后犹冒梁姓，乃改后姓为薄，此改姓也。吴孙皓杀何定，以其恶似张布，乃改定名为布，此改名也。(孙峻、孙琳专权肆恶伏诛，吴主孙休削其宗室属籍，但称故峻、故琳，此另是一法)晋成帝时，南顿王司马宗有罪诛，贬其族为马氏。宋竟陵王刘诞反，伏诛，孝武帝改其姓为留氏。（刘与留同音也）又改晋熙王母谢氏为射氏。齐明帝杀鱼腹侯子响，改其姓为蛸氏。（蛸与萧同音也）梁武帝弟子正德奔魏，寻又亡归，帝改其姓为背氏。豫章王综奔魏，帝恶其悖逆，改其子直为悖氏。武陵王纪起兵，被诛，元帝改其姓为饕餮氏。隋杨玄感反，伏诛，炀帝改其姓为枭氏。唐高宗王皇后、萧良娣为武后所杀，武后改王皇后姓为蟒氏，萧良娣姓为枭氏。武后又杀其侄武惟良、武怀运，皆改姓蝮氏。革命后，琅琊王冲、越王贞起兵复唐，事败被杀，皆改姓虺氏；连坐之韩王元嘉、鲁王灵夔、范阳王蔼、黄公譔、东莞公融、常乐公主，亦改为虺氏。契丹首领李尽忠及孙万荣反，后遣兵讨之，改李尽忠为李尽灭，孙万荣为孙万斩。突厥默啜入寇，改其名曰斩啜。又骨咄禄入寇，改其名曰不卒禄。中宗时，成王千里欲诛武三思党宗楚客等，不克，被诛，改姓蝮氏。玄宗初，太平公主谋逆，窦怀贞惧罪投水死，追戮其尸，改姓毒氏。宗室李晋亦与太平之谋，被诛，改姓厉氏。皆乱世不经之陋例也。”

(四)因厌恶而改吉名

有时遇到一个不吉利的地名或人名，也可以改做一个吉利的地名，从而起到一种厌胜的作用。《汉书·地理志》多有记载。中山国苦陉县，应劭注：“章帝更名汉昌。”蜀郡青衣县，应劭注：“顺帝更名汉嘉。”武陵郡索县，应劭注：“顺帝更名汉寿。”汉昌、汉嘉、汉寿三个县名，反映了东汉皇帝希冀汉朝昌盛长久的愿望。东郡清县，应劭注：“章帝更名乐平。”零陵郡钟武县，应劭注：“今重安。”清河郡信乡侯国，应劭注：“顺帝更名安平。”勃海郡千童县，应劭注：“灵帝改曰饶安。”都反映了帝王希望社会安定、祈求吉利的心理。其中，多有出于避不吉的心理而改恶名为吉名。

四、触讳与惩罚

(一)触讳的类型

触讳的情况有两种：一种是误触，即原本无心触讳，只是由于不小心或不知道名讳而触之；另一种是故意触讳，即因为对于其人其物非常厌恶，或是出于特殊考虑，而故意触其名讳。厌恶避讳与故意触讳有两种不同作用：一个是通过避其名讳而达到漠视其存在，从而在心理上使其消失；一个是故意触犯其名讳，从而使其受到伤害。《闻见后录》卷九所载"高祖令项籍旧臣皆名籍"，就是刘邦通过使项羽臣下触其讳而达到对项羽的蔑视，其间也有挫伤其臣子锐气的作用。

1. 误触

北宋晏殊父名固。《挥麈后录》卷六："晏元献父名固，在相位，有朝士乃固始人，往谒元献。问其乡里，朝士曰：'本贯固县。'元献怒曰：'岂有人当讳始字乎？'盖其始欲避之，生狞误以应也。"

宋徽宗朝宰相许将，字冲元。《闲燕常谈》："近岁许冲元将知西京，有一属禀事，云某预钱若干，已有指挥许将来春充预买钱，冲元厉声叱之曰：'许将如何作得预买钱？'其人始悟触讳，踧踖谢过而退。"

《鸡肋编》卷中："许先之监左藏库，方请衣，人众，有武臣亲往恳之曰：'某无使令，故躬来请，乞先支给。'许允之。久之未到，再往叩之云：‘适蒙许先之，今尚未得。’许谕曰：‘公可少待。’遂至暮不及，弃去。”

2. 故意触讳

南朝梁驸马都尉殷钧，父名睿。《南史·殷钧传》：“梁武帝与睿少故旧，以女永兴公主妻钧，……自宋齐以来，公主多骄淫无行，永兴主加以险虐。钧形貌短小，为主所憎，每被召入，先满壁为殷睿字，钧辄流涕以出。主命婢束而反之。钧不胜怒而言于帝，帝以犀如意击主碎于背，然犹恨钧。”

南朝齐王亮，父名攸。《南史·王诞传》附亮传：“累迁晋陵太守，在职清公，有美政。时有晋陵令沈巑之性粗疏，好犯亮讳，亮不堪，遂启代之。巑之怏怏，乃造坐云：‘下官以犯讳被代，未知明府讳，若为攸字，当作无骹尊傍犬，为犬傍无骹尊？若是有心攸，无心攸？乞告示。’亮不履下床跣而走，巑之抚掌大笑而去。”

南朝宋谢超宗，祖灵运，父名凤。《南史·王慈传》：“谢凤子超宗尝候僧虔，仍往东斋诣慈。慈正学书，未即放笔。超宗曰：‘卿书何如虔公？’慈曰：‘慈书比大人，如鸡之比凤。’超宗狼狈而退。”

王慈以谢超宗触其父僧虔之讳，乃以其父名“凤”对之，触讳也成为六朝时期人显示才学的方式。

南朝齐中书郎张融，父名畅。《南齐书·张融传》：“虏中闻融名，上使融接北使李道固。就席，道固顾之而言曰：‘张融是宋彭城长史张畅子不？’融颦蹙久之，曰：‘先君不幸，名达六夷。’”

南北朝时对于触讳尚不以为意，并不认为是很大的伤害，至宋以后，便把触讳看得极重。

宋仁宗时，夏国主赵氏名元昊。《桯史》卷一：“景祐末，有二狂生曰张、曰吴，皆华州人。薄游塞上，觇览山川风俗，慨然有志于经略。……伥无所适，闻夏酋有意窥中国，遂判而往。二人自念不力出奇，无以动其听。乃自更其名，即其都门之酒家剧饮终日，引笔书壁曰：张元吴昊，来饮此楼。逻者见之，知非其国人也。迹其所憩，执之。夏酋诘以入国问讳之义，二人大言曰：'姓尚不理会，乃理会名耶？'时曩霄未更名，且用中国赐姓也。于是竦然异之，日尊宠用事，宝元西事，盖始此。"

触讳作为干谒手段，也有异于人之处。

《宋史·徐俯传》："靖康中，张邦昌僭位，俯遂致仕。……买婢名昌奴，遇客至，即呼前驱使之。"

张邦昌卖身投靠金朝，为人所不齿，故有称奴为昌之举。

对于触讳的情况，不同的人有不同的处理方式。

南朝宋临川内史谢朏，父名庄。《南史·谢朏传》："宋明帝尝敕朏与谢凤子超宗从凤庄门入。二人俱至，超宗曰：'君命不可以不往。'乃而趋入。朏曰：'君处臣以礼。'遂退不入。时人两称之，以比王尊、王阳。"

晋孔安国，父名愉。《晋书·礼志中》：太元十三年，"召孔安国为侍中，安国表以黄门郎王愉名犯私讳，不得连署，求解。有司议云：'名终讳之，有心所同，闻名心瞿，亦明前诰。而礼复云：君所无私讳，大夫之所有公讳，无私讳。又云：诗书不讳，临文不讳。岂非公义夺私情，王制屈家礼哉！尚书安众男先表中兵曹郎王佑名犯父讳，求解职。明诏爰发，听许换曹。盖是恩出制外耳。而顷者互相瞻式，源流既启，莫知其极。夫皇朝礼大，百官备职，编官列署，动相经涉。若以私讳，人遂其心，则移官易职，迁流莫已，既违典法，有亏政体，请一断之。'从之。"

《经史避名汇考》卷三三引《尧山堂外纪》：李梦阳"督学江西

时，有士子适同其姓名，公呼而前曰：'汝不闻吾名而敢犯乎？'对曰：'名命于父，不敢更也。'公默然久之，曰：'我且出一对句试汝，能对则已，否则终不恕。'曰：'蔺相如司马相如，名相如实不相如。'其人思不久，辄应曰：'魏无忌长孙无忌，汝无忌我亦无忌。'公笑而遣之。"

唐李亢《独异志》卷下："唐长庆、太和中，王初、王哲俱中科名。其父仲舒显于时，二子初宦不为秘书省官，以家讳故也。既而私相议曰：'若遵典礼避私讳，而吾昆弟不得为中书舍人、中书侍郎、列部尚书。乃相与改讳，只言仲字可矣。'又为宣武军掌书记。识者曰：'二子逆天忤神，不永。'未几，相次殒谢。"

南朝齐秘书郎王慈，父僧虔；司徒左长史蔡约，父名兴宗。《南史·王慈传》："十岁时，与蔡兴宗子约入寺礼佛，正遇沙门忏，约戏慈曰：'众僧今日可谓虔虔。'慈应声曰：'卿如此，何以兴蔡氏之宗。'"

(二)触讳的心理分析

触讳有三种情况：一种是在有意识的情形之下，通过愿望的表达来实现的触讳；另一种是在不自觉的情况下实现的触讳；而第三种是在有意识避免触讳的前提下形成了触讳的现实。其中第三种触讳的情形尤其有启发性。可以说，避讳与最古老的原始禁忌有着相同的心理机制。

唐穆宗朝尚书左仆射韩皋，父名滉。唐赵璘《因话录》卷二："仆射为尹时，久旱祈雨。县官读祝文，一心记公之家讳，乃称官衔毕，而误呼先相公名。公但惨然，因命重读，亦不之罪。"

弗洛伊德《图腾与禁忌》："触犯禁忌所产生的结果，一方面要看附于成为禁忌的人或物其神秘力量的大小，另一方面要看触犯者所具有的反玛那力量的大小来决定。例如,国王和领袖们具有较大的权力,也因此使直接称呼他们名称的行为成为一种冒犯,而称呼者的下场,无疑的,将是死亡。至于触犯较其他一般人稍具玛那的人则可以不受伤害,这种情况可以依据他们身份的递减而逐渐失去其危险性。”

这种对于禁忌惩罚的解释也适用于避讳的惩罚。而对于犯忌者的限制则因其身份地位的不同,而有不同。一般来说,对于帝王名字的避讳,从其大臣至于平民百姓,严格程度以其地位的逐渐下降而递减。

(三)触讳的惩罚

对于触讳的惩罚,律有明载,《唐律》、《宋律》、《明律》、《清律》都规定了对犯国讳、家讳的惩罚条例。

《唐律疏议》卷十“上书奏事犯讳”条:“诸上书若奏事,误犯宗庙讳者,杖八十;口误及余文书误犯者,笞五十。”疏议曰:“上书若奏事,皆须避宗庙讳。有误犯者,杖八十;若奏事口误及余文书误犯者,各笞五十。”“即为名字触犯者,徒三年。若嫌名及二名偏犯者,不坐。”疏议曰:“普天率土,莫非王臣。制字立名,辄犯宗庙讳者,合徒三年。若嫌名者,则礼云‘禹与雨’,谓声嫌而字殊;‘丘与区’,义嫌而理别。‘及二名偏犯者’,谓复名而单犯,并不坐。”

《大清律辑注》卷三“上书奏事犯讳”:“凡上书,若奏事,误犯御名及庙讳者,杖八十;余文书误犯者,笞四十。若为名字触犯者,杖一百。其所犯御名及庙讳,声音相似,字样各别,及有二字只犯一字者,皆不坐罪。”律后注:“御名庙讳,臣子所当谨避者。若上书之中,奏事之时,而有误犯者,虽为无心之错,亦是不敬之端，杖八十。其余各衙门文书误犯者，笞四十，以其不至御前，只是失于检点，非有不敬也，故轻之。若取为名字，则常为人所呼唤，非误犯，是触犯矣。以其无忌惮，故重之。其音同字别，则嫌名不讳也；二字犯一，则二名不偏讳也，皆不坐罪。”

从唐律的情况看，避讳的惩罚与犯讳的场合有关，上书奏事，直达上听，且形之于文字，犯讳罪重，须“杖八十”。其余文书犯讳，不能达于上听；或者口头奏事，虽达于上听，但不形之于文字，犯讳罪轻，只需“笞五十”。以上情况都属于“误触”，而如果起名犯讳，则属于故意犯讳，归入“大不敬”，其惩罚就强，可“徒三年”。

《唐律·职制篇》还规定：“诸府号、官称犯父祖名，而冒荣居之；祖父母、父母老疾无侍，委亲之官；即妄增年状，以求入侍及冒哀求侍者，徒一年。”疏议曰：“府有正号，官有名称。府号者，假若父名卫，不得于诸卫任官；或祖名安，不得任长安县职之类。官称者，或父名军，不得作将军；或祖名卿，不得居卿任之类。皆须自言，不得辄受。”

这是对于官员犯家讳的惩处，窦仪等撰《宋刑统》，律同《唐律疏议》。

《唐律》至《宋律》，再至《大明律》、《大清律》，其间一脉相承，惩罚规定差别不大，但具体运用起来则差别很大。唐代文献记载，于触讳的惩罚稀见，而清代的惩罚则经常可见株连九族之例。唐律规定，故意直呼皇帝名字属于大不敬罪，必须惩处，杖八十。至清朝，文字狱盛行的雍正、乾隆朝，就有可能被处斩。

1.犯国讳惩罚例

唐顺宗名李诵。《新唐书·李蹊传》：蹊曾“劾奏内园使郝景全不法事，景全反摘蹊奏犯顺宗嫌名，坐夺俸。蹊上言：‘因事告事，旁讼他人’者，咸通诏语也。礼，不讳嫌名；律，庙讳嫌名不坐。岂臣所引诏书而有司辄论奏？臣恐自今用格令者，委曲回避，旁缘为奸也。诏不夺俸。”

《唐会要》卷二三云：“开成元年十一月，中书舍人崔龟从奏：‘前婺王府参军宋昂，与御名同，十年不改，昨日参选，追验正身，更改稍迟，殊戾敕旨，宜殿两选。’”

2. 犯官讳惩罚例

官讳的惩罚比较复杂，自宋代以后，官讳已经成为官场守则之一，以避为敬，以犯为不敬，甚或为冒犯，那么，作为上司与下属之间的关系体现，就比较微妙。一方面，上下级之间有惩处的权利与可能；另一方面，作为下属虽然犯讳，仍然是朝廷命官，而且犯官讳，律令并没有明文规定惩处的方式，还属于习惯的层面，处罚就不能没有节制，差别主要与被犯上司的地位与个人品行有关。

陆游《老学庵笔记》卷十载，“署”字常恕反，“树”字如遇反，然皆讳避，则以为一字也。《北史·杜弼传》：齐神武相魏时，“相府法曹辛子炎谘事云：‘取署字。’子炎读‘署’为‘树’，神武怒其犯讳，杖之”。

《两般秋雨盦随笔》卷五：“福大将军威镇中外，属吏有犯其祖、父讳及本身名者，必当面申饬，故其时禀启，改康为泰，改安为宁。”

《贵耳集》卷中：“陈立道知宁国府，有新司法，饶州人，初参，问其所住，答云：‘在安仁县寓居。’立道径入大恸于家庙，云：‘属吏辄称先世之名，为罪大矣。’司法旁皇失措，即寻医而去。”陈卓，字立道，宋绍熙进士，父居仁，字安仁。

北宋晏殊父名固。《挥麈后录》卷六：“晏元献父名固，在相位，有朝士乃固始人，往谒元献。问其乡里，朝士曰：'本贯固县'。元献怒曰：'岂有人当讳始字乎？'盖其始欲避之，生狞误以应也。"

3.犯家讳惩罚例

唐韦陟父名安石，吉温父名顼，房琯父名融，并相武后。《唐国史补》上："郗昂与韦陟友善，因话国朝宰相。陟曰：'谁最无德？'昂误对曰：'韦安石也。'已而惊走。出逢吉温于街中，温问：'何此？'仓皇答曰：'适与韦尚书话国朝宰相最无德者，本欲言吉顼，误云韦安石。'既而又失言。复鞭马而走，抵房相之第，琯执手慰问之，复以房融为对。昂有时称，忽一日触犯三人，举朝嗟叹，惟韦陟遂与之绝。"

这儿，犯忌者郗昂所承受的惩罚是：韦陟与之绝交，再就是其内心的不安。

犯家讳也有被犯者地位高而刑人者。

宋宁宗朝潭州湖南安抚使史弥坚，兄右丞相兼枢密使弥远。《西湖游览志余》卷五："史弥远权势赫烜，士流无耻者多以钻刺进秩。某次'宫宴时有伶人执拳石'，以大钻钻之，久而不入，叹曰：'钻之弥坚。'一伶遽扑其首，曰：'汝不去钻弥远，却来钻弥坚，可知道钻不入也。'举座弁栗。翌日，弥远杖伶人而出之境。"

此为杖刑。史弥远、弥坚兄弟权势熏天，伶人有意触讳，致有此刑。

《贵耳集》卷中："赵清臣之父名不漏。使客吏整一漏处，呼而问之，答曰：'今次修，了不漏。'遂黥客吏。"

唐末山南东道节度使赵匡凝，父名德谭，祖名无考。《北梦琐言》卷四："唐襄州赵匡凝令公，世勋嗣袭，人质甚伟。……往往以家讳刑人。相国崔公胤出镇湖南，由岘首，赵令逢迎开宴，崔相从容而规之曰：闻令公以文字刑人，甚无谓也。闻名心瞿，但有颦蹙，岂可笞责及人邪！”

“但有颦蹙”可以作为当时君子对犯家讳的态度。

而犯讳者与被犯者地位相若，则致有斗殴之事发生。《鸡肋编》卷中：“浙东人以畜产相呼，乃笑而受之，若及父祖之名，则为莫大怨辱，有殴击因是而致死者。有其语音讹谬，避讳尤可笑矣。处州遂昌县有大姓潘二者，人呼两翁，问之，则其父名义也。”

后赵武帝石虎，太子名宣。《后赵录》：建武十四年“四月，秦公韬起宣光殿于太尉府，梁长九丈。太子宣视而恶之，斩匠截梁而去”。《经史避名汇考》卷二六引蒋之翘曰：“以犯其名也。”

南宋荆湖安抚制置使赵范。《贵耳集》卷中：赵范“在楚，赵倡家初至，问其何来，答云：‘因求一碗饭方到此。’赵怒及己名，又及其父名，立斩之”。赵范父名方。

此为斩首。赵方、赵范父子经略楚地经年，可谓之土皇帝，倡家虽无心触犯，也罹此大祸，也可见宋代避讳之严。

《金史·白华传》：“用吉者，本姓孛术鲁，名久住。初归入宋，谒制置赵范，将以计动其心，故更姓名范用吉。赵怒其触讳，斥之。用吉犹应对如故。赵良久方悟，且利其事与己符，遂擢置左右，凡所言动，略不加疑，遂易其姓曰花，使为太尉，改镇均州。”

避讳的惩罚又由于避讳种类的不同而有差别，一般来说，对于家讳的惩罚没有定例，要由触讳者与被忌者之间的关系来决定，但由于触讳在被忌者内心所引起的不快，也会作用于触讳者，使其心理上承担一种负担。

魏晋时期，避讳蔚为风气，士大夫争以触讳为讥讽甚至调侃的手段，而招致的经常是反口相讥，并不形成惩罚。而且地位之高低、年龄之长幼，都不能成为惩罚的依据，而以才思之敏捷作为品评高下的标准。

南朝宋殷孚父名淳，何勖父名无忌。《南史·殷景仁传》："（殷孚）尝与侍中何勖共食，孚羹尽，勖云：'益殷莼羹。'勖司空无忌子也。孚徐辍箸曰：'何无忌讳。'"

南朝齐谢瀹父名庄，刘悛父名勔。《南史·谢弘微传》："性甚敏赡，尝与刘悛饮，推让久之，悛曰：'谢庄儿不可云不能饮。'瀹曰：'苟得其人，自可流湎千日。'悛甚惭，无言。"

北齐徐之才父名熊，李谐父名平。《北齐书·徐之才传》："之才聪辩强识，有兼人之敏，尤好剧谈体语，公私言聚，多相嘲戏。……李谐于广坐，因称其父名，曰：'卿嗜熊白生否？'之才曰：'平平耳。'又曰：'卿此言于理平否？'谐遽出避之。"

《笑笑录》引《文行集》："郑洛书为上海县，聂豹为华亭县，议论不相下。一日同坐，人报上海秋试脱科，聂笑曰：'上海秀才下第，只为落书。'郑应声曰：'华亭百姓当灾，皆因孽报。'"

也有官员宽容而不计较者，往往被传为美谈。

《周书·萧詧传》："尝有人诉事于（宗）如周，谓为经作如州官也。乃曰：'某有屈滞，故来诉如州官。'如周曰：'尔何小人，敢呼我名？'其人惭谢曰：'只言如州官作如州，不知如州官名如周，早知如州官名如周，不敢唤如州官作如州。'如周乃笑曰：'命卿自责，见侮反深。'众咸服其宽雅。"

对于避讳的触犯的惩罚，也没有定例，要看被忌者的个人观念与相互之间的关系，由于宪讳体现的是上下级之间尊卑的不同，所以经常可以形成外在的惩罚。轻者往往招致斥责，重者可致斩首。

唐穆宗朝尚书左仆射韩皋，父名滉。《因话录》卷二："仆射为尹时，久旱祈雨。县官读祝文，一心记公之家讳，乃称官衔毕，而误呼先相公名。公但惨然，因命重读，亦不之罪。"

《道山清话》："庆历中，胡瑗以白衣召对，侍迩英讲易，读《乾》元亨利贞，不避上御名，上与左右皆失色，瑗曰：'临文不讳。'后瑗因言孟子，'民无恒产'，读为常，上微笑曰：'又却避此一字。'盖自唐穆宗已改常字，积久而读熟。"

五代唐工部尚书卢文纪，父名嗣业。《新五代史·卢文纪传》："文纪素与宰相崔协有隙，协除工部郎中于邺。文纪以邺与其父名同音，大怒。邺赴省参上，文纪不见之。因请连假。已而邺奉使未行，文纪即出视事，邺因醉忿，自经死。文纪坐贬石州司马。"

科场避讳甚严，如犯帝讳会受到贬黜，而误犯考官之讳也有时会影响其前程。

明熹宗朝相国朱国桢，太史陈如冈。《经史避名汇考》卷三三引《野乘》："朱相国万历戊戌主会闱，得一卷甚佳，以策犯国桢字，弃去。太史陈如冈房一卷亦以'如冈如陵'句犯其名见弃。识者每嗤其刻。"

《明史·孙丕扬传》：万历三十九年，丕扬疏劾御史金明时，"旨下议罪，而明时辨疏复犯御讳，帝怒，褫其职"。

《万历野获编》卷一："宋钦宗讳桓，则并嫌名丸字避之。科场韵脚用丸字者，皆黜落。"

《冷庐杂识》卷八："场屋中用忌讳字，往往被黜，……(清道光)丙申殿试，何子贞太史卷已列进呈十卷之首，旋以'大行'二字为阅卷大臣某公指出，改置二甲第八名。"

《后汉书·安帝纪》：李贤注引韦昭曰："大行者，不反之辞也。天子崩，未有谥，故称大行也。"

《万历野获编》卷二："古来人主多拘避忌，而我朝世宗更甚。……世庙晚年，每写夷狄字必极小，凡诏旨及章疏皆然。盖欲尊中国，卑外夷也。又云，乙丑会试，第三题孟子有两夷字，时上苦虏之扰，最厌见夷狄字面，至是大怒，欲置重典。时主文为高新郑，赖徐华亭诡辞解之而已。"

《宋史·刘正夫传》：刘正夫"元丰八年南省奏名在优选，而犯高鲁王讳，凡五人皆当黜。宣仁后曰：'外家私讳颁未久，不可以妨寒士。'命置末级。"

《三国志·蜀书·马超传》裴注引《山阳公载记》记载了马超归顺刘备后，因常称刘备字而几乎为关羽、张飞所杀之事。

此一例较为特殊，可能是由于不同的观念影响所致，马超起于西北，与刘备等人观念不同，其时正是避名向避字发展的阶段，马超称字不以为忤，关、张等则以为不敬，遂致几乎火并。

金太祖武元皇帝完颜氏名旻。《松漠纪闻·补遗》："金国庙讳尤严，不许人犯，……武元初只讳旻，后有申请云：旻，闵也，遂并闵讳之。"

《南烬纪闻录》：靖康二年五月，金人幽禁宋徽、钦二帝及二后，"朱后有疾卧冷地上，连日呻吟，监者尚加诟詈。帝语左右：'汝等可悯念吾国破家亡，取汤水相救。'左右曰：'吾国禁违犯者过于杀人。汝呼悯字，已该大罪，尚欲索汤水耶？'再三恳之，不顾而去。"宋徽宗位居九五之尊，臣民以避其讳为常，一旦沦为亡国奴，则要避他人之讳，悲夫。

《后鉴录》："（献忠）禁勿触讳，触讳殊一手一足。"

《绥寇纪略》卷一〇："献忠以（甲申）十一月十六日即伪位，……禁其下勿得触讳。凡郡邑、人物，犯必改。石碑亦镵其字，否者立死。左右有询事小儿数千，夜则周行街巷听人语，犯者白垩识其门，黎明而收者至。俚语云：张家长，李家短。有犯者亦在收中，献忠笑曰：'此我家胜自成之谶也。'释之。"张献忠以一代枭雄，竟汲汲于避讳之事，其触讳的惩罚方式也颇有特色。

《经史避名汇考》卷三三："近商邱刘山蔚榛，与里中长者同名。或传其意，令更之，山蔚不可。因作《同名说》，其文甚辩，中言：长者已同谢茂秦而不更，天下后世同名者何限，岂得尽更之？又言：不得同者，御名及庙讳。在律，犯者杖。非凡人所得僭拟也。"谢茂秦，谢榛，明代文士，明史有传。民间长幼之间是否避名讳，本无硬性规定，自然更谈不上惩罚问题。

明清以来，犯讳惩罚虽有律法规定，然帝王多以意为之，随意性很强。

《经史避名汇考》卷四六："明太祖性多疑，每虑人侮己。杭州府学教授徐一夔尝作贺表，其词有云：'光天之下。'又云：'天生圣人，为世作则。'上览之大怒，曰：'腐儒敢如此侮我耶！光者，僧也，以我从释也。光则摩发之谓也，则字声近贼字。'罪坐不敬，命收斩之。其他以犯讳被戮者凡数十人，礼臣大惧，因请曰：'愚蒙不知忌讳，乞降表式。'上因自为文，传布天下，至今因之。"（《明开创历记》）

《经史避名汇考》卷四六："翰林编修张耻直言无忌，上不能容，黜为山西蒲州学政，例庆贺撰表，上览其表有曰'天下有道'，又曰'万寿无疆'，怒曰：'疆者强也，道者盗也，其谤我欤？'即逮捕廷见，张曰：'陛下有旨，表文不许杜撰，务出经典，天下有道，乃先圣之格言，万寿无疆，乃诗经。臣子祝君之至情，谓诽谤，臣死不服。'上默然良久，曰：'这厮还嘴强。'命放去，竟不问。左右相谓曰：'数年以来，才见容此一人而已。'"

避讳不当而致罪。

避讳既有严律，然而妄自避讳也能招致无妄之灾。

宋理宗朝相贾似道。《癸辛杂识》续集卷下："省吏屠节尝出知道州，太守省札，其本房书吏以避贾相之名，遂书作某人知春陵州事。贾见之大怒，批出云：'二名不偏讳，临文不讳，皆见于礼经。今屠节乃敢擅改州名，可见大无忌惮，使不觉察，岂不相陷？'决欲黜之，后以诸省吏罗拜恳告，遂从编置。"南朝宋、齐有春陵县，治在道州境内，书吏为避"道"字而以旧称代之。

也有以避讳污人之例。

钦宗初名亶，崇宁元年二月甲午，更名烜。《续通鉴》卷八七："宋徽宗建中靖国元年，尚书右丞范纯礼罢知颍昌府，纯礼沉毅刚正，曾布惮之。激驸马都尉王诜曰：'上欲除君承旨，范右丞不可。'诜怒。会诜馆辽使，纯礼主宴，诜诬其辄斥御名，遂黜之。"

五、避讳的特例

（一）逃讳

逃讳有两方面的含义，一方面是作为被避者为了使自己的名字易于避讳而选用较为生僻的字词作为名字，以达到"难知而易避"的效果；另一方面是指避讳者为了某种目的，故意对应避之讳而不避。

对于前者，古代的礼文有明确记载，《礼记·内则》："凡名子，不以日月，不以国。不以隐疾。大夫士之子，不敢与世子同名。"明确地提出了为儿子取名的规则。《左传·桓公六年》也有此类论述："名有五：有信、有义、有象、有假、有类。以名生为信，以德命为义，以类命为象，取于物为假，取于父为类。不以国，不以官，不以山川，不以隐疾，不以畜牲，不以器币。周人以讳事神，名，终将讳之。故以国则废名，以官则废职，以山川则废主，以畜牲则废祀，以器币则废礼。晋以僖侯废司徒，宋以武公废司空，先君献、武废二山，是以大物不可以命。”

贾谊《新书·胎教》：“卜王太子名，上毋取于天，下毋取于地，中毋取于名山通谷，毋悖于乡俗。是故君子名难知而易讳也，此所以养恩之道也。”

此后“难知而易避”就成为了帝王命名的一个原则。历代都有帝王即位后改名的记载。

南燕世宗献武皇帝慕容备德，初名德。《南燕录》载，建平元年，慕容德即皇帝位，诏曰：“汉宣悯吏民犯讳，故改名。朕今增一备字，以为复名，庶开臣子避讳之路。”

李攸《宋朝事实》卷一：宋太宗赵光义即位，下诏曰：“稽历代之旧章，贵难知而易避。爰尊故事，载易嘉名，凡在庶寮，当体朕意。朕今改名炅。自临御以来，除已改州县、散官、职事官名号及人名外，其旧名二字，今后不须回避。”

逃讳的另一类型是对应避之讳而不避，这一类情况较为少见，在封建社会中，帝王有至高无上的权威，避讳者不敢有所触犯，所以该类逃讳主要表现在家讳上。

《独异志》卷下：“唐长庆、太和中，王初、王哲俱中科名。其父仲舒显于时，二子初宦不为秘书省官，以家讳故也。既而私相议曰：‘若遵典礼避私讳，而吾昆弟不得为中书舍人、中书侍郎、列部尚书。’乃相与改讳，只言仲字可矣。又为宣武军掌书记。识者曰：‘二子逆天忤神，不永。’未几，相次殒谢。”

从这一记载来看，逃讳是不符合古代社会的尊亲的标准的，所以受到舆论的遣责。

逃讳的方式：

一是缩小避讳范围，如唐太宗于即将即位时下令，“其官号、人名、公私文籍，有世民两字不连续者，并不须讳”。二是干脆让帝王们叫一些冷僻的名字，西汉宣帝本名病已，他于元康二年下诏，“闻古天子之名，难知而易讳也。今百姓多上书触讳以犯罪者，朕甚怜之，其更讳‘询’，诸触讳在令前者赦之。”唐宋时期的不少皇帝和皇子都改用比较冷僻的字作名字，也是为了“难知而易讳”。唐睿宗本名旭轮，后改名旦；唐代宗本名俶，后改名豫；五代后唐明宗本名嗣源，后改名亶；宋真宗未被立为皇太子前，曾名德昌、元休、元侃，后来才定名恒；宋仁宗本名受益，后改名祯；宋英宗本名宗实，立为皇太子后，改名曙。

（二）诡讳

与逃讳相反的情况是诡讳，就是本不该避讳的情况也避讳，这种情况多是有其特殊的目的，是把避讳作为一种手段，来获取一定的利益。

明武功伯徐有贞，自称其祖讳珵。《经史避名汇考》卷三九引《郑氏名臣记》：“徐有贞，字元武，初名珵，字元玉，吴人。宣德八年进士。景帝四年秋，为谕德兼侍讲矣。上言：‘人臣避国讳，子孙避家讳，礼也。臣幼犯祖讳，礼当避，请更名有贞。’”

据《明史·徐有贞传》，徐有贞以议南迁见恶于帝，遂改名，本无关避讳。周广业云：“犯祖讳乃托词也。既然云祖讳，不应至是方知，景帝亦为所蒙矣。”

按照过去的起名方式，子生三月，由父亲为之命名。按通例，命名时都要查阅家谱，不会出现名字与先祖名字相犯的情况。这儿徐有贞只不过是由于曾触犯过皇帝，想通过避讳的理由来改名,消除皇帝的坏印象。

《旧唐书·李涵传》:"德宗即位,以涵和易,无刲割之才,除太子少傅,充山陵副使。涵判官殿中侍御史吕渭上言:'涵父名少康,今官名犯讳,恐乖礼典。'宰相崔佑甫奏曰:'若朝廷事有乖舛,群臣悉能如此,实太平之道。'除渭司门员外郎。寻有人言:'涵昔为宗正少卿,此时无言,今为少傅,妄有奏议。'诏曰:'吕渭僭陈章奏,为其本使薄诉官名。朕以宋有司城之嫌,晋有词曹之讳,叹其忠于所事,亦谓确以上闻,乃加殊恩,俾膺厚赏。近闻所陈少字,往岁已任少卿,昔是今非,罔我何甚。岂得谬当朝典,更厕周行,宜佐遐藩,用诫薄俗。'可歙州司马同正。由是改涵为检校工部尚书,兼光禄卿,仍充山陵副使。"

按照通例,官名犯官员父祖之名,可由官员本人提出,改换他官,或请辞。李涵因对于太子少傅之职不甚满意,唆使下属为其上表,其意不外希望改换他官,也可借机给皇上老子留下一个好印象。然而于李涵本人心中并没有诚心避家讳之意,由其心安理得地任少卿之职就可看出。这种避讳属于诡讳。

避同的情况也可产生诡讳的例子。

明代李诩《戒庵老人漫笔》卷七"改名取媚"条:"嘉靖中,浙人徐学诗极论严嵩当去职,获谴。苏之嘉定有同姓名者,亟改诗为谟,今登显要矣。尝观宋时王明清《挥麈前录》记一事云:元祐名卿朱绂者,君子人也。绍圣初,不幸坐党锢。崇宁间亦有朱绂者,苏州人,初登第,欲希晋用,上疏自陈与奸人同姓名,恐天下后世以为疑,遂易名谔。蔡元长(京)果大喜,不次擢用。何前后之一辙如此也。"明世宗朝刑部郎中徐学诗,浙江上虞人。不满于宦官严嵩专权,故受到严嵩的打击。而苏州之徐学诗颇有见风使舵的本事,在徐学诗在位时并不"为尊者讳",而一旦得罪权贵而获谴，立改其名，与宋代朱绂改名取媚蔡京如出一辙，诡讳之伎俩也有传承。

（三）不讳

对某些应避的情况采用不避的方式，也是避讳发展的一种独特表现，于其中可见其为人。

《宋史·韩世忠传》：“世忠尝戒家人曰：‘吾名世忠，汝曹毋讳忠字，讳而不言，是忘忠也。’”

韩世忠不愧为忠臣，以“忠”为要，并不汲汲于自己的名讳。

明南京光禄寺少卿顾宪成，父名学。赵南星《明南京光禄寺少卿泾阳顾公碑》：“顾公名宪成，字叔时，……父南野公讳学，……十岁读韩退之《讳辩》，每遇南野公讳辄避之，然不可胜避，为郁不乐。师问知之，以告南野公，‘昔韩咸安王讳忠，语其子曰：汝讳我，是忘忠也，夫忠可忘，则我可忘也。自是遂不讳忠。’南野公喜，以告公：学之不可忘，亦犹忠矣。公谨受教。”

家讳与常用词语相犯，讳与不讳，自有不同取舍。

《光绪慈溪县志》卷二八：“秦金字懋南，嘉靖二年进士。谒选，时无锡秦尚书与同名，讽之改，且得要署。金曰：‘礼，子生三月，父命之名。先人在犹不敢改，既没，忍以一官易乎？’卒不改。”

家讳犯尊者名讳，取舍之间也可见其为人。尚书迫以权势，诱以美差，不能使其易名，较之改名以取媚者，自有云泥之别。

《茶香室四钞》卷七引元辛文房《唐才子传》：“戎昱美风度，崔中丞爱之，有女国色，欲以妻昱，而不喜其姓戎，能改则订议。昱以诗谢曰：‘千金未必能移姓，一诺从来许杀身。’”

官讳方面，唐宋有请讳制度，官员莅任，下属会询问其私讳，以便避称。有不屑于此道者。

《经史避名汇考》卷三十八："包拯，知京兆府。众吏前请讳。公曰：'何讳也？'吏曰：'公祖先之名，群吏当避之。'公瞑目曰：'吾无所讳，惟讳吏之有赃污者。'吏惧而引去。"

避讳诸方面，于名字避讳最为紧要，然名字不避的情况也有许多。《日知录》举有很多例：至有君臣同名者。襄王名郑，卫成公与之同时，亦名郑。卫侯讳恶，其臣有石恶。宋武帝名裕，褚叔度、王敬弘，皆名裕之。谢景仁、张茂度皆名裕。宋明帝名彧，王景文亦名彧。唐玄宗名隆基，刘子玄名知几。

又有父子、祖孙同名者。周康王名钊，生子瑕是为昭王。此为以父名为谥号。宋明帝名彧，其子后废帝亦名昱。魏献文名弘，其子孝文名宏。声虽相近，而字犹异也。若周厉王名胡，而僖王名胡齐。蔡文侯、昭侯，相去五世，皆名中。魏安同父名屈，同之子亦名屈。襄阳有《处士罗君墓志》曰："君讳靖，父靖，学优不仕。"此尤为可罪也。

《处士罗君墓志》今已不可考，父子同名之例，于理不合，于称说也甚为不便。妄意推测之，似乎子名应为"绍靖"、"本靖"之类，今人马寅初，其子本寅、本初，殆类此。墓志于人名常有留空不书之例，或遗漏其中一字，也未可知。

第四章　避讳的方式

避讳的方式表现在字音、字义、字形等几方面，主要有改词、更读、变体、空字、缺笔等种类，大略可以分为十二类。

一、改词

改词为最常见避讳方式，颜之推《颜氏家训·风操篇》："凡避讳者皆须得其同训以代换之。"改词的方式有四种：一是改义同义近之词，二是改意义有联系之词，三是改意义相对相反之词，四是改音同音近之词。

（一）改义同义近之词

《史记·秦始皇本纪》："二十三年，秦王复召王翦，强起之，使将击荆。"正义曰："秦号楚为荆，以庄襄王名子楚，讳之，故言荆也。"又，始皇名嬴正，索引曰："秦讳正，谓之端。"琅琊台刻石有"端平法度"、"端直敦忠"词句，都是以"端"代"正"的例子。荆、楚义近，端、正义近。

汉代避讳较有法度，帝王名讳一般都由一特定的义近之字来代替。《汉书·高帝纪》注引荀悦曰:“讳邦之字曰国。”《隶释》十四引汉石经残碑:《论语·八佾》“邦君为两君之好”,“何必去父母之邦”,《尚书》“安定厥邦”皆书邦作国。长沙马王堆汉墓帛书《老子》“邦”都作“国”。《汉书·惠帝纪》注引荀悦曰:“讳盈之字曰满。”

循此例,汉代君王名讳都采用改义近之词的方法,且有定字。汉惠帝刘盈,改满字,盈数作满数;文帝刘恒,改常字,恒山作常山;景帝刘启,改开字,微子启作微子开;武帝刘彻,改通字,蒯彻为蒯通;昭帝刘弗,改不字;宣帝刘询,改谋字,荀卿为孙卿;元帝刘奭,改盛字;成帝刘骜,改俊字;哀帝刘欣,改喜字;平帝刘衎,改乐字;光武帝刘秀,改茂字,秀才为茂才;明帝刘庄,改严字,庄助称严助,老庄称老严;章帝刘炟,改著字;和帝刘肇,改始字;殇帝刘隆,改盛字,伏隆《东观记》作伏盛;安帝刘祜,改福字,朱祜《东观记》作朱福;顺帝刘保,改守字;冲帝刘炳,改明字;质帝刘缵,改继字;桓帝刘志,改意字;灵帝刘宏,改大字;献帝刘协,改合字。

在特别的场合,也有不循例而用变例的情况。《周礼·秋官·大行人》:“以同邦国之礼而待其宾客。”《大戴礼记·朝事篇》改作“以同域国之礼”。《经史避名汇考》卷六:“盖下连国字,不可重言,故变例改域。”

《宋书·百官志下》:“汉武元封四年,令诸州岁各举秀才一人,后汉避光武讳,改茂才,魏复曰秀才。”

《礼记·檀弓上》:殷人殡于两楹之间,又,予畴昔之夜,梦生奠于两楹之间。《史记·孔子世家》作两柱之间,以柱代楹。

《水经·沔水注》:“夷水,蛮水也。桓温父名彝,改曰蛮水。”

《三辅黄图》卷一:“望夷宫,在泾阳县界,长平观道东,北临泾水以望北夷，以为宫名。”《史记·秦始皇本纪》载，二世三年，“二世乃斋于望夷宫”。《经史避名汇考》卷五：“盖讳胡称夷也。”胡、夷义近。

贞观五年房彦谦碑，虎贲为武贲，避唐高祖祖讳。永徽二年马周碑，“持书侍御史”，改治为持，避唐高宗讳。乾封元年赠泰师孔宣公碑，两引“生民以来”，均作生人。避唐太宗李世民讳。避唐太祖李渊讳，以泉代渊。颜真卿《颜氏家庙碑》：子泉、弘都之德行。子泉即颜渊。都是采用改义近之词的方法。其例甚多。与汉代不同的是，后代的代用之字较多，唐高祖李渊的避讳用字有如下一些：

以水代渊。《资治通鉴》卷二三二注云：“长水，本隋弘农郡长渊县，唐初避高祖名，更为长水。”渊、水义近。

以川代渊。《宋书·乐志二》载王珣歌太宗简文皇帝，辞云“灵明若神，周淡如渊”。《晋书·乐志下》作“周淡如川”。渊、川义近。

以泉代渊。《越绝书》卷一一“越绝外传记宝剑第十三”载：欧冶子、干将作铁剑三枚，“一曰龙渊，二曰泰阿，三曰工布”。《晋书·张华传》作龙泉。渊、泉义近。

改义近之词的方法不但在国讳中使用，官讳和家讳中也经常使用，而且延伸到避不吉语等方面。连带而及，也产生了许多词语的不同称呼。

《金史·海陵诸子传》：“天德四年二月，立光英为皇太子。……后以英字与鹰隼字声相近，改鹰坊为驯鸷坊。国号有英国，又有应国，遂改英国为寿国，应国为杞国。”鹰、鸷义近。

宋真宗赵恒，陵名永定。《愧郯录》卷一：“天圣七年九月辛未，改永定军为永宁，避真宗陵之类是也。”定、宁义近。

明熹宗朱由校，庄烈帝由检。《经史避名汇考》卷二三引《杂史》："宫中所用油，以避熹宗庙讳，皆更之曰芝麻水，油漆作改曰漆作。"

唐穆宗朝给事中杨虞卿。《清异录》上："杨虞卿家号鱼为水花羊。……以避讳故也。"

五代吴大丞相徐温亲吏翟虔，父名雨。《资治通鉴》卷二百七十三"后唐庄宗同光二年"："吴王(杨溥)如白沙观楼船……徐温自金陵来朝，先是，温以亲吏翟虔为阁门、宫城、武备等使，使察王起居。虔防制王甚急。至是，王对温名雨为水，温请其故，王曰：'翟虔父名，吾讳之熟矣。'因谓温曰：'公之忠诚，我所知也。然翟虔无礼，宫中及宗室所须多不获。'温顿首谢罪，请斩之。王曰：'斩则太过，远徙可也。'乃徙抚州。"

古讳称帝王有疾为不豫，唐避代宗讳，改称不康。《旧唐书·肃宗纪》：上元二年，"上不康，百僚于佛寺斋僧"。

宋孝宗朝右丞相留正，家讳铸。《朝野类要》卷五："宰相擢用仕宦，谓之陶铸者，曲造化之意。向因留相家讳铸，遂易为陶镕。"

(二)改意义有联系之词

宋太祖赵匡胤，父追尊宣祖名弘殷。《麟原文集·后集》："夏阳汤氏族谱序云：夏阳汤氏，本殷仲堪之裔，谓荆州之后，尝为安城刺史，子孙因家焉。今安城羡江尚有殷使君读书台，足征宋避庙讳，易姓汤。"殷商开国之君为汤。

《元史·商挺传》："商挺字孟卿，曹州济阴人。其先本姓殷氏，避宋讳改焉。"

《元丰九域志》卷五："建隆元年，改殷城县为商城。"

《宋史·蛮夷传四》:"董蛮在马湖江右,僰侯国也。唐羁縻驯、骋、浪、商四州之地。"校勘记:"商,原为唐的殷州,避赵匡胤父讳改。"

米芾书《千字文》,改周发殷汤为商汤。以上皆殷、商相代。

南朝梁丞相、汉王、僭称汉帝侯景,祖名乙羽周。《南史·侯景传》载:侯景篡位,"以周为庙讳,故改周弘正、石珍姓姬焉"。周代姬姓。

南朝宋明帝刘彧多忌讳,《初学记》卷二五引王琰《宋春秋》:"宋明帝恶'白'字,屏风书古来名文,有'白'字辄加改易,玄、黄、朱、紫,随宜代焉。"白、玄、黄、朱、紫,皆颜色词。

《史通·因习篇》注云:"今有姓邴、姓弘者,以犯国讳,皆改李氏。"唐高祖李渊父追尊世祖元皇帝名昞,唐高宗李治子追尊义宗孝敬皇帝名弘。避其名讳,而用其姓氏。

(三)改意义相对相反之词

《聊斋志异·司札吏》:"游击官某,妻妾甚多,最讳其小字,呼年曰岁,生曰硬,马曰大驴;又讳败为胜,安为放。虽简札往来,不甚避忌,而家人道之则怒。一日,司札吏白事,误犯,大怒,以研击之,立毙。三日后,醉卧,见吏持刺入,问:'何为。'曰:'马子安来拜。'忽悟其鬼,急起,拔刀挥之。吏微笑,掷刺几上,泯然而没。取刺视之,书云:'岁家眷硬大驴子放胜。'暴谬之夫,为鬼揶揄,可笑甚已。"

"岁家眷硬大驴子放胜"意为:年家眷生马子安拜。

讳败为胜,是为反义相代。

1851年,辛亥年,太平天国初立,认为亥害同音不吉,改辛亥为辛开。1853年,癸丑年,以为丑字不吉,改癸好。1855年,乙卯年，粤语卯与冇同音，以为不吉，改乙卯为乙荣。丑、好意义相反，卯（冇）、荣意义相反。

（四）改音同音近之词

此一种方法使用也较为常见，但主要以改音近之词为多，从三国时期开始，避讳除了避本讳以外，还要避嫌名，使得改音同之字的方法不能再通行。

《汉书·王莽传》：莽始建国四年，"改十一公号，以新为心，后又改心为信。"

此为避国号之例。王莽篡位，改国号为"新"，讳新为心，又讳心为信。

王观国《学林》卷三载，"朱温祖名茂琳，改戊为武，至今北人呼戊为武。"

王楙《野客丛书》："唐祖讳虎，凡言虎率改为武，如武贲、武丘之类是也。""文宗讳昆，宋缇《会要》作宋混，郑涵避文宗旧讳涵改名瀚。"

《挥麈前录》卷三云："宋高宗中兴之初，蜀中有大族犯御嫌名，而游宦参差不齐，仓卒之间，各易其姓。仍其字而更其音者句涛是也；加金字者钩光祖是也；加丝字者绚纺是也；加草字者苟谌是也；改为句者句思是也；增而为句龙者如渊是也。由是析为数家，累世之后，将不复别。"为避宋高宗赵构的名讳，将一个姓氏分成六家，除第一例和最后一例，其余几例都是改音近之词的方法。

清赵翼《廿二史劄记》载，"宋竟陵王刘诞反，伏诛，孝武帝改其姓为留氏。""齐明帝杀鱼腹侯子响，改其姓为蛸氏。""唐高宗王皇后、萧良娣为武后所杀，武后改王皇后姓为蟒氏，萧良娣姓为枭氏。武后又杀其侄武惟良、武怀运，皆改姓蝮氏。”“玄宗初，太平公主谋逆，窦怀贞惧罪投水死，追戮其尸，改姓毒氏。宗室李晋亦与太平之谋，被诛，改姓厉氏。”刘、留音同，而萧、蛸音近，王、蟒音近，萧、枭音近，武、蝮音近，窦、毒音近，李、厉音近。

顾炎武《音学五书·音论上》：“绍兴三十二年十二月毛晃表进《增注礼部韵略》，与广韵颇有不同，广韵上平声二十一殷，改为二十一欣，……避宣祖讳。”殷、欣音近。此为避宋太祖赵匡胤父追尊宣祖武昭皇帝弘殷之讳。

《山西通志》卷一六六，平定州李英公庙，注引元吕思诚《土风记》：“本殷公也，……宋祁修唐书，避宋宣祖讳，易曰英。”

李适之《大唐蕲州龙兴寺故法现大禅师碑铭》：“禅师讳法现，弋阳人，本名法显，避中宗庙讳，于是改焉。”此为避唐中宗李显名讳。显、现音近。

《集古录》云：唐裴光庭碑跋尾：“按唐书列传云，光庭……赐谥曰忠宪，今碑及题额皆为忠献。”《经史避名汇考》卷二六：“按是碑玄宗御书，宪字避让皇帝讳而改，非寔谥献也。光庭祖仁基谥忠，父行俭谥献，光庭不应并而有之。《张九龄集》、《文苑英华》、《新唐书》作忠宪，是也。”此为避唐玄宗兄追尊让皇帝李宪名讳。宪、献音近。

《蜀志·刘焉传》：“并州刺史张益。”《华阳国志》作张壹，《后汉书》作懿。

《乾隆峄县志》卷八：“（匡衡）后嗣居峄者，当赵宋避太祖讳，改姓王。”西汉乐安侯匡衡，《容斋四笔》、《容斋五笔》与《野客丛书》并作康衡。匡字有避以“光、辅、刊、纠、兴、正、康”等。

其中，改“匡”为“辅、刊、纠、兴、正”为改义近之词，改“匡”为“光、康”为改音近之词。

《游宦纪闻》卷九："世字因唐太宗讳世民，故今牒、葉、棄皆去世而从云。漏泄、缧绁又去世而从曳。世之与云，形相近；与曳声相近。若皆从云，则泄为沄矣，故又从云而变为曳也。"

《十国春秋·南唐烈祖本纪》：升元二年六月，"东都留守判官杨嗣请更姓为羊，群臣亦请改府寺州县名有吴及阳者，帝不许。既而诏改吴兴阁为升元阁。"

《经史避名汇考》卷四一："尝见董文敏临淳熙二年吴琚所书《归去来辞》，晨光之熹微，作晞微。殆亦因避紫阳而改欤？"

《长安志》卷七："万年县朱雀街东第一街有安仁门。"注云："本名安民门，永徽元年改。"

此例为避唐太宗李世民名讳，改"民"之义近之词"人"，又改"人"之同音之词"仁"。

太平天国避爷火华名讳。洪秀全创拜上帝教，尊爷火华（即耶和华）为天父，故忌其名讳。忌火，《钦定敬避字样》："火，凡用以亮、伙、夥、炎等字代。"生火为堆亮，发火为冲亮（特指惹洪秀全发火），忌华，改华为花，华人为花人。

其中，以"伙、夥"代"火"为改音同之词；改"华"为"花"是改音近之词。

（五）重新命名

有两种情况：其一是避掉旧名，重新命名；其二是不用现名，而采用另外一个已有的名字。

《汉书·谷永传》："（永）本名并，以尉氏樊并反，更名永云。"

唐中宗时驸马都尉武攸暨，父名怀道。《长安志》卷七："万年县所领朱雀门街之东，从北第一兴道坊。"注云："景龙三年，以驸马都尉武攸暨父名，改曰瑶林坊，景云元年复旧。"

《长安志》卷七：朱雀街东第二街凡九坊，“第一，务本坊。”注云：“景龙三年，以驸马都尉杨慎交父名嘉本，改为玉楼坊，景云六年复旧。”

《新唐书·李抱玉传》：李抱玉，“本安兴贵曾孙，世居河西，……禄山乱，守南阳，斩贼使。至德二载上言：‘世居凉州，耻与逆臣共宗。’有诏赐之姓，因徙籍京兆，举族以李为氏。”

《清异录》上：“伪汉蒙州刺判史龙骁，武人，极讳己名，又父名石碏一作唶，子名蛩，亦讳之。郡人呼枭曰‘唾十三’，鹊曰‘喜奈何’，蛩曰‘秋风’。部属私相告云：若使君祖讳饭，吾辈亦当称甑家粥耶！”《清异录》引《厌胜章》：“枭乃天毒所产，见闻者必罹殃祸，急向枭连唾十三口，然后静坐存北斗一时许，可禳。”

陆游《南唐书·王会传》：王会本名安，“烈祖代吴，用为百胜军节度使，虔州与岭南地接南汉，使者往来，节度使当燕劳问遗，而会旧名犯汉王祖讳，乃赐今名”。

《经史避名汇考》卷二三引《嘉兴县志》：安道“熙宁初，……居秀州天心湖北，秀守曾行重修望吴门外安远驿，以避公讳，遂改乐兴驿。”

《新五代史·晋本纪》：“赵延寿寇南乐。”注云：“南乐，即唐魏州之昌乐县，后唐避李国昌讳，改曰南乐。”

《旧五代史·梁太祖纪三》：开平元年十二月，诏赠成汭太师。“汭之本姓犯文穆皇帝庙讳，至是因追赠，以其系出周文，故赐姓周氏。”

后秦太祖武昭皇帝姚苌。《雍录》卷六：“长水者，《水经》所载凡有三派，其末皆自白鹿原北入霸。后以姚苌据有长安，人为苌讳，故改此水以为荆溪。”

《宋史·礼志六》载，天圣三年，同知礼院陈祐言：“《郊祀录》、《正辞录》、《司天监神位图》皆以虎为於菟，乃避唐讳，请仍为虎。”

明成祖文皇帝朱棣。《十驾斋养新录》卷一一：“明成祖名棣，改沧州之无棣曰庆云，乐安州之无棣曰海丰。”

《明史·宦官传二》：“所有疏，咸称厂臣不名，大学士黄立极、施凤来、张瑞图票旨，亦必曰‘朕与厂臣’，无敢名忠贤者。”

清末，避溥仪之讳，改仪征县为扬子县。

(六)避名称字

在人名避讳的范围内，有避名称字的方式。

清赵翼《廿二史劄记》“唐人避讳之法”条：“唐人修诸史时，避祖讳之法有三：如‘虎’字、‘渊’字，或前人名有同之者，有字则称其字，如《晋书》公孙渊称公孙文懿，刘渊称刘元海，褚渊称褚彦回，石虎称石季龙是也。”

《晋书·宣帝纪一》：青龙四年，“辽东太守公孙文懿反。”公孙渊字文懿。

《晋书》载记，刘渊称刘元海，石虎称石季龙，皆避唐高祖祖李虎讳而称其字。

北魏宗室，徐州刺史元氏名昺，《北史》本传以字“寿兴”称。员外散骑侍郎，太尉录事参军李昺，《北史·序传》以字“仁曜”称。名儒刘昺，《北史》本传以字“延明”称。《梁书·宗夬传》“祖景”，景即炳。南史则称宗炳字少文，而不名。

以上四例都是避唐高祖李渊之父李昺之讳。

《宋史·王子融传》：“本名皞，字子融，元昊反，请以字为名。”

南朝宋高祖武皇帝刘裕。《世说新语·德行篇》：“阮光禄在剡，曾有好车，借者无不皆给。”李慈铭曰：“案世说于阮裕，或称光禄，或称其字思旷，无举其名者，临川避宋武讳也。”

《南史·王彧传》：“王彧字景文。……彧名与明帝讳同，故以字行。”《宋书》本传但以景文相称，不及其名。此为避南朝宋太宗明皇帝刘彧之讳。

晋武帝杨皇后父名炳。《晋书·武元杨皇后传》、《晋书·外戚传》并以其字“文宗”称，不称名。《晋书》为唐代大臣房玄龄等作，故避唐高祖父讳昞字。

《后汉书·党锢传》：“郭林宗、贾伟节为其冠。”《何颙传》亦云：“郭林宗、贾伟节等与之相好。”范晔避家讳，故郭泰不书名，并伟节亦字之。《岑晊传》：“郭林宗、朱公叔等皆为友。”亦因郭及朱也。《朱穆传》：“近则邴吉、张子孺。”子孺，张安世字，章怀所改也。世皆改代，人名不合改，故称其字。

《宋史·艺文志》，职官类有蔡元道《祖宗官制旧典》三卷，本名蔡惇，避宋光宗讳称其字元道。又别集类有《司空文明集》一卷，本名司空曙，避宋英宗讳而举其字文明。包幼正本名佶，避徽宗讳而称其字幼正。李泰伯本名觏，避高宗赵构嫌讳而称其字泰伯。

《通典》卷一五一，“晋镇南将军杜元凯”，避唐代宗李豫嫌名，故称杜预之字元凯。

孔子六世祖孔父名嘉。《春秋·桓公二年》：“宋督弑其君与夷及其大夫孔父。”《谷梁传》：“孔，氏，父，字谥也。或曰，其不称名，盖为祖讳也。孔子故宋也。”

此为避讳而称其谥，也类似于避名称字之法。

（七）改称避讳用词

由避讳的蔓延，有时可以产生出一些特殊的词语。

《天中记》卷二四引《籍川笑林》："（冯）道门客讲《道德》，首章有'道可道，非常道。'门客见道字是冯名，乃曰：'不敢说可不敢说，非常不敢说。'"

宋真宗相王随，家讳德。《邻几杂志》："王相随讳德，幕宾谓德为'可已'，优人赞祝曰：'此相公之可已。'"

此类避讳方式在民间对于特殊词语的避讳中也有表现，山东等地有称呼醋为忌讳，以避讳用词"忌讳"代替"醋"。上二例"不敢说"、"可已"代"道"、"德"也属此类情况。

二、更读

更读是指只改变读音，而不改变用字。

更读的方式有人认为在秦代就有了。宋周密《齐东野语》卷四："至秦始皇讳政，乃呼正月为征月。"《史记·秦始皇本纪》，正义曰："正音政，周正建子之正也，后以始皇讳，故音征。"

此一例颇有争论，元人戴侗《六书故》卷一六"正"字下曰："正月之正，今人读之平声，说者谓避始皇之名，不然。正自有平声也。诗云：终日射侯，不出正兮。与名、清、成、甥协。"陈垣《史讳举例》也以为"正"本有平声一读，他辨之曰："然正本有征音。《诗·齐风》：'猗嗟名兮，美目清兮，终日射侯，不出正兮。'释文：'正音征。'《小雅·节南山》，正与'平、宁'为韵，《大雅·云汉》，正与'星、嬴'为韵，其非为秦讳明矣。"此一例不应看作更读的情况。

宋赵彦卫《云麓漫钞》卷九：如"昭穆"本作"招穆"读，以晋文帝讳改呼"韶"；……"戊"字本作"茂"读，亦以李唐讳改云"武"，或曰"务"。赵彦卫以为"昭穆"读"韶"音是避晋文帝司马昭之讳而更读。

陈垣《史讳举例》以为所说非是：昭有韶音，唐人以为避晋讳，亦非也。《汉书·韦玄成传》，颜师古注："晋室讳昭，故学者改昭为韶。"李涪《刊误》下云："按礼记，昭，明也，穆，美也。盖光扬先祖之德，著斯美号。至晋武帝以其父名昭，改为韶音，历代已远，岂宜为晋氏之讳，而行于我唐哉！今请复改为昭穆。"郭忠恕《佩觿》上则曰："李祭酒涪说，为晋讳昭，改音韶，失之也。案说文自有佋穆之字，以昭为佋，盖借音耳。"《说文系传》佋字下亦云："说者多言晋以前言昭，自晋文帝名昭，故改昭穆为佋穆，据《说文》则为佋。"《诗·魏风·汾沮洳》释文亦云："昭，绍遥反，《说文》作佋。"音作韶，非晋以后改明矣。

甄之有真音，宋人以为避孙坚讳，亦非也。庄绰《鸡肋编》中云："甄，三国之前未有音之人切者。孙权即位，尊坚为帝，江左诸儒为吴讳，故改音真。"《示儿编》十八则云："甄有二音，学者皆押在先韵，独真韵反未尝押。《文选》张华《女史箴》云：'散气流形，既陶且甄，在帝包羲，肇经天人。'则已押入真韵矣。"张澍《姓氏辩误》九驳之，谓："《女史箴》在三国后，孙氏未详考"云。今考《晋书·张华传》："华，范阳方城人。始侍魏，司马炎谋伐吴，华与羊祜实赞成其计。及吴灭，封广武县侯。"诚如《鸡肋编》言，则华固北人，与江左何涉！《女史箴》亦甄与人为韵，则河北早有是音，非为吴讳矣。

《宋史》卷一〇八《礼志十一》："绍兴二年十一月，礼部太常寺言：渊圣皇帝御名桓见于经传义训者，或以威武为义，或以回旋为义，又为植立之象，又为亭邮表名，又为圭名，又为姓氏，当各以其义类求之。以威武为义者，今欲读曰威；以回旋为义者，今欲读曰旋；以植立为义者，今欲读曰植；若姓氏之类，欲去木为亘。又缘汉法，邦之字曰国，盈之字曰满，止是读曰国曰满，其本字见于经传者，未尝改易。司马迁，汉人也，作《史记》曰：‘先王之制，邦内畿服，邦外侯服。’又曰：‘盈而不持则倾。’于邦字盈字，亦不改易。今来渊圣皇帝御名，欲定读如前外，其经传本字，即不当改易，庶几万世之下，有所考证，推求义类，别无未尽。”

陈垣认为，宋人苦于避讳之苛例，欲为改读之法，以救改字之失，其立意本善，然奈不能实行何。乃至曲解汉法以护其说，过矣。

《茶香室续钞》卷三引叶名沣《桥西杂记》云；“雍正三年上谕：孔子讳理应回避，令九卿会议。九卿议以凡系姓氏，俱加阝为邱；凡系地名，皆改易他名；书写常用，则从古体作北。上谕：今文出于古文，若改用北字，是未尝回避也。此字本有期音，查毛诗古文作期音甚多，嗣后除四书五经外，凡遇此字，并加阝为邱，地名亦不改易，但加阝旁，读作期音，庶乎允协。按加阝为邱，至今通行，至读期音，则世鲜知者。”陈垣《史讳举例》由此推断，“可见避讳改音之例，始终未尝实行也”。

宋代史料对于更读一法的记载较多，似不能漠视之。

绍兴二年九月十六日礼部尚书兼权翰林学士沈与求札子奏，“臣伏见自汉以来，御名皆有他字代之，用为定制。渊圣皇帝御名，涉前代姓谥最多，而臣下迁就回避，有可概见者。如鲁公则谓为允公，齐公则谓为小白，皆以名易其谥也。周王则谓为壮王，汉帝则谓为刚帝，或谓齐鲁二公为威公，他皆仿此。大率临文随文随意更易，无复质据。至于姓则去木为亘，而有司行移有不可通晓者，士人科举程文，或以是故枉被黜落”。经礼部太常寺同共议定，申尚书省“伏睹渊圣皇帝御名，见于经传义训不一，或以威武为义，或以回旋为义，又为植立之象，又为亭邮表名，又为主名，又为姓氏，又为木名，又为水名，当各以其类求之。今谨按，诗曰桓(原文此字不书，夹注渊圣御名四字)武志也，孔颖达曰：有威武之意。又按：诗曰：桓桓武王，郑康成曰：有威武之王。……凡此皆以威武为义，若此之类今欲定读曰威。……凡此皆以回旋为义也，若此之类今欲定读曰旋。……凡此皆以植立为义，若此之类今欲定读曰植”。其余的“亭邮表名、主名、姓氏、木名、水名”“皆欲定曰亘”。“今来渊圣皇帝御名欲定读如前件外，其经传中本字即不当改易，庶几万世之下，有所考证”。可见确有不改字而更读的用法。

《礼部韵略》附韵略条式：绍兴三十二年礼部状称，“据太常寺申：本寺契勘，今来人姓有犯御名及同音从忄从真字。若从其便改易，虑恐不一，今欲改作填字音镇。所有经史书籍文字，内有犯御名及同音从忄从真字，如系谨戒之意，即定读曰谨；如系地名、人名、山川、国名，即定读曰填音镇；其经传本字，依绍兴二年十一月二十六日指挥，即不当改易。……今欲依本寺申到事理，伏乞朝廷详酌指挥施行。十月十五日圣旨：依礼部所申”。

避讳改音之说实有其事。

宋周密《齐东野语》卷四：“本朝高宗讳构，避嫌名者，仍其字更其音者，勾涛是也。”此处“勾”犯高宗嫌讳，不改其字，只改其音。

《猗觉寮杂记》卷下：“《史记》：怀王都盱眙，注：郑玄曰：音煦怡。用平声读者，恐非也。岂避庙讳故用平声读耶?”此处犯宋哲宗赵煦名讳，变读其声调为更读之法。

《至正直记》卷三：“丘字，圣人讳也，子孙读经史，凡云孔丘者，则读作某，以朱笔圈之；凡有丘字读若区；至如诗以为韵者，皆读作休，同义则如字。”

其中“读若区”、“读作休”都属于更读的情况。

三、变体

变体是指将所讳之字形体加以改变，或加偏旁，或减偏旁，或变其偏旁，或改其位置，或离析其字，都属于文字形体的变化。通过变体避讳，往往只能改变文字形体，并不能改变读音，这种方式与避嫌名的情况相冲突，所以使用起来有限制。

《南省公馀录》卷四："睿庙之讳，只须敬就本字缺笔，并无偏旁字缺笔明文，而今人每于谈字、淡字之右下，亦作又，则无所据矣。"清避仁宗讳，书琰作琔。景日昣父名星，其所撰《说嵩》："集中星字，先子之讳也，变笔为'晆'。"

上一例为换偏旁，将"火"换为"又"。下一例为改变偏旁位置，由上下结构改为左右结构。二者都属于文字形体变化的例子。

变体的方式主要有以下几种。

(一)减偏旁

《古今姓氏书辨证》卷八"桓"云："孝慈渊圣皇帝御名，胡官切，从木从亘，绍兴二年诏避讳之。字曰亘，音周旋之旋。"

绍兴二年，吏部尚书沈与求上书："至于姓，则去木为亘。"

《乾隆峄县志》卷八："(匡衡)后嗣居峄者，当赵宋避太祖讳，改姓王。"西汉乐安侯匡衡，《容斋四笔》、《容斋五笔》、《野客丛书》并作康衡。匡字有避以"光、辅、刊、纠、兴、正、康"等。

匡改姓王为避讳减偏旁，"作康衡"则是改音近之词。

宋高宗朝和州防御使，宣抚司都统制马扩，《宋史·信王榛传》、《向子諲传》作马广。《宋史》卷二〇六校勘记曰："此因避宋宁宗赵扩讳改。”

毛奇龄《金文学(枢)鲁孺人合葬墓表》:“金氏为西京大姓,然日磾族也。君氏出汉裔,避莽篡,减劉为金,既而复之。至吴越王时,有为民部尚书者,讳王嫌名,仍氏金。”

《元史·儒学传一》:“金履祥……其先本劉氏,后避吴越钱武肃王嫌名,更为金氏。”

《青箱杂记》卷二:“钱武肃王讳镠,至今吴越间谓石榴为金樱,劉家、留家为金家、田家。留住为驻住。”

《广韵·质韵·帅》:“亦姓,本姓师,晋景帝讳,改为帅氏。晋有尚书郎帅昺。”《通志·氏族略四》:“帅氏,音率,……本姓师氏,避晋景帝讳,改为帅氏。”

又,《广韵·东韵·公》:“《晋书》有……成都王帐下督公帅蕃,本姓公师,避晋景帝讳改为公帅氏。《前赵录》有大中大夫公帅式。”

《冷庐杂识》卷二引《名经》:“魏忠贤时,魏氏有去鬼而为委者。”盖恶与其同姓也。

明神宗朱翊钧。《经史避名汇考》卷二三引金嘉会《西湖关庙广纪》:“豫章丰城尹陆大典,见乙卯北畿解头名与帝类,怪之。或告曰:房官阅卷时,闻帝空中呼曰:还我解元。房官亟冠带竦立读卷,另署第一。比拆卷,则秦翊明也。而翊字犯神庙讳,考官为抹去其立,遂与关帝讳同。”

清仁宗睿皇帝颙琰。《讳字谱》:“殿板书遇周颙等古人名,皆改作禺。”

明熹宗朱由校第二子,悼怀太子名慈焴。《康熙太平县志》卷六《人物志》:“朱元育,原名焴,避东宫讳,故删其两旁曰育,字长孺,号月岩。”

《松漠纪闻》:“女真即古肃慎国也。五代时始称女真。后唐明宗时尝寇登州渤海,击走之。其后避契丹讳,更为女直。”下注云:“契丹之讳曰宗真。”

明末兵部尚书杨嗣昌,父名鹤。《明史·宋一鹤传》:杨嗣昌“以一鹤能,荐之,擢右佥都御史,代方孔炤巡抚湖广。……嗣昌父名鹤,一鹤投谒,自署其名曰‘一鸟’,楚人传笑之。”

南朝宋尚书令傅亮,父名瑗。《南史·恩幸传》:“徐爰字长玉,南琅琊开阳人也,本名瑗,后以与傅亮父同名,亮启改为爰。”

宋绍圣间,安惇为从官,章惇为相,安见之,但称享而已。

南朝梁高祖武皇帝萧衍。《南齐书·张岱传》:“兄太子中舍人寅。”校勘记:“寅,《宋书·张茂度传》、《张敷传》并作演。此盖子显避梁武帝嫌名改。”

太平天国避王字,柯超《辛壬琐记》:“王姓为汪,言天惟一王,不得再有王姓也。改琵琶琴瑟等字,不准加上王字。”“琵琶琴瑟”作“比巴今必”。

(二)加偏旁

王羲之,曾祖名览。王羲之书《兰亭序》:“每揽昔人兴感之由,若合一契,未尝不临文嗟悼,不能喻之于怀。”又云:“后之揽者,亦将有感于斯文。”《樵香小记》卷上:“兰亭序‘后之揽者’句,揽当为览,或云通用,或云误笔,其实乃自避家讳,故加‘扌’旁。右军,王览之后也。”“览”加“扌”为“揽”。

《南史·陈庆之传》:“梁世寒门达者唯庆之与俞药。药初为武帝左右,帝谓曰:‘俞氏无先贤,世人云俞钱。非君子所宜,改姓喻。’药曰:‘当令姓自于臣。’”“俞”加“口”为“喻”。

《南史·张敬儿传》:“始其母于田中卧,梦犬子有角舐之,已而有娠而生敬儿，故初名苟儿。……宋明帝嫌苟儿名鄙，改为敬儿。""苟"加"攵"为"敬"。

太平天国避讳用字多有加偏旁者。洪秀全自封天王，其下东王杨秀清，西王肖朝贵，南王冯云山，北王韦昌辉，翼王石达开。故不允许别人用王字，佚名《避难纪略》："贼中禁用王字，凡姓王者，概令添写水旁，写汪字。"或作"狂"，"文狂、武狂"即文王、武王。咸丰皇帝之名，字于咸丰上加犭为狨㺒。避冯云山之讳，云作芸。《钦定敬避字样》："云，凡用以芸字代。"太平天国只承认自己的王为王，姓王者改称"汪"，对封建帝王则不予承认，改称"狂"，于"王"字上加"氵"和"犭"。

太平天国避洪秀全名讳，改"秀"为"莠"。张尔嘉《难中记》："呼秀才曰莠士，以秀字须避伪讳也。"

避孔夫子圣讳，唐宋以来多以缺笔方式为之，至清则加"阝"为"邱"。《说文解字》"邱"字下，清代段玉裁注释说："今制，讳孔子名之字曰邱。"

《东观奏记》卷上："李丕以边城从事，上召至案前，问系绪，丕奏系属皇枝。上曰：'师臣已有一李丕，朕不欲九庙子孙与之同名。'良久，以手画案曰：'丕字出脚，平字也。卿宜改名平。'舞蹈而谢。平后终于邠宁节度使。"此一例为添笔的方式，其例甚少，附于此。

（三）换偏旁

汉景帝王皇后志，字阿渝。《古今姓氏书辨证》卷三〇："郑公子渝弥，周桓王时为郑司徒，后立别族为渝氏，历秦汉至景帝，皇后讳志字阿渝，中元二年，避讳改水为喻，因为喻氏。"《经史避名汇考》卷二四："案《史记》于后讳皆不书，尊之同于帝也。邓氏于景后不详其氏，据云中二年，时薄后已废，栗姬亦以子废忧卒，则为王皇后无疑。然何由考其名字也？”此例改“氵”为“口”。

《颜氏家训·风操》：“刘绍、缓、绥，兄弟并为名器，其父名昭，一生不为照字，惟依《尔雅》火旁作召耳。”此例改“日”为“火”。

《宋史·宋偓传》：“偓本名延渥，以父名下字从水，开宝初上言改为偓。”此例改“氵”为“亻”。

（四）更换偏旁位置

其例甚少，聊备一格。

清户部侍郎景日昣，父名星。景日昣撰《说嵩》卷首例目云：“昔人重家讳，司马史例改同字，恐淆文义。集中星字，先子讳也，变笔为甠，临文之说，盖有未安。”变上下结构为左右结构。

（五）改形近之字

南宋赵葵字南仲，赵范弟也。《同治当阳县志》卷二：“万城在治东南一百二十里，本名方城，传是五代高氏所筑。宋末荆湖制置使赵方曾缮此城，子葵复镇荆湖，避父讳改为万，后改为萬。”“方”、“万”形近。

宋太祖赵匡胤，父追尊宣祖名弘殷。《古今姓氏书辨证》卷三二：“崇宁间有商人殿全，自虔州石城徙居抚州，自言本姓犯宣祖讳下一字，建隆中，其祖以讼至县，县令因字形更为殿氏。”其原姓为殷，改为殿姓，“殷”、“殿”形近。

《北史·崔鉴传》，改崔秉为崔康。《王思政传》，改王思政子王秉为王康。《王肃传》，改王肃弟秉为王康。《薛安都传》，改沮渠秉为沮渠康。都是避唐高祖李渊父昞之嫌讳，取形近。

《经史避名汇考》卷四六引《六书正义》:"(明)嘉靖间,南昌府进士哀贞吉对第进呈,世宗以哀为不祥,举笔加之,赐姓衷,同宗以为荣,俱改衷氏。""哀"、"衷"形近。

《论语·季氏篇》:"且在邦域之中矣。"释文:邦或作封。又,"而谋动干戈于邦内。"释文云:"郑本作封内。""邦"、"封"形近。

《十国春秋》卷八四《吴越八·成及传》:"成及,字弘济,钱塘人,……天宝初避梁庙讳,改姓为咸。""成"、"咸"形近。

五代梁太祖朱晃,曾祖追尊敬祖光献皇帝名茂琳。《讳略》:"敬祖讳茂,并避戊字。……改戊己之戊为武,改戊己校尉为武己校尉,殷王太戊为太武。武与务音相近,后人遂讹读戊为务,失其本音。""茂、戊"《广韵》同为"莫候切","戊"为"茂"之嫌名。"戊"、"武"形近,因而相代。

《游宦纪闻》卷九:"世字因唐太宗讳世民,故今牒、葉、棄皆去世而从云。漏泄、缧绁又去世而从曳。世之与云,形相近;与曳声相近。若皆从云,则泄为沄矣,故又从云而变为曳也。"

金世宗完颜雍,父追尊睿宗名宗尧。《金史·孙即康传》:"章宗问即康,参知政事贾铉曰:'睿宗庙讳改作"崇"字,其下却有本字全体,不若将"示"字依《兰亭帖》写作"未"字。'乃拟'睿宗庙讳上字从"未"'。章宗从之,自此不胜曲避。"

后魏《地形志》:"天水郡上邽县,犯太祖讳,改为上封。"魏太祖名珪。"邽"、"封"形近。

(六)拆字

拆字是将被避字拆成两个字,但这两个字还是一个词。

《经史避名汇考》卷一六:"《旧书·宦官》俱文珍传有韩日华,韩本一字名,因昭宗讳,遂离为二字。"拆"晔"为"日华"。

太平天国以“禾乃”指杨秀清，拆秀字。《钦定前遗诏圣书批解》：“朕是禾王，东王禾乃。”拆“秀”为“禾乃”。

地名也有因避讳拆字而成。江西婺源县秋口乡有白石村，传说毕姓建村在碧波荡漾的小河边，初名碧溪，后因邻村讽以“毕始居毙(碧)溪”，故拆“碧”为“白石”。

四、缺笔

避讳缺笔可以肯定的说起于唐代，前此的例子由于字多别体，难以确定其例。《册府元龟·帝王部·名讳门》载显庆五年正月诏曰：“孔宣设教，正名为首，戴圣贻范，嫌名不讳。比见钞写古典，至于朕名，或缺其点画，或随便改换，恐六籍雅言，会意多爽；九流通义，指事全违，诚非立书之本意。自今以后，缮写旧典文字，并宜使成，不须随义改易。”可见当时缺笔方式已经非常普遍。

唐代初期就有避讳缺笔的例子。

仪凤二年李勣碑，于王世充之世字，缺其中间一笔。此为缺笔之最早之例。

乾封元年赠泰师孔宣公碑，“愚智齐泯”，泯作泜，此为唐碑中避讳缺笔之始见。

乾封元年于志宁碑，“世武”世字作卅。

隋代文献中已有避讳缺笔之例，陈垣《史讳举例》以为尚不能作为确证，而归之于“六朝别体”，或“一时讹误”。以平心论之，似可视为避讳缺笔之萌芽。《雪堂校刊群书叙录》下云：“往在武汉，于杨星吾舍人许，见所藏古写本，春秋集解桓公残卷，然观桓公十八(当作十六)年传，冬城向，注引诗‘定之方中’及‘此未正中也'，二中字作'𠁩'，缺末笔之下半，避隋讳，乃隋写本，非出北齐，舍人未之知也。"又跋敦煌本文选云："王文宪集序内，衷字缺笔作哀，为隋代写本，尤可珍。"以上避隋文帝杨坚父杨忠之讳。

《十驾斋养新录》卷七："予见宋板经籍，遇轩辕二字辄缺笔。初未详其说，后读李氏《通鉴长编》，载，大中祥符五年十月戊午，九天司命上卿保生天尊降于延恩殿，自言：吾人皇九人中一也，是赵之始祖再降，乃轩辕黄帝。凡世所知少典之子，非也。母感电梦天人，生于寿邱，后唐时七月一日下降，捴治下方，生赵氏之族，今已百年矣。闰十月己巳，上天尊号'圣祖上灵高道九天司命保生天尊天帝'。壬申，诏圣祖名上曰玄，下曰朗，不得斥犯。以七月一日为先天节，十月二十四日为降圣节。七年六月己卯朔，诏内外文字，不得斥用黄帝名号故事，其经典旧文不可避者，阙之。乃悟轩辕二字缺笔之由。"

《十驾斋养新录》卷一三："契丹僧行均《龙龛手鉴》四卷，予所见影宋钞本，……书中完字缺末一笔，知是南宋所钞。"

后赵太祖武皇帝石虎。《金石文字记》卷五：唐国子学石经，今在西安府学，"凡经中虎字皆缺末笔，作虎、虓、號、虢、饕、滮、篪、褫"字皆同。

《南省公馀录》卷四："睿庙之讳，只须敬就本字缺笔，并无偏旁字缺笔明文，而今人每于谈字、淡字之右下，亦作又，则无所据矣。"

清人书中，为避康熙皇帝玄烨之讳，凡于"弦、纮、眩、舷、痃、泫、铉、炫、衒"一类字，依例缺其玄字末点。对孔子的圣讳丘字，除了加"阝"外，往往于"丘"字缺其竖笔，也是采用的缺笔的方式。

五、析言

析言指将一个词语分拆开来，形成多个词语。

《路史·国名纪》己一，五帝之世有玄都氏。注云："玄都氏避圣祖讳为元氏、都氏。"该例将一个双音词拆为两个单音词。

周密《齐东野语》卷四："晋高祖讳敬瑭，析敬字为文氏、苟氏，至汉乃复旧，至本朝避翼祖讳，复析为文、为苟。"敬氏分别避五代晋高祖石敬瑭嫌讳和宋太祖之祖追尊翼祖简恭皇帝赵敬之讳，两次改姓，都是将敬字分拆为文、苟。该例是将一个字分拆为两个词语，与"变体"中的"拆字"不同，拆字分拆后形成一个词语。附于此。

六、空字

空字的方式有四类：一是空其字而不书，二是作空围，如□，三是作某，四是标讳。

(一)空而不书

清赵翼《廿二史劄记》"唐人避讳之法"条："删去其所犯之字，如《梁书》萧渊明、萧渊藻，但称萧明、萧藻，《陈书》韩擒虎但称韩擒是也。"

贞观三年等慈寺塔记，称王世充为王充，避太祖李世民讳而空字。

显庆四年大唐纪功颂，王世充俱作王充。

仪凤二年李勣碑，本名世勣，避太祖李世民讳，而称勣。

《史记》、《汉书》于汉诸帝纪皆不书名，也属空字的情况。

五代周太祖郭威，父追尊庆祖章肃皇帝名简。《宋史·王易简传》："王易简字国宝，京兆万年人。"周朝讳简，易简止称易。

《宝章待访录》辨才弟子草书《千文》条：右黄麻书，在龙图阁直学士吴郡滕元发处，滕以为智永书。某阅其前空两"才"字，全不书，固已疑之，后复空"永"字，遂定为辨才弟子所书，故特缺其祖、师之名耳。

梁太祖朱温，父追尊烈祖文穆皇帝名诚。《旧唐书·哀帝纪》：天祐二年七月，"敕全忠请铸河中、晋、绛诸县印，县名内有城字并落下，如密、郑、绛、蒲例，单名为文"。

北齐高祖神武皇帝高欢，父追尊文穆皇帝名树生。《南齐书·魏虏传》北魏淮阳太守鹿树生，《魏书·良吏传》但称鹿生，《经史避名汇考》卷一三："以鹿二名与文穆正同，故（魏）收避国讳去树字也。"

《通志·氏族略》卷六载："淳于氏，避唐宪宗讳改为于氏。"唐宪宗名纯。

《崇文总目》卷三有《续蒙求》三卷，王殷范撰，钱侗云："按《通志略》作王范，无殷字，避讳删去。"宋太祖赵匡胤，父追尊宣祖名弘殷。

《四朝闻见录》戊集："姑苏地名韩墩，产梨为天下冠，比之诸梨，其香异焉。中都谓之韩墩梨。后因光皇御讳，改为韩村梨。至（韩）侂胄专国，馈之者不敢谓韩村，直曰韩梨。"此例先是避宋光宗赵惇之嫌讳，改"墩"为"村"，后又以"韩村"于韩侂胄为不吉，乃空其"村"字。

杨行密父名怤，与夫同音，改文散诸大夫为大卿，御史大夫为御史大卿。至有《兴唐寺钟题志》云："金紫光禄大，兼御史大，及银青光禄大。”皆直去夫字，尤为可怪。

《后汉书·爰延传》：“陛下以河南尹邓万有龙潜之旧，封为通侯。”万下脱世字。避唐太宗李世民讳。

《魏书·天象志三》：“齐将陈达伐我南鄙，陷沣阳。”陈达即陈显达。此为避唐中宗李显名讳。《魏书》为北齐魏收撰，早于唐代，此为后人改避。

《南史·何尚之传》：“义宣司马竺超。”按南郡王义宣、张畅、畅子融等传，俱作竺超人。《宋书》作超民，《南史》避唐讳，改民为人，或去下一字。

《新唐书·儒学传》：元行冲“少孤，养于外祖司农卿韦机。”即韦弘机，避赵匡胤父追尊宣祖武昭皇帝弘殷之讳去上一字。

《新五代史·后赞传》，后赞，《通鉴》作后匡赞。《王景崇传》“永兴赵赞”亦本名匡赞，赵延寿之子也。《吴越世家》“子佐立”，本名弘佐，弘倧、弘俶皆仿此。《南唐世家》：“燕王冀为太子。”亦本名弘冀。《新五代史》宋欧阳修撰，避宋太祖赵匡胤讳空“匡”字，避赵匡胤父弘殷讳空“弘”字。

《宋史·艺文志四》：“李遵《天圣广灯录》三十卷。”本李遵勖撰，避后唐庄宗李存勖之讳去勖字。

五代唐末帝李从珂。《五代会要》卷四：“清泰二年五月，中书门下奏：御名上字与诸王相连，按太宗、玄宗庙故事，人臣诸王合避相连字，改从单名，从之。”

宋人岳珂《桯史·东坡属对》：“承平时，国家与辽欢盟，文禁甚宽，辂客者往来，率以谈谑诗文相娱乐。元祐间，东坡尝膺是选。辽使素闻其名，思以奇困之。其国旧有一对曰：‘三光日月星’，凡以数言者，必犯其上一字，于是遍国中无能属者，首以请于坡。坡唯唯谓其介曰：‘我能而君不能，亦非所以全大国之体。

"四诗风雅颂"天生对也。盍先以此复之。'介如言,方共叹愕。坡徐曰:'四德元亨利。'使睢盱,欲起辨。公曰:'而谓我忘其一耶?谨阏而舌!两朝兄弟邦,卿为外臣,此固仁祖之庙讳也。'使出其不意,大骇服。"

(二)作空围

《南齐书》为避梁武父顺之之讳,凡顺字皆改为从,遇顺之名则空之。汲古阁本犹存其旧,于豫章文献王嶷传宋从帝下,注"北雍本作顺,宋本讳",其下载王嶷上武帝启,有"前侍幸□宅"语,□下注"顺之,宋本讳",此乃幸萧顺之宅,故子显直空其字耳。

《鱼腹侯子响传》,萧顺之则作□,其下注一"顺"字。又加一圈云"宋本讳",凡此今本皆直书,盖据《南史》改。

(三)作某

吴元满《六书正义》:"某,未定之词,知其名不敢犯讳皆曰'某'。"

周广业《历代避名汇考》卷二:"以某代名,自周迄汉并然,至三国志始于帝纪书讳。"

《尚书·金縢》:"惟尔元孙某,遘厉虐疾。若尔三王,是有丕子之责于天,以旦代某之身。"此为以"某"称武王姬发。孔传:"元孙武王,某名,臣讳君故曰某。"

此为避讳作某之最早例。

《汉书·高帝纪》:"始大人常以臣亡赖,不能治产业,不如仲力,今某之业所就孰与仲多?"此为汉高祖刘邦自称其名,班固不欲直斥其名,讳曰"某"。

《史记·孝文本纪》:“子某最长,纯厚慈仁,请建以为太子。”某谓景帝刘启。

《汉书·王莽传》:“梓潼人哀章,学问长安,素无行,好为大言。见莽居摄,即作铜匮,为两检,……其一署曰:‘赤帝行玺某传予黄帝金策书’。某者,高皇帝名也。”

《三国志·崔琰传》裴注引《魏略》曰:许攸字子远,“自恃勋劳,时与太祖相戏,每在席,不自限齐,至呼太祖小字曰:‘某甲,卿不得我,不得冀州也。’”此为许攸呼魏武帝的小字“阿瞒”,《魏略》不敢斥名,讳之。

南朝齐太祖高皇帝萧道成。《南齐书·祥瑞志》载会稽剡县刻石,“文曰:黄天星,姓萧字某甲,得贤帅,天下太平。”《南史·齐本纪》上“某甲”作“道成”。

《朱子语类》,为朱熹门人所记,书中但称先生而不名,遇朱子自名,则盖代以“某”字。

《豫变纪略》卷四:“贼至柘城县,……不知何人所书《归去来辞》也,使诵之。至晨光熹微句,方脱口,帅遽曰:‘止,止!汝非秀才也。当作某微,何乃作熹微乎?’陈愕然良久始悟,乃前对曰:‘熹作某读,避考亭夫子讳也,唯《毛诗序》及《四书章句》则然耳。’”

(四)标讳

标讳的方式是将帝王名字隐去不书,而代以“讳、上讳、御讳”等字。一般只用在帝王名字上,偶也用于地名等处。标讳一法的使用,以魏晋至隋唐较为多见。

许慎《说文解字》于禾部光武讳秀字、艹部明帝讳莊字、火部章帝讳炟字、戈部和帝讳肇字、示部安帝讳祜字,皆注曰“上讳”,

空其字不书。

《三国志》卷五《魏后妃传》裴注引《魏书》:“(甄)后笑答之曰:讳等自随夫人,我当何忧!”此处“讳”当指魏文帝曹丕。

《宋书·武帝纪》于书檄诏策等,称刘裕曰刘讳,而其间亦有称裕者。数行之中,忽讳忽裕,皆后人校改。又永初元年六月,书“立彭城公义隆为宜都王”,八月则书“荆州刺史宜都王讳进镇西将军”。忽称义隆,忽称讳,亦后人校改。

《宋书·文帝纪》,元嘉十三年九月,立“第三皇子讳为武陵王”。第三皇子即孝武帝刘骏。《宋书·孝武帝纪》,孝建二年正月“以冠军将军湘东王讳为中护军”。湘东王即明帝刘彧,皆称以讳而不名。

《宋书·顺帝纪》,升明三年正月“新除给事黄门侍郎萧讳为雍州刺史”,谓文惠太子长懋也,即郁林王昭业父,追尊文帝。同年三月“以中军大将军讳为南豫州刺史”,谓齐武帝萧赜也。《萧思话传》“南汉中太守萧讳”,萧讳者,萧道成之父承之,追谥宣帝者也。《略阳清水氏传》“思话使司马萧讳先驱进讨”,亦谓承之。

《旧唐书·睿宗纪》:“临淄王讳举兵诛诸韦、武。”临淄王即玄宗。《旧唐书》于太宗、高宗、中宗纪,皆直书高宗、中宗、睿宗之名,此纪于玄宗独称讳,盖五朝之史成于玄宗之世,后世承袭其文,未及改正耳。此似表现对当朝皇帝名讳的特别避讳。

唐睿宗李旦,初名旭轮。《经史避名汇考》卷一六:“《元和志》陇右道洮州:贞观五年,置御讳州。广业案,此旭州也,犯睿宗讳。李氏原文当夹注,传抄遂连书之。”

《隋书》卷一“校勘记”以此所谓御讳州乃宋人刊《元和志》时,避宋神宗赵顼嫌名改,当是周氏说误。

七、加字

与空字相反的情况是加字，其例甚为少见。

《清史稿·陈廷敬传》："陈廷敬，初名敬，字子端，山西泽州人。顺治十五年进士，选庶吉士。是科馆选，又有顺天通州陈敬，上为加廷字以别之。"

此为避同的例子，加字以别之。

八、换序

《铁围山丛谈》卷二："宰相堂食，必一吏味味呼其名，听索而后供，此礼旧矣。独'菜羹'以其音颇类鲁公姓讳，故回避而曰'羹菜'，至今为故事。"因"菜羹"音近"蔡京"，故换序称"羹菜"。

此类为数甚少，罗列于此，以备一格。

九、曲说

曲说是用迂回曲折的方式进行描写，达到回避的目的。

宋郑思肖《先君菊山翁家传》："先君字叔起，号菊山，名与字之下字同，昔年尝名正东方之卦。"盖名起，尝名震。《周易·说卦》："万物出乎震。震，东方也。"

《吴越备史》卷一引罗隐《贺昭宗改名表》称唐昭宗李晔："左则姬昌之半字，右为虞舜之全文。"合昌之半"日"与重华之"华"为晔字。事亦见《唐才子传》。

令狐楚《贞陵遗事》称唐武宗李炎："会昌末年，武宗忽改御名为火下火。”《因话录》卷五：“武宗皇帝庙讳炎，改两火相重。”亦此类。

《梦溪笔谈》卷三称宋神宗赵顼：“予家有阎博陵画唐秦府十八学士，各有真赞，亦唐人书，多与旧史不同。……苏典签名从日从九，唐书乃从日从助。”此为避顼嫌名旭和勖。

王楙《野客丛书》卷九“髯奴事”：“(王)炳之，仆曾大父也，上字讳伯，下字讳虎。”

《宋史·礼志十一》：“嘉定十三年十月，司农寺丞岳珂……又言，‘钦宗旧讳二字，其一从亶从旦，其一从火从亘，皆合回避。乞并下礼、寺讨论，颁降施行。’既而礼、寺讨论：‘所有钦宗、孝宗旧讳，若二字连用，并合回避，宜从本官所请，刊入施行。’从之。”

明熹宗朱由校。《明史·礼志五》：“天启元年正月，从礼部奏，凡……从木加交字者，俱改为较。”

清仁宗睿皇帝颙琰。《南省公馀录》卷四：“仁宗睿皇帝……下一字右旁之下作又字。”

十、填讳

留空不书，请他人代填。明邵经邦作《一鉴亭记》，其父名鉴，故鉴字不自书，其下注云：“李坰填讳。”旧时子孙为先人撰行状碑志，必请人代书祖先名号。

《经史避名汇考》卷三十九：“朱国祚，字兆隆，秀水人，万历癸未状元。官少傅，谥文恪。其孙太史彝尊刻《明诗综》，属鄞人林时为填讳。遇祚字缺末笔。”

十一、覆黄

胡安国《春秋传》卷首论名讳札子："臣今奉旨纂修，……于渊圣御名亦不改易本字，覆以黄纸。庶几名实不乱，上尊春秋之法，亦以消臣子谄谀之端。"

《经史避名汇考》卷二〇引《遗史·儒臣传》："元祐间，程颐为讲官，所讲有'容'字，中人以黄覆之，曰：'上藩邸旧名也。'颐讲毕，进言曰：'人主之势，不患不尊，患臣下尊之过甚。请自今旧名、嫌名，皆勿复避。'"哲宗旧名傭，容为嫌名。

金太宗名完颜晟。《金史·乐志上》："初，太宗取汴，得宋之仪章钟磬乐簴，挈之以归。皇统元年，熙宗加尊号，始就用宋乐。有司以钟磬刻'晟'字者，犯太宗讳，皆以黄纸封之。"

覆黄一式，其自宋代，蔓延至金，后代鲜见。

十二、歇后

北齐高祖神武皇帝高欢，父追尊文穆皇帝名树生。《资暇集》下："呼奴为邦者，盖旧谓章仆之未冠者曰竖，人不能直言其奴，因号奴为竖。高欢东魏用事，……讳树，而威权倾于邺下，当是群寮以竖同音，因目奴为邦，义取'邦君树塞门'，以句内有树字，假竖为树，故歇后为言。今兼删去君字呼之。"《论语·八佾篇》："邦君树塞门。"

第五章　避讳的规则

避讳自从其产生起，就表现出复杂的情况，这一方面是由于避讳是从几种禁忌发展而来，其产生的社会和心理根源不同，另一方面是避讳的使用者对避讳有不同的理解，甚或是避讳的推行者出于不同的目的，而使用避讳，因而运用了不同的规则。对于避讳规则记载较早而且较为集中的是《礼记》，作为贯穿整个封建社会，对当时的人们进行思想统治，进而规范其行为的古代典籍，其重要性是不言而喻的。较为突出的是，历代统治者都向《礼记》中寻找避讳的规则，以证明避讳的合理性。

《礼记·曲礼上》："卒哭乃讳。礼，不讳嫌名。二名不偏讳。逮事父母，则讳王父母。不逮事父母，则不讳王父母。"郑注：逮，及也。谓幼孤不及识父母，恩不至于祖名。孝子闻名心瞿，讳之由心，此为庶人。适士以上庙事祖，虽不逮事父母，犹讳祖。"君所无私讳。"郑注：谓臣言于君前不避家讳，尊无二。"大夫之所有公讳。"郑注：辟君讳也。"诗书不讳，临文不讳，庙中不讳。夫人之讳，虽质君之前，臣不讳也。"郑注：臣于夫人之家恩远也，质犹对也。"妇讳不出门。"郑注：妇亲远，于宫中言辟之。"大功小功不讳。"

以上关于避讳的记载集中地表现了当时的社会观念和准则。后代对于避讳规则的讨论更为细致，在对于《礼记》所载规则予以发展的同时，也表现出在不同时期、出于不同的目的，而对古代规则进行了不同的取舍。

一、嫌名不讳

《礼记·曲礼上》："礼，不讳嫌名。"郑玄注："为其难辟也。嫌名谓其音声相近，若禹与雨、丘与区也。"

嫌名是指与所避之字同音的字，避嫌名是避讳在语音方面的扩展。先秦时期还没有见到避嫌名的例子，其原因在于先秦文献中关于避讳的例子不多，多集中于称名，而于行文之间多不避讳。而不避嫌讳的情况则较为常见。

顾炎武《日知录》卷二十三："卫桓公名完，楚怀王名槐，古人不讳嫌名，故可以为谥。"这是以名为谥的例子。周人"死谥"，其谥号对其生前所为进行一个概括的评价，"桓"、"怀"分为其谥号。"桓"、"完"同音，"怀"、"槐"同音，以名字的同音字，也即嫌名作谥号，在后代都是避免的，而春秋以前不避，是古人不避嫌名之证。

《讳略》："始皇讳政，并避正。改正月为端月。此避嫌讳之始也。"

《讳略》的结论不妥，《史讳举例》有所论及："政与正本通，始皇以正月生，故名政。《集解》引徐广曰：一作正。宋忠云：以正月旦生，故名正。避正非避嫌名也。"

宋周密《齐东野语》：三国吴时，有"言功以权成"，盖斥孙权之名。《南史》有"宁逢五虎"及"虎视"之语，则唐高祖之祖之名讳虎字亦不尽避。

嫌名之有讳，在汉末之间。晋羊祜为都督荆州诸军事，及薨，荆州人为祜讳，名室户皆以“门”为称，改户曹为“辞曹”，此讳嫌名之始也。

《晋书·羊祜传》：“祜卒，荆州人为祜讳名，屋室皆以门为称，改户曹为辞曹。”嫌名之讳，遂浸成风俗。其后晋简文帝名昱，改育阳县为云阳。桓温父名彝，改平夷郡曰平蛮，夫夷县曰扶县，夷道县曰西道。

隋唐以后，避嫌名之例渐多。

《册府元龟》也记载：咸通十二年，分司侍御史李蹊进状曰：“臣准西台牒及金部称，奉六月二十七日敕，内园院郝景全事奏状内‘讼’字音与庙讳同，奉敕罚臣一季俸者。臣官位至卑，得蒙罚俸，屈与不屈，不合有言。而事关理体，若便隐默，恐负圣时，愿陛下宽其罪戾，使得尽言。臣前奏状称‘准敕因事告事，旁讼他人’，是咸通十一年十月十三日敕语，臣状中具有‘准敕’字，非臣自撰辞句。臣谨按，《礼》不讳嫌名，又按《职制律》，诸犯庙讳嫌名不坐，注云：谓若‘禹’与‘雨’。疏云：谓声同而字异。注疏重复，至易分晓。伏惟皇帝陛下明过帝尧，孝逾大舜，岂自发制敕而不避讳哉。故是审量礼律，以为无妨耳。即引陛下敕文而言，不敢擅有移改，不谓内园便有此论奏也。臣非敢诉此罚俸也，恐自此有援引敕格者，亦须委曲回避，便成讹弊。臣闻赵充国为将，不嫌伐一时事，以为汉家后法。魏徵为相，不存形迹，以致贞观太平。臣虽未及将相，忝为陛下持宪之臣，岂可以论俸为嫌，而致使国家敕命有误也。愿陛下留意察纳，别下明敕，使自后章奏一遵礼律处分，则天下幸甚。”敕免所罚。

《新唐书·李蹊传》：蹊曾“劾奏内园使郝景全不法事，景全反摘蹊奏犯顺宗嫌名，坐夺俸。蹊上言：‘因事告事，旁讼他人’者，咸通诏语也。礼，不讳嫌名；律，庙讳嫌名不坐。岂臣所引诏书而有司辄论奏？臣恐自今用格令者，委曲回避，旁缘为奸也。诏不夺俸。”

《日知录》卷二十三：“后魏《地形志》：‘天水郡上邽县，犯太祖讳，改为上封。’魏太祖名珪。”《魏书·地形志下》：“上封前汉属陇西，……犯太祖讳改。”

《日知录》论避嫌名：唐玄宗御删定《礼记·月令》，曰“野鸡入大水为蜃”，曰“野鸡始雊”，则讳“雉”，改雉为“野鸡”，以“雉”与“治”同音也。【王氏曰】嫌名之讳，盖始于隋，隋文帝父名忠，而官名有“中”字者皆改为“内”。李林甫序曰：“璇枢玉衡，以齐七政。”则讳“玑”。德宗《九月九日赐曲江宴诗》：“时此万枢暇，适与佳节并。”则讳“机”。以与“基”同音也。《南史》刘秉不称名而书其字曰彦节，则讳“秉”，以与“昞”同音也。又如武后父讳士彟，而孙处约改名茂道，韦仁约改名思谦。睿宗讳旦，而张仁亶改名仁愿。玄宗讳隆基，而刘知几改名子玄。箕州改名仪州。德宗讳适，而括州改名处州。顺宗讳诵，而“斗讼”律改为“斗竞”。宪宗讳纯，凡姓淳于者改姓于，唯监察御史韦淳不改。既而有诏，以陆淳为给事中，改名质，淳不得已，改名处厚。而玄宗以南诏酋龙，名近玄宗讳，遂不行册礼。则退之所言，亦未为定论也。

唐自中叶以后，即士大夫亦讳嫌名，故旧史以韩愈为李贺作《讳辩》为纰缪。而《贾曾传》则曰：“拜中书舍人，曾以父名忠，固辞。议者以为中书是曹司名，又与曾父名音同字别，于礼无嫌，曾乃就职。”《懿宗纪》则曰：“咸通二年八月，中书舍人卫洙奏状称：‘蒙恩除授滑州刺史，官号内一字与臣家讳音同，请改授闲官。’敕曰：‘嫌名不讳，著在礼文。成命已行，固难依允。’”是又以为不当讳也。

南唐元宗初名璟，避周信祖庙讳，改名景，是不讳嫌名。

五代李昇代吴王杨溥称帝，建南唐国。《资治通鉴·后晋纪二》："（南唐）群臣争请改府寺州县名有吴及阳者，留守判官杨嗣请更姓为羊。徐玠曰：'陛下自应天顺人，事非逆取，而谄邪之人专事更改，咸非急务，不可从也。'唐主然之。"

《资治通鉴》的记载表明了当时在避嫌名问题上的混乱。"改府寺州县名有吴及阳者"，是避"杨"之嫌名，而"杨嗣请更姓为羊"，改杨为羊，"杨、羊"《广韵》"与章切"，同为以母阳韵，是不避嫌名。

宋代避嫌名较为严格。用字较繁。绍定《礼部韵略》所载"淳熙重修文书式"载，宋高宗赵构的嫌名最多，达五十五字。

《日知录》卷二十三：宋代制度，于嫌名字皆避之。《礼部韵略》凡与庙讳音同之字皆不收，太祖讳匡胤，十《阳部》去王切一十三字，二十一《震部》羊晋切一十一字皆不收，它皆仿此。朱子《周易本义·姤卦》下以"故为姤"作"故为遇"，避高宗嫌名也。【原注】宋板书"贞"字、"完"字多是缺笔。贞音同"祯"，仁宗讳；完音同"桓"，钦宗讳。《雍录》以贞女树为"正女木"，树音同"曙"，英宗讳。岂不闻《颜氏家训》所云："吕尚之儿如不为上，赵壹之子傥不作一，便是下笔即妨，是书皆触者乎？"【原注】金章宗泰和元年七月己巳，初禁庙讳同音字，盖亦仿宋制也。明代不讳嫌名，如建文年号是也。

《万历野获编》卷一："宋钦宗讳桓，则并嫌名丸字避之。科场韵脚用丸字者，皆黜落。"

《经史避名汇考》卷二〇引《遗史·儒臣传》："元祐间，程颐为讲官，所讲有'容'字，中人以黄覆之，曰：'上藩邸旧名也。'颐讲毕，进言曰：‘人主之势，不患不尊，患臣下尊之过甚。请自今旧名、嫌名，皆勿复避。’”

元明以后，是否避嫌名，则有很大的随意性。

徐珂《清稗类钞·姓名类》：“庙讳御名，前代悬为厉禁，列圣谕旨，亦只令敬避下一字。世宗见臣工有避嫌名者，辄怒曰：‘朕安得有许多名字？非朕名而避，是不敬也。’”

《礼部韵略》入声屋韵“畜”字注引元祐五年太学博士孙谔等陈乞云：至今场屋用“畜”“慉”二字，不问义训音切，并以蓄字代之，殊失文理。……且向来讳殷不讳因，讳敬不讳径，今畜慉二字，乞许从便押用。

《东轩笔录》卷九：“刘攽、王介同为开封府试官。举人有用‘畜’字者，介谓音犯主上嫌名，攽谓礼部先未尝定此名为讳，不可用以黜落，因纷争不已。而介以恶语侵攽，攽不校。既而御史张戬、程灏并弹之，遂皆赎金。御史中丞吕公著又以为议罪太轻，遂夺其主判。其实中丞不乐攽也。”又曰：“时试‘节以制度不伤财’赋，举子多用‘畜积’字，畜本音许六反，广韵又呼玉反，声近御名，介坚欲黜落，攽争之，遂至诟忿。监试陈襄闻其事，遂夺主判。”《东都事略》卷七：“考试开封府，进士程文有用‘小畜’字者，王介谓犯神宗嫌名，攽曰：‘此六畜之畜，亦嫌名也？’因纷争。御吏劾之，遂出通判泰州。”王铚《四六话》卷下：“神宗初即位，王介中父、刘攽贡父，同考进士。中父以举人卷子用‘小畜’字，畜字与御名同音，贡父争以为非。中父不从，固以为御名，贡父曰：此字非御讳，乃中父家之讳也。因相诟骂。既出试院，御史以为言，贡父坐罢同判太常礼院，罚铜归馆。”

二、二名不偏讳

《礼记·曲礼上》:"二名不偏讳。"郑玄注:"偏,谓二名不一一讳也。孔子之母名徵在,言在不称徵,言徵不称在。"

"二名不偏讳"的意思是说,如果名字是两字的,每一个单字不用避讳,只有连在一起的时候,才需要避讳。

《左传》载,宋武公名司空,改"司空"为"司城",是二名不偏讳之证也。

南朝齐高帝萧道成,父追尊宣皇帝名承之。《南齐书·礼志上》:"二名不偏讳,所以改承明门为北掖,以榜有之字与承并。东宫承华门亦改为宣华云。"这是因为"承明之门"中"承"、"之"二字同时出现于门名之上,所以要避讳改名。

《史讳举例》卷五:王莽新朝,禁二字为名,其俗延续近三百年,"宋齐而后,二名渐众。南齐太祖名萧道成,《南齐书·薛渊传》云:本名道渊,避太祖偏讳改。是二名偏讳,南齐已然"。至唐代,遂蔓延泛滥。

《旧唐书·太宗纪上》:太宗诏曰:"依《礼》二名不偏讳,近代已来,两字兼避,废阙已多。……官号人名、公私文籍,有世民两字不连续者,并不须讳。"本例可以看出,当时二名偏讳已经成为风气,但偶有开明君王并不要求如此。

杜佑《通典》卷一百〇四:"大唐武德九年六月,太宗居春宫,总万机,下令曰:依礼,二名不偏讳。……其官号人名及公私文籍,有'世'及'民'两字不连读者,并不须讳避。"《旧唐书·高宗纪上》:贞观二十三年七月丙午,"改治书侍御史为御史中丞,诸州治中为司马,别驾为长史,治礼郎为奉礼郎,以避上名。上以贞观时不讳先帝二字，诏有司，奏曰：'先帝二名，礼不偏讳，上既单名，臣子不合指斥。'上乃从之。"【原注】《通典》又言："太宗时，二名不相连者并不讳，至玄宗始讳之。然永徽初已改'民部'为'户部'，而李世勣已去世字单称勣矣。"又按，"《隋书》修于太宗时，而中间多有改'世'为'代'，改'民'为'人'者，此唐人偏讳之始。"【阎氏曰】按吾邑晋祠有唐太宗御制碑，碑阴载当日从行诸臣姓名，内有李勣，已去"世"字，是唐太宗在日已如此，不待永徽初也。此段可补史传之阙。

后唐明宗名嗣源，《全唐文》卷一百〇八载其敕。天成元年六月，敕曰："古者酌礼以制名，惧废于物；难犯而易避，贵便于时。况徽在二名，抑有前例。以太宗文皇帝自登宝位，不改旧称，时即臣有'世南'，官有'民部'，靡闻曲避，只禁连呼。朕猥以渺躬，托于人上，止遵圣范，非敢自尊。应文书内所有二字，但不连称，不得回避。若臣下之名不欲与君亲同字者，任自改更，务从私便，庶体朕怀。"

金哀宗完颜守绪。《中州集》卷七："李节字正臣，……历威戎、扶风令。初名守节，哀宗即位，去守字。哀宗知其名，谓侍臣曰：吾不欲人避上一字，李守节何故避之？良久，曰：臣子敬君，避之亦可。"

《愧郯录》卷二：治平元年十一月三日，翰林学士贾黯奏请毋得连用仁宗旧名，自后遂著之文书令，为不刊之典。

《南史·萧琛传》："（琛）尝犯武帝偏讳，帝敛容。琛从容曰：'二名不偏讳，陛下不应讳顺。'上曰：'各有家风。'琛曰：'其如礼何？'"

《癸辛杂识》续集卷下："省吏屠节尝出知通州（应为道州），太守省札，其本房书吏以避贾相之名，遂书作某人知春陵州事。贾见之大怒，批出云：'二名不偏讳，临文不讳，皆见于礼经。今屠节乃敢擅改州名，可见大无忌惮，使不觉察，岂不相陷？'决欲黜之，后以诸省吏罗拜恳告，遂从编置。"南朝宋齐有春陵县，治在道州境内，书吏以旧称代之。

此为避权臣贾似道之讳，二名偏讳及于臣子，也是避讳蔓延之例。

三、卒哭乃讳

《礼记·檀弓上》："卒哭而讳，生事毕而鬼事始已。既卒哭，宰夫执木铎以命于宫曰：'舍故而讳新。'自寝门至于库门。"《礼记·曲礼上》："卒哭乃讳。"郑玄注："敬鬼神之名也。讳，辟也。生者不相辟名，卫侯名恶，大夫有名恶。君臣同名，春秋不非。"孔颖达疏："正义曰：古人生不讳，故卒哭前犹以生事之则未讳，卒哭后服已变，神灵迁庙，乃神事之。敬鬼神之名故讳之。"卒哭：古代丧礼，百日祭后，止无时之哭为朝夕一哭，名为卒哭。《仪礼·既夕礼》："三虞卒哭。"注："卒哭，三虞之后祭名。"虞：古时葬后拜祭称虞，《礼记·檀弓下》："日中而虞。"疏："虞者，葬日还殡宫安神之祭名。"《仪礼·既夕礼》"三虞"郑玄注："虞，丧祭名。虞，安也。"唐贾公彦疏："主人孝子，葬之时，送行而往，迎魂而返，恐魂神不安，故设三虞以安之。"郭嵩焘《礼记质疑》："《左氏传》：'周人以讳事神。'是讳名之典，创自有周三代，传国皆数百年。周世之传三十，又上推之以至于帝喾，而名有不胜讳矣。是以卒哭乃讳，卒哭而祔，祔则昭穆各以次定而将上祧其祖；所祧之祖不复讳，亲尽故也。如穆王满十六世而有王孙满，厉王胡十七世而有厘王胡齐。又如夷王十三世有简王夷，定王五世有慎靓王定，亦不闻讳夷王定王之称，五世亲尽不讳可知。殷以前本不闻有讳，以干纪号而不立谥，殷制也。据《史记》，汤号天乙，其名曰履；称帝乙者，以帝加之。郑以为同名，非也。”

《仪礼注疏》贾公彦疏卷第四十三：“死三日而殡，三月而葬，遂卒哭。注：谓士也。杂记曰：大夫三月而葬，五月而卒哭。诸侯五月而葬，七月而卒哭。”

按照《仪礼》和《礼记》的记载，名字的避讳应在人死之后，百日哭奠仪式完毕，始讳其名。

“生事毕而鬼事始”，避讳实际上是“鬼事”的内容之一。古人对于“鬼事”有着非常矛盾的心理，一方面，祖先崇拜表明了古人对于死去的祖先有着敬若神明的心理，祈求他的保佑；另一方面，阴阳相隔的境况又使他们对鬼神有着惧怕的心理，希望他不要作祟来祸害自己的家族。这种敬畏交加的矛盾心理正是通过避讳恰当地表现了出来。通过避讳使得人和鬼神之间割断联系，从而避免鬼神可能带来的伤害。从《礼记》、《仪礼》等著作的记载来看，古人有着这样一种观念，即，鬼神的威力，一方面与其生时的地位有关，另一方面又与其死去的时间有关。地位越高，威力越大，需要更长的时间去消解，所以避讳时间长。而地位低下的人只需要较少的时间去消解，所以避讳时间短。

后唐高祖石敬瑭。《旧五代史·晋少帝纪一》：天福七年六月，高祖崩。七月“戊子，诏应宫殿、州县及官名府号、人姓名，与先帝讳同音者，改之”。《册府元龟》卷三：天福七年，敕改“合州石镜为仙览，复州竟陵为景陵”。

此一例仍遵照古礼，死后而讳，但已不及百日之后，六月卒，七月即讳其名。按“诸侯五月而葬，七月而卒哭”的规矩，其讳名的时间大大地缩短了，也可作为古礼不存的证明了。秦代以后，避讳之礼多有变化，古礼之死讳制度，为生讳所代替，帝王名字多生讳。故于避庙讳之外，还同时避御名。

张世南《游宦纪闻》云："生曰名，死曰讳，世俗往往有台讳、尊讳之语，是称生人亦曰讳，乃不祥之甚也。今时俗口语亦尚多如此，不可不检。"

顾炎武《日知录》卷二十三："文宗开成中，刻石经，凡高祖、太宗及肃、代、德、顺、宪、穆、敬七宗讳，并缺点画；高、中、睿、玄四宗，已祧则不缺；文宗见为天子，依古卒哭乃讳，故御名亦不缺。"

《避讳录》卷三云："文宗名昂，开成石经《左传》文公宣公卷内昂字不缺笔，以生则不讳也。"生不讳说，本《日知录》；《左传》文公宣公卷内昂字不讳说，本《金石萃编》，皆误。钱大昕说："九经无昂字，设有之，亦必缺笔。亭林偶未检唐史本纪，以意揣度，遂有此失。"

钱大昕对顾炎武的看法持不同观点。"唐人避上讳，如章怀太子注《后汉书》，改治为理，正在高宗御极之日，初无卒哭乃讳之例也。文宗本名涵，即位后改名昂，故石经不避涵字。亭林失记文宗改名一节，乃有卒哭而讳之说，疑误，后学不可不正。"钱说为是，几乎从秦汉以来，御名避讳就已成风气，至唐代更是愈演愈烈，以致唐太宗不得不下诏，申明"世民"二字不相连读，可以不避讳。可见当时是避生讳的，并不遵循"卒哭乃讳"的规则。

秦代以后，避讳观念和机制发生了变化，"讳"与"不名"混淆，由"鬼享"而逐渐演化为"生事"，"闻名心瞿"的作用不复存在，而演变成"闻名大怒"。家讳已经不注重其人的生与否，国讳的"卒哭乃讳"也就没有存在的理由，死讳也生讳。

四、已祧不讳

祧，指祀远祖、始祖之庙。《礼·祭法》："天下有王，分地建国，置都立邑，设庙、祧、坛、墠而祭之。……远庙为祧。"《左传·襄公九年》："以先君之祧处之。"注："诸侯以始祖之庙为祧。"古代帝王立七庙，对其世次疏远之祖，则依制迁去神主藏于祧，故迁去神主也称祧。《周礼·春官·守祧》："掌守先王先公之庙祧。"注："迁主所藏曰祧。"《礼记·王制》："天子七庙，三昭三穆，与大祖之庙而七。诸侯五庙，二昭二穆，与大祖之庙而五。大夫三庙，一昭一穆，与大祖之庙而三。士一庙，庶人祭于寝。"郑玄注："此周制。七者，太祖及文、武二祧与亲庙四。太祖，后稷。殷则六庙：契及汤与二昭、二穆。夏则五庙：无太祖，禹与二昭、二穆。"郭嵩焘《礼记质疑》：《义疏》云：郑氏此说"皆原于《礼纬》"。"在西汉时，言始封之君为太祖，以下五庙迭毁，韦元成也；言天子三昭、三穆，与太祖庙而七，刘歆也。"魏王肃言庙制同与刘歆。……僖十五年《穀梁传》："天子七庙，诸侯五，大夫三，士二。德厚者流光，德薄者流卑。始封必为祖。"《家语》："天子七庙，自虞至周所不变也。"盖祖庙暨四亲庙，天子诸侯同；而亲尽当祧，天子特立二祧以赅群祖，为亲尽，故曰远庙。远庙之祧仍须与四亲庙序昭穆，合之为三昭、三穆，析之则四亲自为庙，二祖自为祧也。盖三代王者皆累数十世，太祖庙之夹室不足以容，故立二祧以统昭穆之祧主，《周礼》命官曰"守祧"，明有尊也。其分藏于祖庙夹室者，先公之祧也；由太祖顺而下之藏于二祧者，先王之祧也。由高祖以上之二祖等而上之，亲尽而祧，分昭穆为二祧，升二祖主祧，自为二庙。《曾子问》："七庙无虚主。"高祖以上之二祖，所以正祧庙之主也。经言七庙，三代之通制也；文武二世室为百世不迁之主，则周制也。

郭嵩焘《礼记质疑》："王者功德为盛，高祖亲尽，不敢遽废其祭也，别为祧庙以处之；而昭穆二祧，各以新入者主其祭，而以次纳主于寝，故通四亲庙为三昭三穆。"所以，《晋书·礼志》：王济曰："讳名之义，但及七庙祖宗而已。"

但随着避讳的扩展，"已祧不讳"的规则就被打破了。

顾炎武《日知录》卷二十三"已祧不讳"条："汉时祧庙之制不传，窃意亦当如此，故孝惠讳'盈'，而《说苑·敬慎篇》引《易》'天道亏盈而益谦'四句，'盈'字皆作'满'，在七世之内故也。班固《汉书·律历志》'盈元'、'盈统'、'不盈'之类，一卷之中字凡四十余见。何休注《公羊传》曰：'言(孙)于齐者，盈讳文。'已祧故也。若李陵诗：'独有盈觞酒，与子结绸缪。'枚乘《柳赋》：'盈玉缥之清酒。'又诗：'盈盈一水间。'二人皆在武、昭之世，而不避讳，又可知其为后人之拟作而不出于西京矣。"

顾炎武的论断失之于武断。春秋战国，诸侯纷争，礼崩乐坏，于礼已经不能尽尊不违。至秦汉，时隔不远，避讳制度尚不能完善统一，所以，于行文之间多有触犯，不足为怪。遍检《史记》、《汉书》，"邦"(高祖讳)、"启"(景帝讳)多有所见，可为之证。

太和元年(227 年)曹魏遵照儒家经典记载以及当时在经学界风靡一时的郑玄有关诠释，在洛阳修建魏宗庙，迎自高皇帝至文帝四世神主于邺庙，安置于洛阳宗庙。景初元年(237 年)正式议立七庙制度，以武皇帝曹操为魏太祖，文皇帝曹丕为魏高祖，明帝曹叡为魏烈祖，"三祖之庙，万世不毁。其余四庙，亲尽迭毁，如周后稷、文、武庙祧之制"。

魏晋以来，历代纷争，对庙讳制度也多有讨论。

《通典》卷一〇四《礼六十四》载，晋孙毓始倡《七庙讳字议》，提出据礼，“天子诸侯皆讳群祖，亲尽庙迁，乃舍故而讳新”。建议建立七庙与避讳相统一的制度，为以后的庙讳制度打下了基础。

隋文帝即位后，又制定了自高祖之下置四亲庙的制度，唐初沿用。至唐太宗仿古礼制定七庙制度，玄宗时增至九庙，武宗时又设九代十一室，以其在祔与否决定是否避讳。《唐会要》卷二十三载，高宗永徽二年，于志宁“奏皇祖宏农府君（重耳）当迁，依礼不讳，从之”。

《册府元龟》卷五九一记载：“唐宪宗元和元年，礼仪使奏言：‘谨按《礼记》曰：既卒哭，宰夫执木铎以命于宫曰：舍故而讳新。此谓已迁之庙，则不讳也。今顺宗神主升祔礼毕，高宗、中宗神主上迁，请依礼不讳。’制可。”宝历初，玄宗依故事已祧不讳。

可见唐代还遵从古礼，立七庙，但唐代的昭穆制度已经与《礼记》所载不同。

《日知录》卷二十三：“韩退之《讳辩》本为二名嫌名立论，而其中治天下之治，却犯正讳。盖元和之元，高宗已祧，故其潮州上表，曰‘朝廷治平日久’，曰‘政治少懈’，曰‘巍巍治功’，曰‘君臣相戒，以致至治’。举张行素曰‘文学治行众所推’。《平淮西碑》曰：‘大开明堂，坐以治之。’《韩弘神道碑铭》曰：‘无有外事，朝廷之治。’惟《讳辩》篇中似不当用。”

唐代避讳制度虽繁，然而避讳的实行则较为宽松，避讳场合与避讳的严格程度有关。上书奏事，科考试文，于避讳处要求最严，而其余文人为文，则相对疏松，故多有不避者，非关祧迁。

后唐明宗天成四年，中书门下奏：“少帝册文内有‘基’字，是玄宗庙讳，寻常诏敕皆不回避，少帝是继世之孙，册文内不欲斥列圣之讳，今改为‘宗’字。”

从该例的情况来看，“已祧不讳”也有适用范围的不同。唐玄宗之讳“基”字，“寻常诏敕皆不回避”，只于皇帝的册命里避之。当然，作为“继世”者后唐宗室命名中也不会出现“基”字。这儿，国讳的效力已经不存在，而由其使用范围的缩小，成为类似于只通行于家族内部的家讳。

《宋史·礼志十一》：“(绍兴)三十二年正月，礼部太常寺言：‘钦宗祔庙，翼祖当迁。……以后翼祖皇帝讳依礼不讳。’诏恭依。”谢肇淛《五杂俎》卷十五：“真宗名恒，而朱子于书中有恒独不讳，不知其解。或以亲尽而祧耶？至于胤义二名，其不讳宜矣。”杨宁说：“匡”字不讳者，不偏讳之义，然宋人皆讳“匡”为“康”。钱大昕不同意此说，他说：此说未确，在杭盖未见宋板朱文公书也。宁宗时亦未尝祧其真庙。

崇祯三年，礼部奉旨，颁行天下，避太祖、成祖庙讳及孝、武、世、穆、神、光、熹七宗庙讳，正依唐人之式。惟今上御名亦须回避，盖唐宋亦皆如此。观汉宣帝之诏，知当时已避天子之名。然只避下一字，而上一字天子与亲王所同，则不讳。

《夷坚支志》癸卷一〇：“天台王居敬，字简卿，淳熙十三年，以布衣经过衢州，谒刘枢干问命。刘元不知其名，即书云：此命富贵，但名下一字系旧庙所讳，今虽已祧迁，终不可达天听。王大骇，既退，亟改为居安，而学资道。”此避赵匡胤祖追尊翼祖简恭皇帝敬之讳。

魏晋以来，对于帝王庙讳的规定，都去上古礼书中找根据，可以说同出一源。但具体的运用则有很大不同，至宋代，已祧不讳的规则已经逐渐不起作用，皇权的扩大，已经打破了旧有的规定，将帝王名字的避讳延伸到更久的时期。

五、临文不讳

《礼记·曲礼上》:“临文不讳。”郑玄注:“为其失事正。”其意为,为了保持记述事情的真实,所以不避讳。

临文不讳的本意是为了记录事情的真实无误,不用避讳帝王名字。后来对于临文不讳的观念又有了理解上的不同,就是在阅读古代典籍的时候,可以直斥帝王姓名而不必避讳。

临文不讳之例,春秋多见,鲁庄公名同,而《春秋》书同盟。襄公名午,而书陈侯午卒。僖公名申,书戊申。定公名宋,书宋人、宋仲几。

《汉书·武帝纪》,元封诏书有启母石之言,不讳汉景帝刘启之讳。《刑法志》有“建三典以刑邦国”与“万邦作孚”。皆不避汉高祖刘邦讳。

魏太祖名操,而陈思王有“造白”之句。曹志是曹植之子,其奏议有云:“干植不强。”是行文中不避其父讳。

三国吴时,有“言功以权成”,盖斥孙权之名。唐李延寿撰《南史》有“宁逢五虎”及“虎视”之语,则对唐高祖之祖李虎名亦不尽避。

汉代以后,避讳规则有一个逐渐严格的过程。一方面避讳自身有一个逐渐规整化的趋势,另一方面又与社会状况相协调,往往社会处于较为统一和太平的时期,避讳较为讲究;而社会处于混乱和割据的时期,避讳也较为杂乱,表现出不确定性。可以说,魏晋南北朝时期,战乱之时多,统一之日少,这时表现出的避讳不严格的情况,与其说是古人遵守“临文不讳”的规则,不如说是根本就没有遵守避讳更为切合实际一点。隋代祚短,直至唐代大一统，避讳才由礼俗上升至律法，有了严格的避讳规定。但随着统治者地位的上升，避讳越来越严酷，“临文不讳”就渐渐失去了约束力，有时甚至成了某些犯讳臣子的辩解借口。

唐代大儒韩愈，对于避讳颇有微词，除了在《讳辩》中对避嫌名进行了强有力的攻击外，在自己写诗作文中贯彻了“临文不讳”的古训，行文中多有不讳之例。《潮州上表》有：“朝廷治平日久”，“政治少懈”，“巍巍治功”，“君陈相戒，以致至治”。《举张行素》有：“文学治行众所推。”皆不避高宗李治之讳。《袁州上表》有：“显荣频烦。”《举韦觊》有：“显映班序。”皆不尽避中宗李显之讳。《贺即位表》有：“以和万民。”亦不避太宗李世民之讳，如此类甚多。

“临文不讳”的规则本来是针对国讳而言，规定了对于帝王名字不须避讳的场合，随着家讳的普及，这一规则也蔓延到避家讳上，但其表现出的意蕴则完全不同了。明嘉靖朝南礼部侍郎崔铣，父名陞。《经史避名汇考》卷三九：“著《洹词》十二卷，凡为人作铭、传，遇陞迁官职，避家讳以晋、陟代之。或作升。唯疏、表不避。”

此例中崔铣在平常行文中是避其父讳的，而在“疏”、“表”这两种上达天听的文章中则不避父讳，这种“临文不讳”实际上与《礼记》中的另一避讳规则相一致，那就是“君所无私讳”，郑玄的解释是：“谓臣言于君前不避家讳，尊无二。”可以说，“临文不讳”这一规则随着王权的扩大就逐渐消失了。

六、诗书不讳

《礼记·曲礼上》：“诗书不讳。”其义为，在诵读诗书典籍之时，不应该改变诗书原文，而就避讳，而应该保持原文而不避讳。

《齐东野语》卷四：“胡翼之侍讲迩英日，讲乾卦元、亨、利、贞，上为动色，徐曰：‘临文不讳。’伊川讲南容三复白圭，内侍告曰：‘容字，上旧名也。’不听。讲毕曰：‘昔仁宗时，宫嫔谓正月为初月，饼之蒸者为炊，天下以为非。嫌名、旧名，请勿讳。’”

《道山清话》：“庆历中，胡瑗以白衣召对，侍迩英讲易，读《乾》元亨利贞，不避上御名，上与左右皆失色，瑗曰：‘临文不讳。’后瑗因言孟子，‘民无恒产’，读为常，上微笑曰：‘又却避此一字。’盖自唐穆宗已改常字，积久而读熟。”

宋周密《齐东野语》卷四：“诗书则不讳。若文王讳昌，而箕子陈《洪范》曰：‘使羞其行，而邦其昌。’厉王讳胡，而宣王时，诗曰：‘胡不相畏’，‘胡为虺蜴’，‘胡然厉矣’。《周礼》有‘昌本之俎’，《诗》有‘�发之咏’。《大诰》‘弗弃基’，不讳后稷弃字。孔子父叔梁纥，而《春秋》书臧孙纥。成王讳诵，而‘吉甫作诵’之句，正在其时，是也。”

周密的理解不妥，如此则与“临文不讳”相混淆。以上二例，都应该是诗书不讳之例。

七、庙中不讳

《礼记·曲礼上》：“庙中不讳。”郑玄注：“为有事于高祖则不讳曾祖以下，尊无二也。于下则讳上。”

庙中不讳，意为在宗庙中进行祭祀时，不用避讳。《周颂》祀文、武之乐歌，《雝》曰：“克昌厥后。”《噫嘻》曰：“骏发尔私。”文王之名“昌”，武王之名“发”皆不讳。

《三国志·魏志·陈留王奂纪》：“（景元元年）十一月，燕王上表贺冬至，称臣。诏曰：古之王者，或有所不臣，王将宜依此义，表不称臣乎？”有司奏，以为“凡诏命、制书、奏事、上书诸称燕王者，可皆上平。其非宗庙助祭之事，皆不得称王名。奏事、上书、文书及吏民皆不得触王讳”。

魏陈留王曹奂，父燕王曹宇，父以子贵，故诏令不得称王名，然只有“宗庙助祭”之时不避。

八、已废不讳

已废不讳意指形成避讳的资格一旦废除，则避讳就不再延续。如帝王、皇后、太子被黜，即不再避其讳。再如避皇后父母讳，一旦皇后去世，则避讳不再延续。

陈垣《史讳举例》：“凡太子外戚之讳，皆不久即复。其不复者，特沿而不改，非久为之讳也。”

颜真卿书东方画赞碑，民字缺末笔，弘字不缺，《金石萃编》以为异。考《新唐书》卷四七《百官志》：弘文馆，神龙初避太子追谥孝敬皇帝讳，改昭文，二年改修文，开元七年，复为弘文。是孝敬之讳，避于神龙，废于开元。此碑以天宝十三载立，孝敬之讳，不避固已久矣，所谓已废不讳也。

司马贞《史记前后序》，不著年月，新旧唐书亦无传。钱大昕据索隐序题衔“国子博士、弘文馆学士”，谓贞除学士，当在开元七年修文馆复称弘文馆以后。则利用已废之讳，而知其年代者也。

《宋史·地理志六》：静江府义宁，“本义宁镇，马氏奏置，开宝五年废入广州新会，六年复置。”冯集梧曰：“宋避太宗名，当时地名有义字者，多所更革。而此县仍为义宁，当亦如婺州义乌武义之县，镇戎军张义之堡，避之容有未尽尔。”钱大昕曰：“张义堡熙宁五年所置，其时固不避义字，婺州在吴越管内，当太平兴国元年，吴越犹未纳土，故不在改避之数也。”《大金集礼》卷二十三引宋国史：太宗本名光义。太平兴国二年春二月诏曰：“制名之训，典经攸载，矧乃膺期纂极，长世御邦，思稽古以酌中，贵难知而易避。朕改名炅，除已改州县职官人名外，旧名二字不须回避。凡此皆一朝之讳，短时即废。”

宋天圣元年，王渎题名，在虎丘剑池石壁，文云：“大宋天圣元年癸亥，九月□日，太常丞同判福州王渎。”同判者，通判也。天圣初，章献刘太后临朝，避其父讳，凡官名地名通字皆易之，后崩即复旧。

宋真宗章（或作庄）献明肃刘皇后，父名通。《宋史·仁宗纪》载，乾兴元年二月，真宗崩，仁宗嗣位，尊后为皇太后，同御承明殿垂帘决事。十月“诏中外避皇太后父讳”，至明道二年三月，皇太后崩，八月，始“诏中外毋避庄献明肃太后父讳”。

九、大功小功不讳

《礼记·曲礼上》：“大功小功不讳。”孔颖达疏：“大功小功不讳者，古者期亲则为讳。陈铿问曰：亦为父乎，自已亲乎？田琼答曰：杂记云：卒哭而讳，王父母兄弟、世父、叔父、姑姊妹，子与父同讳，父讳齐衰亲也，然则大功小功不讳矣。熊氏云：大功亦讳，小功不讳，若小功与父同讳，则亦讳之。《智者杂记》云：王父母兄弟、世父、叔父、姑姊妹，子与父同讳，是父之世叔父及姑姐妹下皆为之小功，父为讳，故已从父为之讳。”

按照《礼记》的记载，大功小功亲远，故可以不讳。而至孔颖达之时，已经不能按照此标准执行，其根据是，父避子无不避。

大功：古代丧服五服之一，服期九个月。其服用熟麻布做成，较齐衰稍细，较小功为粗，故称大功。旧时堂兄弟、未婚的堂姐妹、已婚的姑、姐妹、侄女及众孙、众子妇、侄妇等之丧，都服大功；已婚女为伯父、叔父、兄弟、侄、未婚的姑、姐妹、侄女等服丧，也服大功。小功：古代丧服名。五服之一，用较粗的熟布制成。服期五个月。《仪礼·丧服》："小功者，兄弟之服也。"《唐律疏议·名律》"一曰议亲"。疏议："小功之亲有三：祖之兄弟，父之从父兄弟，身之再从兄弟是也。此数之外，据《礼》，内外诸亲有服同者，并准此。"

据《大清律》载：

大功九月：

祖为众孙，孙女在室同。

祖母为众孙，嫡孙。

父母为众子妇，及女已出嫁者。

伯叔父母为侄妇，及侄女已出嫁者。

妻为夫之祖父母。

妻为夫之伯叔父母。

为人后者，为其兄及姑，及姊妹在室者（既为人后，则于本生亲属服，皆降一等）。

夫为人后，其妻为夫本生父母。

为己之同堂兄弟姊妹在室者。

为姑及姊妹之已出嫁者。

为己兄弟之子为人后者。

出嫁女为本宗伯叔父母。

出嫁女为本宗兄弟，及兄弟之子。

出嫁女为本宗姑姊妹，及兄弟之女在室者。

小功五月：

为伯叔祖父母。

为堂伯叔父母。

为再从兄弟，及再从姊妹在室者。

为同堂姊妹出嫁者。

为同堂兄弟之子，及女在室者。

为从祖姑在室者。

为堂姑之在室者。

为兄弟之妻。

祖为嫡孙之妇。

为兄弟之孙，及兄弟之孙女在室者。

为外祖父母。

为母之兄弟、姊妹。

为姊妹之子。

妇为夫兄弟之孙，及夫兄弟之孙女在室者。

妇为夫之姑及夫姊妹。

妇为夫兄弟，及夫兄弟之妻。

妇为夫同堂兄弟之子，及女在室者。

女出嫁，为本宗堂兄弟，及堂姊妹之在室者。

为人后者，为其姑及姊妹出嫁者。

在丧服的五服中，斩衰最重。子为父母，媳为公婆，妻为夫，服三年。表示的是血亲和姻亲中最为密切的关系。齐衰次之。子为继母、慈母服三年；孙为祖父母，夫为妻服一年；为曾祖父母服五月；为高祖父母服三月。随亲属关系的疏远而服期逐渐递减。大功、小功及缌麻则表示更为疏远的亲属关系。按照《礼记》、《仪礼》的规定，“期亲则为讳”，就是服期为一年以上的亲属才为之讳名。齐衰中服期五月、三月的曾祖父母、高祖父母也不在讳名之列。“天子诸侯讳群祖”，可上及七代；而士但及父祖，故曾祖、高祖不讳。“大功小功不讳”的规则，是将古代丧服制度与避讳制度结合起来的产物。

“大功小功不讳”的规则属于“士礼”的范围，主要运用于家讳。在使用中没有强制的约束力，经常有突破的情况。一种情况是“父讳子无不讳”。己之伯叔祖父母，为小功，本不当讳。而于父亲来说就是伯叔关系，属齐衰，须避讳，而自己也就要随父亲而避讳。另一种情况是避远祖讳，见本书第二章“避讳的时间”节。

十、内讳不出门

《礼记·曲礼上》：“夫人之讳，虽质君之前，臣不讳也。”郑玄注：“臣于夫人之家恩远也，质犹对也。”又，“妇讳不出门”。郑玄注：“妇亲远，于宫中言辟之。”

内讳不出宫，用于帝王妃后，其含义为：一是指于君王之前，可不避其夫人之讳；二是指君王妃后，其亲属关系较远，只于宫中避讳，而不流传于宫廷以外。

中国传统“男主外，女主内”，女讳为内讳。按照《礼记》的记载，内讳应该包括两个方面：一是对于地位高的女性自身名字的避讳，二是对其父祖名的避讳。对于前者，主要通行于帝王配偶中间，或后或妃，一般的情况是避其名，但只限于后宫之内。而对于后者，避讳的机会更少。但如果后妃地位特别高，或深得帝王宠爱，或执权柄，则可扩大避讳范围，内讳出于外，几同于帝讳。内讳出于外从晋代开始。起因是避皇太后讳。《晋书·简文宣郑太后传》载，郑太后名阿春，为避其讳，改富春县曰富阳。改《春秋》为《阳秋》。而避皇太后讳的原因，除了这一时期皇太后经常执掌国柄以外，还有就是家讳的扩散，皇帝要避太后讳，"君之所讳，臣无不讳"。再由避皇太后讳逐渐蔓延到避皇后讳。

晋武帝泰始二年（266 年），有司上奏说据以往的做法，皇后之讳与帝讳应该一起颁下，令群臣敬避。武帝没有同意，下诏："礼，内讳不出宫，而近代讳之。非也，勿下。"（《通典》卷一〇四）但到了东晋，却"小君（皇后）之讳，列于讳榜，故天下同讳"。（王彪之奏议，见《通典》卷一〇四）

唐代武则天当政，已经不再是以皇后的身份，而是以女皇的身份，避其讳与内讳已不可等同。

金世宗时期，皇后名讳列入庙讳。《大金集礼》卷二十三《御名》载，金世宗大定元年十一月，"御前批送下"钦慈皇后（世宗父之原妻，姓蒲察）、贞懿皇后（世宗生母，姓李）的名讳，列入庙讳。

而避皇后父讳的情况，也起于晋代，《通典·礼六四》：晋右军将军王遐司马刘昙，父名遐。与晋简文顺王皇后父右军将军王遐相犯。昙求解职事。最后的结果是换官。

可以说从晋代开始，"内讳不出外"的规则就被打破了，唐宋时期更为严重。明清时期，皇后的避名又逐渐缩小范围，回归"内讳不出门"。除了宫内近侍要避皇后讳，有时外人入宫，如戏班子入宫唱戏，也要请教皇后名讳，以防误犯。可见皇后名字已经不再"天下同讳"了。

晋康献褚皇后，崇德太后名蒜子。太后三度临朝称制，在位凡四十年。《通典·礼六四》载太后诏曰："古者内讳不出宫，但勿听以为名字。至于吾名，但在见避，过礼其或过谬，皆勿却问，以烦简书也。”

可见所谓内讳不出宫，也是有范围的，虽然不应该避讳，但是还是“勿听以为名字”。只不过范围缩小，只在取名的范围内避讳罢了。

《世说新语·赏誉》：“王蓝田拜扬州，主簿请讳，教云：‘亡祖先君，名播海内，远近所知。内讳不出于外，馀无所讳。’”

这儿的内讳含义已经变化了，实指家讳。

第六章　避讳的影响

由避讳的因素形成的事件，比较突出地表现在避讳的惩罚方面，有因避讳而罢官，有因避讳而被杀，不一而足。表现在语言文字方面，由避讳的原因而形成改称，其例甚多。避讳的影响主要表现在语言和行为两方面。

一、语言避讳

(一)避讳改姓名

《韩非子·外储说》右下："卫君入朝于周，周行人问其号，对曰：'诸侯辟疆。'周行人却之曰：'诸侯不得与天子同号。'卫君乃自更曰：'诸侯燬。'而后内之。仲尼闻之曰：'远哉禁逼，虚名不以借人，况实事乎？'"

这是最早的避讳改人名之例。

早期的情形与后代有所区别，由于避讳观念的不同，早期帝王为了"难犯而易避"，往往改用生僻字作为自己的名字，又由于"嫌名不讳"，故那时期人名与帝王名字犯讳的情况较少，而改人名的例子不多。到后来，避讳成为了帝王们表示其权威的工具，由自己避，发展到要求别人避，避讳改人名的情形逐渐增多。

1. 避讳改名

宋朝奉郎王僧彦，父名师古。《续墨客挥犀》卷六："尝自呼砚为墨池，谓鼓为皮挧，人或误犯，辄以他事中之。曾知岭南一郡，有李彦古者，以进纳得官，过郡请谒，遂题刺云：'永州司户参军李墨池皮挧谨祇候参。'僧彦一見大喜，示其子弟曰：'奉人当如此矣。'"

这种属于临时改名。比较多的是永久改名。

《讳字谱》："清圣祖名玄烨，……刘子玄本名知几，避唐玄宗嫌名，以子玄字行，至是又改书其名知几。"

宋郑国公宋庠，初名郊。《宋史·宋庠传》："帝遇庠厚，行且大用矣。庠初名郊，李淑恐其先己，以奇中之，言曰：'宋，受名之号，郊，交也。合姓名言之为不祥。'帝弗为意。他日以谕之，因改名庠。"

《归田录》卷一："宋郑公初名郊，字伯庠，与其弟（祁）自布衣时名动天下，号为二宋。其为知制诰，仁宗骤加奖眷，便欲大用。有忌其先进者谮之，谓其'姓符国号，名应郊天'。又曰：'郊者交也，交者替代之名也。宋交，其言不祥。'仁宗遽命改之，公怏怏，不获已，乃改为庠，字公序。"

五代李升代吴王杨溥称帝，建南唐国。《资治通鉴·后晋纪二》："（南唐）群臣争请改府寺州县名有吴及阳者，留守判官杨嗣请更姓为羊。徐玠曰：'陛下自应天顺人，事非逆取，而谄邪之人专事更改，咸非急务，不可从也。'唐主然之。"

《齐东野语》卷四："蔡经国闻京闽音，称京为经，乃奏乞改名纯臣。此尤可笑。"避权臣名讳，本为无骨气之所为，而又以闽音为借口，足见谄媚之态。

因避讳而改名之例不胜枚举，其中有以敬讳而改者，也有以恶讳而改者。

南朝宋太子詹事刘湛以结党弄权被诛，吏部尚书江湛，以元凶刘劭篡逆遇害。《南齐书·王晏传》：晏子德元，"初名湛，世祖谓晏曰：刘湛、江湛，并不善终，此非佳名也，晏乃改之"。此为因恶讳而改名。

2. 避讳改姓

除了避讳改名，因避讳而改姓之例也颇为常见。

《旧五代史·梁太祖纪》：开平元年十二月，诏赠成汭太师。"汭之本姓犯文穆皇帝庙讳，至是因追赠，以其系出周文，故赐姓周。"梁太祖朱温父追尊烈祖文穆皇帝名诚，为避其嫌讳，改成姓为周。

《十国春秋》卷八四《吴越八·成及传》："成及，字弘济，钱塘人，……天宝初避梁庙讳，改姓为咸。"此一例也是避梁太祖父讳改姓，时间在吴越天宝初。

避讳改姓例甚多，俗说相传，有不尽足据者。《通志·氏族略》载避讳改姓氏者有：

籍氏避项羽讳，改为席氏。（项羽名籍，字羽）

奭氏避汉元帝刘奭讳，改为盛氏。

庄氏避汉明帝刘庄讳，改为严氏。

庆氏避汉安帝父追尊孝德皇帝刘庆讳，改为贺氏。

师氏避晋景帝司马师讳，改为帅氏。

姬氏避唐明皇李隆基讳，改为周氏。

弘氏避唐明皇讳，改为洪氏。

淳于氏避唐宪宗李纯讳，改为于氏。

啖氏避唐武宗李炎讳，改为澹氏。

按《元和姓纂》卷一，弘氏应为避高宗太子弘卒谥孝敬皇帝讳，改为洪氏，非避唐明皇讳也。

《广韵》所载避讳改姓例也有许多。

《广韵·昔韵》："席，亦姓。出安定。其先姓籍，避项羽名，改姓席氏。"

《广韵·质韵·帅》："亦姓，本姓师，晋景帝讳，改为帅氏。晋有尚书郎帅昺。"《通志·氏族略四》："帅氏，音率，……本姓师氏，避晋景帝讳，改为帅氏。"

《广韵·东韵·公》："晋书有……成都王帐下督公帅蕃，本姓公师，避晋景帝讳改为公帅氏。"《前赵录》有大中大夫公帅式。

《姓氏急就篇》上"养吾真"，注云："宋真德秀，本慎氏，避讳改。"《五杂俎》卷一三："真德秀，原姓慎，因避孝宗讳而改。夫以君父一时之讳，而更祖宗百代之氏，不孝孰甚矣。"宋孝宗名赵眘（音慎）。

《梁谿漫录》卷三云："王审知据闽，闽人避其讳，以沈去水为尤，二姓实一姓也。"然《三国志·吴志·陆逊传》有鄱阳贼尤突，则尤姓由来远矣。

《闻见后录》卷廿一云："文彦博本姓敬，其曾大父避石晋讳，更姓文，至汉复姓敬。入宋，其大父避翼祖讳，又更姓文。"初避五代晋高祖石敬瑭讳，后避宋太祖赵匡胤之祖追尊翼祖皇帝赵敬讳。

《挥麈前录》卷三云："（宋高宗）中兴之初，蜀中有大族犯御名之嫌者，而游宦参差不齐，仓卒之间，各易其姓。仍其字而更其音者句涛是也；加金字者钩光祖是也；加丝字者绚纺是也；加草头者苟谌是也；改为句者句思是也；增而为句龙者如渊是也。

由是析为数家，累世之后，昏姻将不复别。”

因恶讳而改姓也不乏其例。

《经史避名汇考》卷四六引《六书正义》：“（明）嘉靖间，南昌府进士哀贞吉对第进呈，世宗以哀为不祥，举笔加之，赐姓衷，同宗以为荣，俱改衷氏。”

《新唐书·李抱玉传》：“李抱玉，本安兴贵曾孙，世居河西，……禄山乱，守南阳，斩贼使。至德二载上言：‘世居凉州，耻与逆臣共宗。’有诏赐之姓，因徙籍京兆，举族以李为氏。”

周广业《经史避名汇考·杂讳》：“元德昭本姓危，仔倡之子，钱武肃恶其姓，更曰元。”（《欧史》）

周广业《经史避名汇考》卷四十六：“后周皇帝自称天元皇帝，所居称天台，每对臣下，自称为天。既自比上帝，不欲令人同己，不听人有高大之称。诸姓高者，改为姜九族。称高祖者为长祖，曾祖为次长祖。官名凡称上及大者，改为长，有天者亦改之。（帝纪）时上书字误者，治其罪。”（《隋书》）

古人把姓氏看得很重，有权势美色不能动者。

《茶香室四钞》卷七引元辛文房《唐才子传》：“戎昱美风度，崔中丞爱之，有女国色，欲以妻昱，而不喜其姓戎，能改则订议。昱以诗谢曰：千金未必能移姓，一诺从来许杀身。”

也有舍祖宗之姓以取媚者。

五代李升代吴王杨溥称帝，建南唐国。《十国春秋·南唐烈祖本纪》：升元二年六月，“东都留守判官杨嗣请更姓为羊，群臣亦请改府寺州县名有吴及阳者，帝不许。既而诏改吴兴阁为升元阁。”改杨为羊，是为避讳改姓。阳、杨同音“与章切”，以母、阳韵，犹不避嫌名。此一例杨嗣不惜以改姓表其忠心，祖宗地下有知，定当齿冷。

宋周密《齐东野语》卷四："善乎胡康侯之论曰：后世不明春秋之义，有以讳易人姓者，易人名者。愚者迷礼以为孝，谄者献佞以为忠。忌讳繁，名实乱，而春秋之法不行矣。"周密所言极是，可谓切中时弊。

（二）避讳改地名

《汉书·地理志上》：常山郡，张晏曰："恒山在西，避文帝讳，故改曰常山。"

《十驾斋养新录》卷一一："垂拱初，避武氏家讳，改华州曰大州，华阴县曰仙掌，华原县曰永安，华容县曰容城，江华县曰云溪，华亭县曰亭川。"

《长安志》卷八：朱雀街东第四街修行坊，注云："本名修华，武太后时避讳改修行坊，景云元年复旧。"武后祖追尊显祖文穆皇帝名华。

五代晋高祖石敬瑭。《册府元龟》卷三："晋高祖讳敬瑭，少帝天福七年敕：应殿名及州县名、职名等，有与高祖讳犯者，悉改之。……唐州为沁州，思唐州为思化州，密州附唐县为胶西县，蔚州兴唐县为灵山县，博州堂邑为河滨，高唐为济城，定州唐县为博陵，莫州唐兴为宜州，真定府行唐为永昌堂阳为蒲泽。彭州唐化为彭山，蜀州唐兴为乡城，道州延唐为延喜，福州福唐为南台，寿州盛唐为来化，鄂州唐年为临江，杭州钱唐为钱江，唐山为横山，台州唐兴为台兴，随州唐城为汉东，代州唐林为广武。汉州金堂为汉城。合州石镜为仙览，复州竟陵为景陵。"

《十国春秋·南唐烈祖本纪》：升元二年六月，"东都留守判官杨嗣请更姓为羊，群臣亦请改府寺州县名有吴及阳者，帝不许。既而诏改吴兴阁为升元阁"。

五代吴国主姓杨，吴越与吴邦交素恶，至不欲闻其姓。《吴越备史》卷一：开平四年“五月，奏改西府富阳县为富春县，东府暨阳县为诸暨县。处州松阳县为长松县”。《十国春秋·地理表下》：杭州富春县。注：“旧为富阳，吴越天宝元年，改富阳曰富春，时武肃王与杨氏有怨，凡县名有‘阳’字者皆易之。”又，处州白龙县，注：“故唐松阳县，吴越天宝三年五月上言于梁，以淮寇未平，耻闻逆姓，请改为长松。”

宋太祖赵炅，旧名光义。《九域志》载，太平兴国元年，改丹州义川县为宜川，常州义兴县为宜兴，郴州义章县为宜章，戎州义宾县为宜宾，昌化军义伦县为宜伦。窦州信义县为信宜。

《汉书·地理志》寿良县下，应劭注：“世祖叔父名良，故曰寿张。”河内郡隆虑县，应劭注：“避殇帝名，改曰林虑也。”东汉世祖光武皇帝刘秀叔父赵王名良，孝殇皇帝名隆。

金海陵王完颜亮，太子名光英。《金史·光英传》：“天德四年二月，立光英为皇太子，……宋亦改光州为蒋州，光山县为期思县，光化军为通化军。”

按《宋史·地理志》，光州、光山之改名在宋绍兴二十八年，时当金正隆三年。

《能改斋漫录》卷九：“会稽鉴湖，今避庙讳，本谓镜湖耳。”

《浙江通志》卷二八〇引《镇海县志》：鄞人单仲友能诗，洪武中征至南京，献诗称旨，因奏本府名同国号，请改之。上喜曰：“彼处有定海，海定则波宁。”改明州曰宁波，时洪武十四年。此一例为避国号而改地名。

三国吴大帝孙权，曾祖名忠。《六朝事迹类编》卷上“形势门第二”“钟阜”条云：汉末有秣陵尉蒋子文，逐盗死于钟山，吴大帝为立庙，封曰蒋侯。《吴录》云：“大帝祖讳钟，因改名曰蒋山。”

明穆宗朱载垕年号曰隆庆。《明史·地理志一》:延庆州云:“永乐十二年三月置隆庆州……隆庆元年改曰延庆州。”

以避讳而改地名,多因名讳而改,也有因国号与地名相犯而改地名之例。

避讳而改地名,一般以犯帝王名讳而改为多,以臣下的家讳而改地名者,多为重臣,君王以避其家讳而改地名或官名以彰显其功业,而由官员自己擅改地名的,为例不多。偶有避重和避不吉而改地名者。

南唐董思安,父名太章。《资治通鉴·后晋纪六》:开运三年,“唐主以思安为漳州刺史,思安辞以父名章,唐主改漳州为南州。”

《南史·张稷传》:“历给事中黄门侍郎,新兴、永宁二郡太守,郡犯私讳,改永宁为长宁。”

《愧郯录》卷一〇引李焘奏稿:“熙宁八年,宋敏求提举万寿观,敏求父名绶,自言绶字犯父嫌名,诏改醴泉观。”

宋敏求《春明退朝录》卷上:“晏元献公以旧相为观文殿大学士,提举万龄观。”龄下注云:避家讳也。万龄观即万寿观。

《愧郯录》卷一:“嘉祐八年九月十二日,谏院吕诲言:潜邸兴庆宫,犯唐故号,诏改为庆宁。”

也有为避不吉而改地名者。

《清波别志》卷中:“上池初曰教池,以泰陵服药久未康安,俗谓语病,乃改焉。”“教池”谐音“较迟”,不吉,故改之。

(三)避讳改官名

避讳改官名,其例常见,其中以国讳为主,而以官员私讳而改官名者,较为少见,主要为功劳特著或位高权重者。

《唐六典》卷二十六“太子三师”条注云：“东晋明帝在储宫，置保傅之位而无二师。”

《通典·职官十二》：“（晋）渡江之后，（东宫官）有太傅、少傅，不立师、保。”

《经史避名汇考》卷一〇：“《魏志》，太祖时有军师荀攸、华歆，中军师王凌，前军师钟繇，……杜袭为大将军军师，又为司马宣王军师。三少主之世，则无闻焉。盖嘉平初既诏有司奏事不得称宣王名，而景帝改革军制，复自讳其名故也。”

盖太师改太宰，军师改军司，皆因避晋景帝司马师之讳。

明思宗朱由检。《正字通·木部》：“检，明避上讳作简，改馆员检讨为简讨，府佐检校为简校。”《绥寇纪略》卷一：“巡简陈其佐。”巡简即巡检。

金章宗完颜璟，父追尊显宗光孝皇帝名允恭。《金史·选举志三》：“笔砚承奉，旧名笔砚令使，大定三年，更为笔砚供奉，后以避显宗讳，复更今名。”

避国讳改官名为常例，也有避臣子名讳而改官称者，其例少见。

《旧唐书·舒王谊传》：建中三年，“以兵部侍郎萧复为户部尚书，兼御史大夫，元帅府统军长史。旧例有行军长史，以复父名衡，特更之”。“行”、“衡”旧同音，故避而改之。

《愧郯录》卷一〇：熙宁十年十月十三日，新知荆南府提举本路兵马巡检公事吴中复言，衔内“举”字犯先讳，乞改提辖。中书奏请批依。神宗忽降奎札曰：“朝廷官称，避守臣私讳，于义未安，宜不行。”此一例为官员为避家讳，申请改变官称，而不获准。

宋东京宫城南三门，中曰宣德门。《文献通考·职官考十八》：“宋元丰更官制，以宣德郎换著作佐郎、大理寺丞。政和间避宣德门，改为宣教郎。"《水云村稿》卷七："宣德郎，后改宣教郎，盖论者谓汴都有宣德门，臣子宜避，故易之。"

按通例，大臣家讳犯官名，着令改授以为常，或不许改任，有时也有改官称的情况，为变例，数量不多。

《旧五代史·唐明宗纪第十》：长兴四年九月，"宣徽南院使、判三司冯赟依前检校太傅、同中书门下二品，充三司使。赟亡父名章，故改平章事为同二品。"《职官志》："后唐长兴四年九月敕：冯赟有经邦之茂业，宜进位于公台，但缘平章事字犯其父名，不欲斥其家讳，可改同平章事为同中书门下二品。"

宋慕容延钊，父名章。《宋史·慕容延钊传》："太祖即位，延钊方握重兵屯真定，……与(韩令)坤率所部兵按治边境，以镇静闻。太祖嘉之，加殿前都点检，同中书门下二品，避其父名故也。"

官称本为"同中书门下平章事"，先有五代后唐避冯赟父讳"章"改称"同中书门下二品"，后宋沿其例，避延钊父名"章"也改此称。唐代官制，以尚书、中书、门下三省长官为宰相，不常设置，由其他官员代行其职，称"同中书门下平章事"，宋沿袭其职。

宋赵彦卫《云麓漫钞》卷六："在法，寺有寺主，郡有僧首，总称主首。宣和三年禁称主字，改曰管勾院门、同管勾院门事，供养主作知事，庵主作住持。建炎初，避御名，并改曰住持。"寺院职事名，避讳类同官名。

宋高宗朝内侍王氏名通。《合璧事类·后集》七六《高宗日历》："常同劾陆寘疏云：寘乃内侍王通之客，为明州通判，避通名，改称府判。今浙东州军有呼通判为州判，自寘始也。"

清赵翼《陔余丛考》卷三十一："晋咸和中，以王舒为会稽内史，舒以父名会，不拜，诏改会为郐。后唐以郭崇韬父名宏，乃改宏文馆为崇文馆。宋慕容延钊父名章，太祖乃授延钊同中书门下二品，去平章二字。吴延祚亦以其父名章，授同中书门下二品。程元凤拜右正言兼侍讲，以祖讳辞，诏权以右补阙系衔。此因私讳而并为改官名者也。”

(四)避讳改年号、谥号、尊号

1.避讳改年号

唐高宗年号永隆。《旧唐书·太宗诸子·曹王明传》：“永崇中，坐与庶人贤通谋，降封零陵王。”此追改永隆为永崇。唐玄宗李隆基御名与前代年号相犯，追改年号。

北魏显祖献文皇帝拓跋弘。《魏书·羌姚兴传》：“天兴元年，兴去皇帝之号，降称天王，号年洪始。”《魏书·鲜卑乞伏国仁传》：“(乞伏炽磐)乃私署秦王，置百官，改年为建洪。”洪始、建洪实为弘始、建弘也。

钟渊映《历代建元考》引《玉海》：“(唐隆)或曰唐元、唐兴、唐安，盖开元、天宝之间避讳改称者，而《唐会要》、《唐大诏令》皆书唐隆。”“唐隆”为中宗子殇皇帝李重茂之年号，犯玄宗李隆基之讳而追改。

顾炎武《日知录》卷二十三：“唐中宗讳显，玄宗讳隆基，唐人凡追称高宗显庆年号多云‘明庆’，永隆年号多云‘永崇’。赵元昊以父名德明，改宋明道年号为‘显道’，而范文正公与元昊书亦改后唐明宗为‘显宗’。”

《旧唐书·音乐志》：“明庆中，皇后亲蚕。”明庆即显庆。此志及职官、刑法志，三见明庆。

此为《旧唐书》避唐中宗李显讳而改称。

《旧唐书·经籍志》编年类，有《崇安记》二卷，周祇撰，又十卷：王韶之撰。崇安本隆安，晋安帝年号也，避唐玄宗讳，改隆为崇。

《新唐书·艺文志》起居注类，有晋《崇宁起居注》十卷，《旧唐书》亦作崇宁，晋时无此年号。钱大昕认为：崇宁当为崇安，即隆安也。唐人避玄宗讳，往往改隆为崇。

《新唐书·兵志》："玄宗以万骑平韦氏，改为左右龙武军，皆用唐元功臣子弟。"唐元即唐隆，中宗子殇皇帝重茂之年号也。《新唐书·崔日用传》："唐元之际，日用实赞大谋。"亦唐隆改。

宋人书贞观年号为真观，或为正观，书贞元为正元，避仁宗赵祯嫌名改。

《老学庵笔记》卷一："政和末议改元，王黼拟用重和，既下诏矣，范致虚间白上曰：此契丹号也。故未几复改宣和。然宣和乃契丹宫门名，犹我之宣德门也。年名则实曰重熙，建中靖国后，虏避天祚嫌名，追谓重熙曰重和。"

《铁围山丛谈》卷一："北（朝）先有重熙年号，时后主名禧，其国中因避重熙，凡称重熙，则为重和。"

《归田录》卷一："（景祐）五年，因郊，又改元曰宝元。自景祐初，群臣慕唐朝玄宗以开元加尊号，遂请以景祐加尊号之上，至宝元亦然。是岁，赵元昊以河西叛，改姓元氏，朝廷恶之，遽改元曰康定，而不复加于尊号。"

此为因厌恶避讳而改年号。以上为避不吉语而改年号。

亦有改前朝年号以故犯其讳者，以表不敬之意。元泰定五年赠宁海州知州王庆墓表文云："父生于扩庆庚申，妣生于扩庆丙辰。"丙辰，宋庆元二年，庚申，庆元六年。元时江浙行省有庆元路，未尝更名，何独于宋之年号而更之？此盖直斥宋宁宗名，而配以年号上一字也。

2. 避讳改谥号

隋文帝杨坚，追尊太祖武元皇帝名忠。《周书·李远传》：(李)远于周武帝建德六年，“谥曰忠，隋开皇初，……改谥曰怀”。

宋钦宗孝慈渊圣皇帝名赵桓。绍兴二年，吏部尚书沈与求上书称：“渊圣皇帝御名，涉前代姓谥最多，而臣下迁就回避，有可概见者，如，鲁公则谓为允公，齐公则谓为小白，皆以名易其谥也。周王则谓为壮王，汉帝则谓为刚帝。或谓齐鲁二公为安公。它皆仿此，随意更易，无复质据。”

苏洵《管仲论》：“管仲相威公。”以威代桓。

宋英宗赵曙，父濮安懿王名允让。宋徽宗谥号为“体神合道骏烈逊功圣文仁德宪慈显孝皇帝”。逊本为让。

《集古录》“唐裴光庭碑跋尾”：“按唐书列传云，光庭……赐谥曰忠宪，今碑及题额皆为忠献。”《经史避名汇考》卷二六：“按是碑玄宗御书，宪字避让皇帝讳而改，非寔谥献也。光庭祖仁基谥忠，父行俭谥献，光庭不应并而有之。《张九龄集》、《文苑英华》、《新唐书》作忠宪，是也。”

《新唐书·杨纂传》：“赠幽州都督，谥曰恭。”《唐会要》、《旧唐书》皆作敬。

《旧唐书·柳亨传》：“谥曰敬。”《唐会要》同，而《新唐书》作“谥曰恭”。

以上两例都应为“谥曰敬”，《新唐书》为避宋太祖之祖追尊翼祖简恭皇帝赵敬之名讳而改称。

《新唐书·韦虚心传》：“赠扬州大都督，谥曰正。”据《唐会要》，李虚心、李乂辈皆谥贞，今《新唐书》于李乂则谥曰贞，于李虚心则谥曰正，盖避宋仁宗赵祯嫌名，改贞为正。其或改或否者，杂采他书，未及订正耳。

《五代会要》卷十二："赠太子少傅朱汉宾谥正惠。"《旧五代史》和《新五代史》朱汉宾皆谥贞惠，《五代会要》避宋仁宗赵祯讳改。

《旧五代史·张承业传》："谥贞宪。"《五代会要》及《新五代史》则谥正宪。亦避宋仁宗讳改。

《新五代史·罗绍威传》："谥贞壮。"而《五代会要》则谥正懿。疑亦避宋仁宗讳追改。

《疑耀》卷三云："宋时谥文正者，惟吕蒙正、王钦若、司马光、王曾、范仲淹、郑居中、蔡卞、陈康伯八人。若李昉、王旦，《谥法·通纪》亦曰谥文正者，非也。二公原谥文贞，后避讳，世遂呼为文正耳。"今考《宋史》吕蒙正、王钦若本传，二人实谥文穆。

避讳而改谥号，多以臣谥避君讳而改为常。

3. 避讳改尊号

其例甚少，盖因上尊号前，礼官必详加考证，以求安妥。偶有其例。

南唐嗣主光穆钟皇后父名太章。马令《南唐书·后主书》载，后主即位，"尊母钟氏为太后，太后父名太章，故改号圣尊后"。

(五)避讳改物名

《猗觉寮杂记》卷上："钱元瓘据浙，浙人以一贯为一千。"瓘、贯同音而改。

《音学五书·音论》卷上："毛晃增注礼部韵略与广韵颇不同，广韵上平声……二十六桓，改为二十六欢，避钦宗讳。"宋钦宗讳桓。

《青箱杂记》卷二："钱武肃王讳镠，至今吴越间谓石榴为金樱。”镠、榴音同。

《江南别录》：南唐烈祖受禅，尊吴主为让王，“乃徙让皇于丹徒，迁诸杨于泰州，初吴武王讳行密，谓杏为甜梅，及是复呼为杏，故老有泣下者”。

《渑水燕谈录》卷九：“钱镠之居钱塘也，子跛，镠钟爱之。谚谓跛为瘸，杭人为之讳，乃称茄为落苏。”

浙人避钱氏讳，改刘为金，果有石榴，呼曰金樱。江东人以杨行密讳，呼蜜为蜂糖。

《负暄杂录》：“南唐李主讳煜，改鹳鹆为八哥。”

魏文帝曹丕，祖追尊太皇帝名嵩。《兼明书》卷五：“北人呼菘为蔓菁，与南人不同，亦有由也。盖鼎峙之时，文轨不同，魏武之父讳嵩，故北人呼蔓菁，而江南不为之讳也。”

北魏世祖太武皇帝拓跋焘。《太平御览》卷七一〇引《谈薮》：“后魏河间邢峦字山宾，迁殿中侍御史，尝有疾，策山桃杖。帝问：此何杖？答曰：巨源杖。太武讳焘，故言焉。”

此例“山桃”谐音“山涛”。山涛，字巨源，好老庄，初与嵇康、阮籍之流优游于泉林之下，号竹林七贤。

《清异录》卷上：“石虎时号虎为黄猛，朱全忠时号钟为大圣铜，俱以避讳故也。”

明熹宗朱由校，庄烈帝由检。《经史避名汇考》卷二三引《杂史》：“宫中所用油，以避熹宗庙讳，皆更之曰芝麻水，油漆作改曰漆作。”

宋赵彦卫《云麓漫钞》卷九：“朱雀、玄武、青龙、白虎，为四方之神。祥符间避圣祖讳，始改玄武为真武，玄冥为真冥，玄枵为真枵，玄戈为真戈。”

《梦溪笔谈》卷七：六壬十二神将，其后五将“谓天后、太阴、真武、太常、白虎也”。真武即玄武。

以上二例乃避宋始祖追尊圣祖大帝玄朗名讳。

《草木子·杂制篇》:“汉吕后讳雉,改雉名野鸡,人患痔者名野鸡疾。”

避讳改物名也有因避家讳而改物名者。

《天中记》卷二四载,崔胤王拜相,时人避其父慎由之名,呼油为麻膏。

宋陶穀《清异录》卷上:“陆象先家号象为钝公子。”

唐穆宗朝给事中杨虞卿。《清异录》卷上:“李甘家号甘子(柑)为金轮藏,杨虞卿家号鱼为水花羊。”

《清异录》卷上:“李栖筠家号犀牛为独笋牛。……以避讳故也。”

《清异录》卷上:“伪汉蒙州刺判史龙骁,武人,极讳己名,又名石碏一作唶,子名蛩,亦讳之。郡人呼枭曰‘唾十三’,鹊曰‘喜奈何’,蛩曰‘秋风’。部属私相告云:若使君祖讳饭,吾辈亦当称甑家粥耶!”《清异录》引《厌胜章》:“枭乃天毒所产,见闻者必罹殃祸,急向枭连唾十三口,然后静坐,存北斗一时许,可禳。”

以上几例都是家内避讳而改物名的例子。

《光绪慈溪县志》卷二五:“翁升,字南仲,……自奉简薄而勇于急人,睦亲卹孤,平粜赈乏。乡人敬之,至今犹讳升斗之字曰‘方十合’云。”

五代吴大丞相徐温亲吏翟虔,父名雨。《资治通鉴》“后唐庄宗同光二年”:“吴王(杨溥)如白沙观楼船……徐温自金陵来朝,先是,温以亲吏翟虔为阁门、宫城、武备等使,使察王起居。虔防制王甚急。至是,王对温名雨为水,温请其故,王曰:‘翟虔父名,吾讳之熟矣。’因谓温曰:‘公之忠诚,我所知也。然翟虔无礼,宫中及宗室所须多不获。’温顿首谢罪，请斩之。王曰：‘斩则太过，远徙可也。’乃徙抚州。”

也有因厌恶避讳而改物名者。

唐文宗朝凤翔节度使郑注，以谋诛中官仇士良等，事败被杀。《事原》：“元和初，酌酒用尊杓，无何，改为注子。其形如罂而有盖，嘴、柄皆具。元和中，贵人仇士良恶其名同郑注，乃去其柄而小异之，目曰偏提。”

（六）避讳改语词

《隋书·文献独孤皇后传》：“骑兽之势，必不得下。”

《周书·李远传》：“古人有言：不入兽穴，安得兽子。”《后汉书·班超传》：“超曰：不入虎穴，不得虎子。”

《晋书·王弥传》：“董仲道见而谓之曰：君豺声豹视，好乱乐祸。”《周易·颐》：“虎视眈眈。”

以上几例皆为避唐高祖李渊祖追尊太祖景皇帝李虎名讳，上二例改虎为兽。后一例改虎为豹。《隋书》、《周书》、《晋书》分为唐代魏徵、令狐德棻、房玄龄等撰，故讳之。

宋鲁国公曾公亮，父名会。《石林燕语》卷四：“尚书省文字下六司、诸路，例皆言‘勘会’，曾鲁公为相，始改作勘当，以其父名会，避之也。”

《经史避名汇考》卷一六：“（唐）内枢密使犹汉之中书谒者令也，枢密本作机密，唐避明皇庙讳始称枢密。《汉官仪》曰：尚书典机密。”“至《代宗纪》大历二年十一月庚申，……诏曰：汉制，中书令出纳诏命，典司枢密。自是而后，史不复言机密矣。”

《增修互注礼部韵略·上平声》“七之”，“期”字下注云：“唐明皇讳隆基，改期年为周年。”《旧唐书·董晋传》：“朝官有周年已下丧者，诸骈缨，不合衣浅色。”

明熹宗朱由校。《三朝野记》卷三上：“凡内阉奉差关防，篆文曰‘某处内官关防’，惟东厂则曰‘钦差总督东厂官校办事太监关防’。熹庙即位，避御讳改曰官旗。”《经史避名汇考》卷二三引《杂史》：“天启四年春，魏忠贤掌厂，其年夏季，李永贞偶分批东厂一疏，司礼监刘若愚见面上关防，因谓永贞曰：‘省直、提学、道关防，俱避御名题请改铸，此臣下尊君之体不忍阙者。东厂系内府亲近衙门，何三四年尚用旧关防，无人题请改铸乎？’永贞叹曰：‘老爹素通六书，可谓识体。’即转白忠贤，忠贤曰：‘真字我不识，这篆字谁能认得？’随具题改铸‘官较’曰‘官旗’。”

校官作教官，校场作教场。都是避明熹宗讳。

米芾书《千字文》，改首句“天地玄黄”作“天地元黄”。避宋始祖追尊圣祖大帝玄朗讳。

《齐东野语》卷四：“蔡京在相位日，权势甚盛，内外官司公移皆避其名，如京东、京西并改为畿左、畿右之类。”

古讳称帝王有疾为不豫，唐避代宗讳，改称不康。《旧唐书·肃宗纪》：上元二年，“上不康，百僚于佛寺斋僧”。代宗讳豫。

五代吴越忠献王钱佐。陆游《跋吴越备史》：“钱氏讳佐，故以左为上，凡官名左字者，悉改为上。此书所谓上右者，乃左右也。”

五代吴越忠懿王钱俶。《经史避名汇考》卷一八：“忠懿名俶，浙民避之，称季父曰小伯。”

《清稗类钞·称谓类》“称谓避庄有恭嫌名”：“属吏上大宪书，向用‘恭惟大人’四字。乾隆朝，庄滋圃相国有恭总督南河，僚属具禀，改为‘仰维’，或作‘辰维’，避恭字也。”

《鸡肋编》卷上“天下方俗所讳”条：“苏州人喜盗，讳言贼。

世云范文正乃平江人，警夜者避不敢言贼，乃曰'看参政乡人'，是可笑也。"

(七)避讳改干支字

五代梁太祖朱晃，曾祖追尊敬祖光献皇帝名茂琳。《讳略》："敬祖讳茂，并避戊字。……改戊己之戊为武，改戊己校尉为武己校尉，殷王太戊为太武。武与务音相近，后人遂讹读戊为务，失其本音。"

《晋书·礼志中》载张华造甲乙之问，以论丧服，有"甲娶乙妻，后又娶景"云云。

《梁书·儒林传》载范缜《神灭论》，有所谓张甲、王乙、李景、赵丁之称。

《隋书·礼仪志四》：后齐制，"学生每十日给假，皆以景日放之"。又云，隋制，"学生皆乙日试书，景日给假焉"。

《唐六典》卷十，注引《晋起居注》："武帝遣秘书，图书分为甲乙景丁四部。"

以上四例，皆避唐高祖之父追尊世祖元皇帝李昺之嫌讳，改丙为景。

1851年，辛亥年，太平天国初立，认为亥害同音不吉，改辛亥为辛开。1853年，癸丑年，以为丑字不吉，改癸好。1855年，乙卯年，粤语卯与冇同音，以为不吉，改乙卯为乙荣。

太平天国改干支用字，是为避不吉。

(八)避讳改字形

宋赵彦卫《云麓漫钞》卷九："太一十神有'君基'、'民基'，避唐明皇讳改作'綦'，至今不改。"

周广业《经史避名汇考》:"东汉光武都雒阳,汉地志注引鱼豢《魏略》、张华《博物志》并云,洛从水旁各,汉火行,忌水,故去水加隹,至魏复为洛。李涪《刊误》,王观国《学林》,据《史记》已用雒字,非光武改。且汉亦从水,岂独洛字忌之哉,鱼说非也。广业案,魏志文纪注引魏书曰:诏:以汉火行,火忌水,故洛去水而加隹。魏于行次为土,水得土而流,土得水而柔,故除隹加水,变雒为洛。诏书出于当时,岂得有误,且高祖都咸阳,故不以汉为嫌,光武都洛阳,与国号字皆从水,物忌太盛,亦理之常。《史记》经后人传写,未可因一字定为西汉旧本。"

二、行为避讳

(一)举官不就

《晋书·江统传》:"选司以统叔父春为宜春令,统因上疏曰:'故事,父祖与官职同名,皆得改选,而未有身与官职同名,不在改选之例。臣以为父祖改选者,盖为臣子开地,不为父祖之身也。而身名所加,亦施于臣子。佐吏系属,朝夕从事。官位之号,发言所称,若指实而语,则违经礼讳尊之义;若诡辞避回,则为废官擅犯宪制。今以四海之广,职位之众,名号繁多,士人殷富,至使有受宠皇朝,出身宰牧,而令佐吏不得表其官称,子孙不得言其位号,所以上严君父,下为臣子,体例不通。若易私名以避官职,则违《春秋》不夺人亲之义。臣以为身名与官职同者,宜与触父祖名为比,体例既全,于义为弘。'朝廷从之。"

《宋史·毕士安传》:"淳化二年,召入翰林为学士,……以父名乂林,抗章引避,朝议谓二名不偏讳,不听。"

宋谢克家，父名林。克家子伋，撰《四六谈麈》云："先公除翰苑，以祖讳辞。有旨衔内权不系三字，先公以不带三字，止同职名，不可赴院供职，又固辞。除述古。又云：先公初见上济州，便欲委以文翰；宋都登极，即有是除，以祖讳辞。后自台招至建业，初入对，上云再以翰林学士处，又固辞，方拜兵书。"

宋太常博士胡瑗，祖名修己。《道山清话》："庆历中，胡瑗以白衣召对，……上尝诏其修国史，瑗乃避其祖讳，不拜。"

《宋史·李若拙传》："（若拙）迁太子左赞善大夫，以官称与父同名，辞，不许。"李若拙父名光赞。

宋吕希纯，父名公著。《宋史·吕希纯传》："历宗正、太常、秘书丞。……迁著作郎，以父讳不拜。擢起居舍人，权太常少卿。"

《明史·曾鲁传》载，洪武五年，曾鲁由主事"超六阶，拜中顺大夫，礼部侍郎。鲁以顺字犯其父讳辞，就朝请下阶。吏部持典制，不之许。"

《金史·胥鼎传》：宣宗兴定元年正月，鼎进拜平章政事，"三月，鼎以祖父名章，乞避职，诏不从"。

《宋史·文苑传三》："苏易简方被恩顾，多得对。尝言蜀中文士，因及（李）建中，太宗亦素知之，命直昭文馆。建中父名昭文，恳辞，改集贤院。"

《宋史·程元凤传》："程元凤字申甫，徽州人。……淳祐元年，迁礼、兵二部架阁，以父老不忍去侧，迁太学正，以祖讳辞，改国子录。……十二年，拜右正言兼侍讲，以祖讳辞，诏权以右补缺系衔。"程元凤，祖名正。

《愧郯录》卷一〇："宣和四年九月二十五日，臣寮言：近者马向为开封府工曹掾，自陈父名开，乞避，而本府乃奏乞衔内不书府名，有违熙宁御札指挥。诏别与差遣。”

《翰苑遗事》：“隆兴二年闰十一月，敷文阁直学士王刚中除翰林学士，以祖讳翰，改除礼部尚书，直学士院。”

(二)避科举

避科举以唐代李贺最为著名，因其父名晋肃，不能举进士第，郁郁而终。

《全唐文纪事》卷一录《南部新书》载，“遇题目有家讳，即托疾下将息状出来。云：‘牒，某忽患心痛，请出试院将息，谨牒如的。’”

可以看出，唐代对于科举中的犯讳问题，有一定的避讳制度，表现在以下几方面：一是家讳与进士等名称相犯，要避，李贺父名晋肃，不能应进士考试。白居易祖名锽，不能应博学宏词科考试。二是要避考官名讳和其家讳，如若相犯，会招致舆论的谴责，甚至对未来的发展产生影响。三是要避考试题目与家讳相犯，如遇此种情况，只能以退出考试来应对。

《宋史·刘熙古传》：“熙古年十五，通易、诗、书；十九，通春秋、子、史。避祖讳，不举进士。”熙古祖名实进。

明英宗朱祁镇。《闲中古今录》：“天顺庚辰，殿试读卷，定祁顺卷第一。既而司礼监太监问所定卷，阁老以姓名对。太监曰：此卷固出人一等，但传胪时北方人音与御名相似，阁老愕然。乃以王一夔卷易之。而祁第二甲中。祁广东人，任终郡守。”以名音近皇帝名而丢状元，可谓冤枉。然而名同上讳，而不改，较之清代，亦可算作宽松了。

白居易祖名锽。《经史避名汇考》卷三七：“襄州别驾陈直斋作《年谱》云：贞元十九年癸未，以拔萃选，登科。李商隐撰《墓碑》云：前进士，避祖讳，选书判拔萃。盖以公祖名鍠，与'宏'同音，所以不应宏词也。"

(三)避讳忌言忌行

《青箱杂记》卷二："太祖庙讳匡胤，语讹近香印，故今世卖香印者，不敢斥呼，鸣锣而已。"

《旧唐书·玄宗纪上》：开元三年二月及十九年正月，先后两次下诏，"禁断天下采捕鲤鱼"。《酉阳杂俎》卷一七："国朝律，取得鲤鱼即宜放，仍不得吃。号赤鲆公。卖者杖六十，言李为鲤也。"

《宋史·隐逸下》："徐积字仲车，楚州山阳人。孝行出于天禀。……以父名石，终身不用石器，行遇石则避而不践。或问之，积曰：'吾遇之则怵然，伤吾心，思吾亲，故不忍加足其上尔。'"

《避暑录话》卷下："楚州徐积字仲车，……父名石，每行山间或庭宇，遇有石，辄跃以过；偶误践，必呜咽流涕。"

宋真宗朝宰相向敏中。《中山诗话》："关中以中为蒸，……向敏中镇长安，土人不敢卖蒸饼，恐触中字讳也。"

焦竑《杜用嘉琼传》：杜琼字用嘉，吴县人，生一月而孤，性至孝，"以父名玉，终身讳之"。

《经史避名汇考》卷三十七："韦有翼尚书有重名，平生不饮酒，不务欢笑。为家讳乐故也。"

明临淮邑丞郭美，父名芝。《万历兰溪县志》卷四："郭美字子彦，号越滨。博学甘贫，事父母能孝，父名芝，平生不啖猪肉，以乡语称猪为芝也。"

《经史避名汇考》卷三十九引郑见龙《如皋县志》："胡继祖，

字敬修，如皋人，安定先生裔也。正德间知巨野县，有善政。父名聪，终身不敢茹葱。”

（四）避讳避祸

明武功伯徐有贞，自称其祖讳理。《经史避名汇考》卷三九引《郑氏名臣记》：“徐有贞，字元武，初名理，字元玉，吴人。宣德八年进士。景帝四年秋，为谕德兼侍讲矣。上言：人臣避国讳，子孙避家讳，礼也。臣幼犯祖讳，礼当避，请更名有贞。”

据《明史·徐有贞传》，有贞以议南迁见恶于帝，遂改名，本无关避讳。周广业云：“犯祖讳乃托词也。然既云祖讳，不应至是方知，景帝亦为所蒙矣。”

明世宗朝刑部郎中徐学诗，浙江上虞人。《戒庵老人漫笔》卷七：“嘉靖中，浙人徐学诗极论严嵩去职，苏之嘉定有同姓名者，亟改诗为谟，今登显要矣。”

第七章 避讳史

一、先秦避讳

先秦的避讳还处于初始阶段，其表现为：

（一）避讳还不普遍。《大戴礼记·保传篇》："不知日月之时节，不知先王之讳，与大国之忌，凡此皆属太史之任。"《礼记·王制》："大史典礼，执简记，奉讳恶。"郑注：讳，先王名；恶，忌日。《礼记·曲礼下》："君大夫之子，不敢自称曰余小子。大夫士之子，不敢自称曰嗣子某，不敢与世子同名。"周代已有掌管避讳的专门官吏，也有一定的避讳的规则，然而从不多的记载来看，这些规则并没有什么强制作用。顾炎武《日知录》卷二十三"名父名君名祖"条"弟子名师"条，举出了很多典籍中当时称名的例子。《金縢》：周公之祝词曰："惟尔元孙某"；《左传》：荀偃济河而祷，称"曾臣彪"。《左传》：楚子围宋，申犀见王，称"无畏"；知罃对楚王，称"外臣首"；鄢陵之战，栾针曰"书退"，名父也。华耦来盟，称"君之先臣督"；栾盈辞于周行人，曰"陪臣书"，曰"其子黡"，名祖若父也。《论语》：长沮曰："夫执舆者为谁？"子路曰：

“为孔丘。”《孟子》:乐正子入见曰:“君奚为不见孟轲也?”是弟子而名师也。这些“名父”、“名君”、“名祖”、“弟子名师”的例子说明当时还没有形成避讳的普遍风俗。《礼记·曲礼下》:“天子不言出,诸侯不生名,君子不亲恶。诸侯失地,名;灭同姓,名。”虽有“诸侯不生名”的明文记载,但实际却并不能严格使用。

《韩诗外传》卷八第九章:“魏文侯有子曰击,……封击于中山,三年莫往来。其傅赵苍唐谏曰:父忘子,子不可忘父,何不遣使乎?击曰:愿之,而未有所使也。苍唐曰:臣请使。击曰:诺。……遂求北犬晨雁赍行。苍唐至,文侯曰:击无恙乎?苍唐唯唯而对。三问而三不对,文侯曰:不对何也?苍唐曰:臣闻诸侯不名。君既已赐敝邑,使得小国侯,君问以名,不敢对也。”战国宋桓侯子氏名辟兵。《史记·宋微子世家》:“休公田二十三年卒,子辟公辟兵立。”索隐按:“《纪年》作‘桓侯璧兵’,则璧兵谥桓也。又《庄子》云‘桓侯行,未出城门,其前驱呼辟,蒙人止之,后为狂也。’司马彪云:‘呼辟,使人辟道,蒙人以桓侯名辟,而前驱呼辟,故为狂也。’”这些都可以作为避讳制度已经形成,但运用尚不普遍的证明。

(二)只有国讳的萌芽,家讳的情况极为少见。《礼记·檀弓上》:“二名不偏讳。”郑玄注:“为其难辟也。嫌名谓其音声相近,若禹与雨、丘与区也。偏谓二名不一一讳也,孔子之母名徵在,言在不称徵,言徵不称在。”此例可以作为家讳的例子,由于文献缺乏,记载家讳的情况甚为少见。

(三)避讳的范围比较狭小,多表现在起名、称名上,没有见到行文避讳的例子。

(四)没有犯讳的惩罚。《韩非子·外储说》右下:“卫君入朝于周,周行人问其号,对曰:‘诸侯辟疆。’周行人却之曰:‘诸侯不得与天子同号。'卫君乃自更曰:'诸侯燬。'而后内之。"以诸侯之身份而犯天子之名,并没有任何惩罚,只是责令其改名即罢,与后代的动辄刑人,自不可同日而语。

(五)避讳的规则初步确立。《礼记》记载了许多避讳的规则,虽有可能某些是后人纂入,但从其表现出的原始的观念来看,应该大多是周人的创造。这些规则对于后来的避讳产生了深远的影响,每当进行避讳的论争时,往往会从古代的礼文中去寻找避讳的根据,这种现象贯穿于避讳的整个历史过程中,可以说,避讳的源头在周代已经确立。

二、秦汉避讳

秦祚很短,避讳希见。

《史记·秦始皇本纪》,正义曰:"正音政,……始皇以正月旦生于赵,因为政。后以始皇讳,故音征。"

元人戴侗《六书故》卷一六"正"字下曰:"正月之正,今人读之平声,说者谓避始皇之名,不然。正自有平声也。诗云:终日射侯,不出正兮。与名、清、成、甥协。"

陈垣《史讳举例》卷一:"正本有征音,诗齐风:猗嗟名兮,美目清兮,终日射侯,不出正兮。释文:正音征。《小雅·节南山》,正与平、宁为韵。《大雅·云汉》,正与星、赢为韵,其非为秦讳明矣。"

《讳略》:"始皇讳政,并避正。改正月为端月。此避嫌讳之始也。"

陈垣认为《讳略》对于正的解释不对,《史讳举例》卷五:"不知政与正本通,始皇以正月生,故名政。集解引徐广曰:一作正。

宋忠云：以正月旦生，故名正。是避正讳而非避嫌名。”通观整个西汉时期的讳例，还没有避嫌讳的例子，以始皇名讳作为避嫌讳的起始，于理未安。避嫌名应该到魏晋时期才开始产生。

《史记·李斯传》载，赵高伪作秦始皇赐给公子扶苏的书信，有“蒙恬与扶苏居外不匡正”，不避始皇之正字。李斯在监狱中上二世书，有“北逐胡貉”，不讳二世之胡字。可见秦代避讳并没有严格实行。

汉代作为大一统的王朝，其避讳也表现出独特的一面，那就是帝王名讳有专门的代字，所谓“同训相代之字”，为后代所不及。

高祖刘邦，代以国字；

惠帝刘盈，代以满字；

文帝刘恒，代以常字；

景帝刘启，代以开字；

武帝刘彻，代以通字；

昭帝刘弗，代以不字；

宣帝刘询，代以谋字；

元帝刘奭，代以盛字；

成帝刘骜，代以俊字；

哀帝刘欣，代以喜字；

平帝刘衎，代以乐字；

光武帝刘秀，代以茂字；

明帝刘庄，代以严字；

章帝刘炟，代以著字；

和帝刘肇，代以始字；

炀帝刘隆，代以盛字；

安帝刘祜，代以福字；

顺帝刘保，代以守字；

冲帝刘炳，代以明字；

质帝刘缵，代以继字；

桓帝刘志，代以意字；

灵帝刘宏，代以大字；

献帝刘协，代以合字。

这种被避字与避讳用字的整齐划一，一一对应，使得避讳使用起来比较方便。同时，汉代皇帝本着"难知而易避"古训，从自己的名字入手，改用难识之字，也有其例。西汉宣帝本名病已，他于元康二年下诏："闻古天子之名，难知而易讳也。今百姓多上书触讳以犯罪者，朕甚怜之，其更讳'询'，诸触讳在令前者赦之。"表现出体恤下情的风度，与后代帝王以触讳惩罚树立威信，形成鲜明的对比。处于蓬勃向上时期的王朝的宽阔胸襟和处于没落时期的王朝的猜忌狭隘，也可使人生历史苍凉之感。

汉代尚处于避讳形成的初期，对于避讳的要求并不严格，所以有避有不避。大致规则是："大约上书言事，不得触犯庙讳，当为通例。至若临文不讳，诗书不讳，礼有明训。汉时近古，宜尚自由，不能以后世之例绳之。"（陈垣《史讳举例》卷八）

汉代开始避讳的范围有所扩大，《史记》、《汉书》于汉诸帝纪皆不书其名。

《汉书·高帝纪》："始大人常以臣亡赖，不能治产业，不如仲力，今某之业所就孰与仲多？"此为汉高祖刘邦自称其名，班固不欲直斥其名，讳曰"某"。

《汉书·王莽传上》：梓潼人哀章无行，"见莽居摄，即作铜匮，为两检，……其一署曰：'赤帝行玺某传予黄帝金策书。'某者，高皇帝名也”。

《史记·孝文本纪》：“子某最长，请建以为太子。”某谓景帝刘启。

地下发掘文献中也有避讳的例子。长沙马王堆汉墓出土帛书，《老子》甲本、乙本中，“邦”字皆改作“国”字，而惠帝刘盈之讳不避，由此可考证墓葬之年代。

避讳由避帝王名延伸至皇亲国戚。

汉景帝王皇后名志，字阿渝。《姓氏书辨证》卷三〇：“郑公子渝弥，周桓王时为郑司徒，后立别族为渝氏，历秦汉至景帝，皇后讳志字阿渝，中元二年，避讳改水为喻，因为喻氏。”《经史避名汇考》卷二四：“案史记于后讳皆不书，尊之同于帝也。邓氏于景后不详其氏，据云中二年，时薄后已废，栗姬亦以子废忧卒，则为王皇后无疑。然何由考其名字也?”

避家讳的情况也有萌芽，但不普及，只出现于地位很高的皇族。

汉代淮南王刘安，避父讳长，故《淮南子》全书，凡言长悉曰修。淮南国境内出土铜镜，其上的文字“长相思”都改为“修相思”。

由避讳而产生的改名现象渐多。

改人名例：微子启改称微子开，蒯彻改称蒯通，庄助改称严助，庄安改称严安，赵志伯改称赵意伯，庆氏改称贺氏。

改地名例：恒山改为常山，寿良改为寿张。

改用语例：雉改称野鸡，秀才改称茂才。

然而汉代避讳也还不能严格实行，陈垣在其《史讳举例》中举出了很多例子。

隶释一四引汉石经残碑：论语“邦君为两君之好”“何必去父

母之邦”，尚书“安定厥邦”，皆书邦作国。周易蹇卦“以正邦也”，释文曰：“荀、陆本作正国，为汉朝讳。”荀爽、陆绩也。张迁碑：“诗云旧国，其命维新。”开母庙石阙，以开为启。是避讳改字见于现存汉碑者。隶释引汉石经尚书残碑，保字、志字仍不避，其他东汉碑中，邦、盈、恒、启等字尤数见，可见，建武以前，不尽讳也。

建宁四年孔龗碑“睿其玄秀”；

光和四年逢盛碑“苗而不秀”；

中平五年张纳功德叙“旌甄秀异”。

以上不避光武帝刘秀名讳。

和平元年严䜣碑“兆自楚庄”；

延熹三年孙叔敖碑“庄王置酒以为乐”；

中平元年郭究碑“严庄可畏”。

以上不避汉明帝刘庄名讳。

延熹六年平舆令薛君碑“我君肇祖”；

建安十年樊敏碑“肇祖宓戏”。

以上不避汉和帝刘肇名讳。

元嘉元年丁鲂碑“隆平”；

永寿二年韩敕碑阴“袁隆”；

光和二年华山亭碑“大华优隆”。

以上不避汉殇帝刘隆名讳。

建宁二年史晨奏铭“玄德焕炳”。

以上不避汉冲帝刘炳名讳。

熹平四年帝尧碑“缵尧之绪”；

熹平六年尹宙碑“克缵祖业”；

中平三年张迁碑“缵戎鸿绪”。

以上不避汉质帝刘缵名讳。

建宁四年刘修碑“志曒拔葵”；

熹平三年娄寿碑“岐嶷有志”；

中平二年曹全碑“先意承志”。

以上不避汉桓帝刘志名讳。

建宁元年衡方碑“揽英接秀”、“肇先盖尧之苗”、“□隆宽慓”、“保障二城”。

以上不避光武帝秀、和帝肇、殇帝隆、顺帝保名讳。

则汉时避讳之法亦疏，六朝而后，始渐趋严密耳。陈垣之说当为定论。

三、魏晋南北朝避讳

魏晋南北朝时期，除了晋代短暂的统一以外，绝大多数时间是处于分裂的状态，这一时期的避讳也表现出了与汉代不同的特点。三国时期，魏、蜀、吴都有关于避讳的记载，主要表现在君主名字的避讳和家讳，相比较而言，魏国、吴国的避讳情况较多，而蜀国的避讳记载较少。晋代作为一个统一的王朝，一直处于异族的包围之中，国力非常虚弱，文化上表现出清谈、玄学等现象，但是对于避讳的规则的探讨却较为全面，避讳的范围、避讳的方式都有了一定程度的扩展。南北朝时期的避讳则更多地体现了家讳的扩展，而国讳则相对疏松，这应该是与当时的门阀制度有关，士大夫阶层更加重视家世。

这一时期的避讳主要有以下特点：

(一)避讳制度有了一定的发展,礼官对避讳的范围、对象、方式等进行了讨论,形成了一些制度

《通典》卷一〇四记载有当时对于避讳规则的讨论,涉及的方面已经很广,包括:1. 七庙讳字议;2. 上书犯帝讳,及帝所生讳议;3. 山川与庙讳同,应改变议;4. 上表称太子名议;5. 父讳与府主名同议;6. 授官与本名同宜改,及官位犯讳议。讨论已经非常详备。但是具体的避讳情况却并不是很繁琐,这主要是由于魏晋南北朝时期,统一之时短,分裂之日多,不能将细致的避讳规则推行下去。即使这样,魏晋南北朝时期也是避讳发展的重要时期,是由秦汉这一避讳的初始时期,向唐宋这一高潮时期过渡的重要阶段。

《通典》卷一〇四所载王肃《已迁主讳议》讨论了关于避讳的范围问题。当时魏明帝曹睿刚死,其神主祔于宗庙,依礼应将高皇帝曹腾的神主从庙中迁出。曹腾于新即位的齐王曹芳为五世祖,掌事者向王肃询问对高皇帝是否还要避讳。王肃答:"礼所谓舍故而讳新,诸侯则五代不讳,天子之制恐不得与诸侯同。五代则不讳也。"王肃主张不避高皇帝之讳,只讳三祖(曹操、丕、睿)以下。

太和元年曹魏遵照儒家经典记载以及当时在经学界风靡一时的郑玄有关诠释,在洛阳修建魏宗庙,迎自高皇帝至文帝四世神主于邺庙,安置于洛阳宗庙。景初元年正式议立七庙制度,以武皇帝曹操为魏太祖,文皇帝曹丕为魏高祖,明帝曹叡为魏烈祖,"三祖之庙,万世不毁。其余四庙,亲尽迭毁,如周后稷、文、武庙祧之制"。

《通典》卷一〇四载,晋初追讳祖先也只上溯三代,即司马

懿、司马师、司马昭，司马懿以上不须避讳。太常博士孙毓对此有不同的看法，他认为应依照自古相传的礼法，追讳七庙，于是上《七庙讳字议》："乙丑诏书颁下尊讳，唯从宣皇帝以来，京兆府君以上皆不别著。按《礼》：士立二庙，则讳王父以下，天子诸侯皆讳群祖。亲尽庙迁，乃舍故而讳新。尊者统远，卑者统近，贵者得申，贱者转降，益所以殊名位之数，理上下之序也……《礼》：大夫所有公讳。又曰：子与父同讳。明君父之讳不可以不讳也。范献子聘于鲁，问具敖之山。鲁人以其乡对，曰：先君献武之讳也。此时献武已为远祖，邻国大夫犹以犯讳为失，归而作戒，著于《春秋》。大晋龙兴，弘崇远制，损益因改，思臻其极。以为京兆府君以上，虽不追王，列在正庙，臣下应讳，礼有明义。官班下讳字，使咸知所避，上崇寅严之典，下防僭同之谬。"所谓京兆府君是指司马懿之父司马防。孙毓认为古代"天子诸侯皆讳群祖"，故西晋避讳就不应只讳司马懿以下，而应尊讳七代祖先。其实孙毓的目的在于，通过避讳的方式表明司马氏王朝的正统地位，有别于"诸侯"。

（二）避讳对象的扩大，由避帝王讳，到避太子讳，再到避皇后讳

魏晋时期，避讳的范围得到了很大的扩展。《通典》卷一〇四记载了东晋时期的一次论争。孝武帝太元十九年七月，义兴太守褚爽的上表中出现了太子之名，此事引起了争论，争论大致可分成两派，一派认为应该避太子之名，而另一派则认为不该避太子之名。前一派以助教臧焘为代表，他说："按《礼记》云：父前子名，君前臣名。又云：君之于嗣子，亲则父也，尊则君也。如此则太子虽国之储贰，犹同于臣列，以君前臣名之义言，则爽表未

为失礼。然史籍所载人臣与人主言及上表,未有称太子名者。今省无先比,即其验也。昔武皇帝代,尚书仆射山涛启事,称皇太子而不言名。涛,中朝名士,必详典式,其不称名,当有理趣。特以皇太子储君,名讳尊重,不敢指斥故耳。古今异仪,礼有损益,今倚仗前贤,固循先比,则爽表所称为违旧准。"后一派以太学博士徐乾为代表,他说:"《礼记》曰:夫人之讳,虽质君之前,臣不讳也。按夫人,国之小君,君之一体,太子之母也,而尚不讳,则太子何嫌乎?又《礼记》:君前臣名,父前子名。又周公告父皆称武王名,益可明矣。"

徐邈也持后一说,他说:"《左传》:周人以讳事神。名,终将讳之。《礼记》云:卒哭而讳。皆周礼也。名之与谥,并是人伦所以相称。殷尚质,无讳仪,其遇名字如姓位耳。箕子答武王而邦其昌,知于时未有讳也。周公于成王六年始制周礼,曲备节文,而讳名称滋,然犹临文不讳,庙中不讳。故《周颂》有'克昌厥后',先儒以为宗庙咏歌。上不讳下,即是父前子名也。"

虽然有许多反对意见,但避太子讳的情况却多有发生。

陈垣《史讳举例》:"东晋皇后讳,比历代特多。"

晋武帝泰始二年,有司上奏说据以往的作法,皇后之讳与帝讳应该一起颁下,令群臣敬避。武帝没有同意,下诏:"礼,内讳不出宫,而近代讳之。非也,勿下。"(《通典》卷一〇四)但到了东晋,却"小君(皇后)之讳,列于讳榜,故天下同讳。"(王彪之奏议,见《通典》卷一〇四)

东晋避帝后之讳开始于成帝的杜皇后。《晋书·成恭杜皇后传》载,杜皇后名陵,当时宣城郡有陵阳县,因与杜后讳同,故而改为广阳县。避皇后之讳而改地名,当以此例为最早。因晋哀帝王皇后也名穆之,所以毛穆之不能再用自己的名字。杜皇后、王皇后都是嫡配的正式皇后，所以避二人之讳时朝廷似乎并未出现异议。然而后来吴兴郡地方官提出避郑太后之讳时，朝廷则进行了反复的辩难。《晋书·简文宣郑太后传》载，郑太后名阿春，建武元年(317年)为晋元帝妃，生简文帝。当时后位尚虚，郑氏有宠，但却一直没有得到皇后之位。简文帝即位后，仅追号为会稽太妃。直到简文帝之子孝武帝时才于太元十九年下诏，"上太妃尊号曰简文太后"。此时已是郑氏去世68年之后。郑氏生前虽没有很尊贵的地位，但她是简文帝的生母，因而有了关于避讳的争辩。虽经朝议，多数以为不应讳。然"君之所讳，臣无不讳"之说，亦极有力，结果是凡遇到郑太后之讳"春"字皆改为"阳"，如富春县改曰富阳县。儒家经典中相传为孔子所定的《春秋》，为避郑太后之讳，也不得不改称为《阳秋》。从中可以看出当时后讳几可与帝讳同列。严格来看郑太后名字的避讳，演化过程如下：本为晋简文帝避母讳，"君之所讳，臣无不讳之说"，进而为群臣所避。实际上等于由母子关系扩展至君臣关系。它是以家族关系为基础的。

晋代出现这种避皇后讳的情况，原因主要有两方面：一是晋代皇后主政的情况屡有发生，她们在政治舞台上占据重要的地位。东晋共有两位太后临朝摄政，一位是明帝的庾皇后，一位是康帝的褚皇后，东晋首尾104年，而庾、褚二太后临朝共46年，几乎占了一半。晋康献褚皇后，崇德太后名蒜子。太后三度临朝称制，在位凡40年。《通典·礼六四》载太后诏曰："古者内讳不出宫，但勿听以为名字。至于吾名，但在见避，过礼其或过谬，皆勿却问，以烦简书也。"可见当时也有避褚皇后讳的情况，只是由于褚皇后遵从"内讳不出宫"的古礼，不想扩大避讳范围而已。二是魏晋时期家讳非常流行，《世说新语》载有多例避家讳的例子，第二章里有详细论述避皇后讳，可以说是家讳在更大范围里的扩展。

（三）避讳方式的扩大，由避本讳到避嫌讳

讳嫌名之俗，实起于三国。《三国志·吴志》："赤乌五年，立子和为太子，改禾兴为嘉兴。"此讳嫌名之始也。但还不能成为惯例，所以才有景帝为四个儿子起僻名以求"难犯易避"之事。至晋代，避嫌名才渐成风尚。《晋书·羊祜传》："祜卒，荆州人为祜讳名，屋室皆以门为称，改户曹为辞曹。"嫌名之讳，遂寖成风俗。其后晋简文帝名昱，改育阳县为云阳县。桓温父名彝，改平夷郡曰平蛮郡，夫夷县曰扶县，夷道县曰西道县。后魏道武帝名珪，改上邽县曰上封县。

《三国志·孙休传》注引《吴录》记载了景帝孙休为如何避他的四位皇子之讳所下诏书："人之有名，以相纪别，长为作字，惮其名耳。礼，名字欲令难犯易避，五十称伯仲，古或一字。今人竞作好名好字，又令相配，所行不副，此瞽字伯明者也，孤尝哂之。或师友父兄所作，或自己为；师友尚可，父兄犹非，自为最不谦。孤今为四男作名字：太子名𩅦，𩅦音如湖水湾澳之湾……次子名𩃙音如兕觥之觥……次子名壾，壾音如草莽之莽……次子名㲥，㲥音如褒衣下宽大之褒……此都不与世所用者同，故钞旧文会合作之。夫书八体损益，因事而生，今造此名字，既不相配，又字但一，庶易弃避，其普告天下，使咸闻知。"

从这一诏书的情况来看，当时还不避嫌讳，否则，虽起了难以相犯的字，而其读音却不偏僻，仍然会犯其嫌讳的。"则吴时仍不讳嫌名。果讳嫌名，则𩅦、𩃙、壾、㲥之字虽易避，而湾、觥、莽、褒之音仍难避也。今既制新字，以为易避，则其不讳嫌名可

知。”(陈垣《史讳举例》)及至晋以后,避嫌讳的情况日益增多。

(四)由避名到避字,避字渐成风气

自周代至秦汉以来,都以避名称字为敬。《礼记·檀弓上》:“幼名,冠字,五十以伯仲,死谥,周道也。”《礼记·郊特牲》云:“冠而字之,敬其名也。”清王应奎《柳南续笔》卷四“称字”条:“冠而字,成人之道也。成人,则贵其所以成人,于是乎命以字之。字之为有可贵焉。《春秋》以书字为褒,二百四十二年之间,字而不名者,十二人而已。”《闻见后录》卷九:“汉高祖嫚侮人,骂詈诸侯群臣如奴耳。至张良,必字曰子房而不敢名。”是以称字为敬。汉高祖刘邦字季,《史记·高祖本纪》载有:“萧何曰刘季固多大言,少成事。”吕后曰:“季所居上常有云气,故从往常得季。”皆不避其字。

至魏晋时期,开始避字。《三国志·蜀书·马超传》裴注引《山阳公载记》言马超见刘备,因常呼备字,差点招致关羽、张飞打杀,即是一例。

《三国志》、《晋书》对于避字的情况也多有记载。

孙皓字元宗。《吴录》:“(孟)仁字恭武,江夏人也,本名宗,避皓字易焉。”(《三国志·孙皓传》注引)

《三国志·司马朗传》:“年九岁,人有道其父字者,朗曰:‘慢人亲者,不敬其亲者也。’客谢之。”

《三国志·常林传》:“年七岁,有父党造门,问:‘林伯先在否?’林不答。客曰:‘何不拜?’林曰:‘虽当下拜,临子字父,何拜之有?’”

《晋书·儒林刘兆传》:“尝有人著靴骑驴至兆门外,曰:‘吾欲见刘延世。’兆儒德道素,青州无称其字者,门人大怒,兆曰:

'听前。'"

可见当时避字已经成为风气，延及幼子门人。流风所及，迄于唐宋明清。可以说，魏晋时期已肇其端。

《旧唐书·韩愈传》："拜中书舍人，有不悦愈者，言愈前左降为江陵掾曹，荆南节度使裴均馆之，颇厚。近者均子锷还省父，愈为序饯锷，仍呼其字。此论喧于朝列，坐是改太子右庶子。"

清王应奎《柳南续笔》卷四："昌黎墓志数十篇，标题概称官阀，唯李元宾、柳子厚、樊绍述称字，以见其人不必以爵位为重，是亦所以贵之也。后世不明此理，反以称字为简慢。"卷三："古人敬其名，则未有不称字者。自宋人多著别号，于是有卑幼不敢字其尊长之说。然当时大儒如朱晦庵、魏鹤山之徒，犹不谓然。自明迄今，人尤重号，一登仕板，遂不复以字行矣。"

(五)家讳重于国讳

《南齐书·文惠太子长懋传》称："长懋转秘书丞，以与宣帝讳同，不就。"宣帝，萧道成之父承之，长懋曾祖也，丞其嫌名耳。陈垣《史讳举例》对此非常不解，他说：道成之成不避承，秘书丞何为避承。《南齐书·百官志》，太常、光禄勋、卫尉、廷尉、大司农、少府，皆有丞，尚书有左右丞，皆不讳。《武帝纪》永明六年有"宕昌王梁弥承"；《州郡志》南琅琊有承县，正名亦不讳。《州郡志》又有安成郡，及夷道、僰道、利成、绥成、始成诸县，于道成之名亦不讳。

这儿陈垣混淆了国讳与家讳，文惠太子长懋是以家讳的形式实行避讳，而不是以国讳的形式避讳。国讳与家讳的原理不同，国讳的原理如下：帝王之名为本体，与之相同的，或人名，或地名，或官名，或词语，统为客体，当行为者运用客体进行表达时，需要改变本体与客体的关系，由同变为不同，从而形成避讳。家讳的原理如下：父、祖名为本体，与之相同的，或人名，或地名，或官名，或词语，统为客体。当行为者接触到客体时，不是改变客体，而是切断行为者与客体之间的关系来形成避讳。即国讳是以客体避本体，而家讳是以行为者避客体。文惠太子长懋以帝王之家而严以家讳，可以看出当时家讳之重。

与看重家讳相联系，因家讳而改官名者多有其例。王观国《学林》："孔安国父名愉，安国除侍中，乞不与侍中王愉连书。王舒授会稽内史，以父名会，求换他郡，于是改会为郐，舒犹不得已而行。张稷为永宁太守，以父名永，故改永宁为长宁。"按照后代避讳的通例，所任官名犯家讳，或请辞，或改任。为家讳而改官名者，多为权势熏天之权臣。而魏晋南北朝时期则不然，从中亦可以看出当时家讳的地位之重。

（六）避讳的惩罚较为鲜见

避讳的惩罚，到唐代著于律法，而魏晋南北朝时期还没有明确的规定，表现出比较宽松的情况。陈垣《史讳举例》卷八载，"孙皓时，后父滕牧、司空丁固，皆名密。滕避丁，改名牧；丁避滕，改名固。此时人之互避，为三国时特俗。"《世说新语·排调》："晋文帝与二陈共车，过唤钟会同载，即驶车委去。比出，已远。既至，因嘲之曰：'与人期行，何以迟迟，望卿遥遥不至？'会答曰：'矫然懿实，何必同群？'帝复问会曰：'皋繇何如人？'答曰：'上不及尧舜，下不逮周孔，亦一时之懿士。'"钟会因为晋文帝犯其父讳"繇"，也两犯司马师之父讳"懿"。如按后世避讳之法，应是丁固避后父滕牧之讳，而滕牧不须避讳。而钟会、钟繇父子，地位不如司马懿父子高，而互相触讳，亦可见当时尊卑观念的疏松。

因尊卑观念的疏松，从而形成避讳的惩罚的缺失。而且对是否避讳，也有较为宽容的看法。

《南史·谢朏传》："宋明帝尝敕与谢凤子超宗从凤庄门入。二人俱至，超宗曰：'君命不可以不往。'乃趋入。朏曰：'君处臣以礼。'遂退不入。时人两称之，以比王尊、王阳。"

直到南北朝时期，二名不偏讳的情况还保留着，所以有增字以逃讳的情况。

南燕世宗献武皇帝慕容备德，初名德。《南燕录》载，建平元年，慕容德即皇帝位，诏曰："汉宣悯吏民犯讳，故改名。朕今增一备字，以为复，庶开臣子避讳之路。"

（七）避讳用字增多

魏晋避讳与汉代不同的一个突出表现是避讳用字增多。周广业《经史避名汇考》卷十："若《三国志》所称义兵、舟兵、水兵、起兵、分兵、引兵、募兵、收兵、渡兵、遣兵、纵兵，义军、舟军、水军、悉军、劳军、兴军、弃军、还军，锐众、兴众、贼众、率众、聚众之类，不可枚举，皆避'师'字。随宜改易，初无成例也。"又《晋书·职官志》云，"晋初以景帝讳故，又采《周官》官名，置太宰以代太师之任。"《通典·职官十二》则云："以景帝讳师，故改太师为太帅。"三国魏诸王国置师、友、文学等职，西晋时避讳改"师"为"傅"(《晋书·职官志》)。此外，避司马师之讳而改字的例子还有：军司，《通典·职官志》："军师……晋避景帝讳，改为军司。"天官，《经史避名汇考》卷十："汉末张陵，字处冲，自称天师……《华阳志》云：'自陵以后，世有天官。'盖晋世避称天官也。"京都，《资治通鉴·魏纪十》胡三省注："晋景王讳师，晋人避之，率谓京师为京都。"陈垣《史讳举例》第七十四："京师改京都，或改京邑。"

据统计，避司马师之讳而使用的替代字计有帅、兵、军、众、宰、傅、司、官、都、邑，达十字之多。这主要是“师”字多义，而在避讳规则较为疏松的晋代，没有专门用字的一种表现。

四、隋唐五代避讳

隋唐五代的避讳情况，与前代有了较大的变化，其表现在以下几个方面：一是关于避讳的制度和规定有了很多变化。二是避讳方式有了发展，较为丰富，除了前代的改字等方式外，产生了缺笔等方式。三是避讳的规则逐渐定型化，对犯讳的惩处有了明确的规定，而且著之于律法，为后代宋代至清代朝廷所承袭。四是避讳范围扩大，家讳得到了极大的发展，对犯家讳的惩罚、公所家讳的使用都有了明确的规定。

（一）唐代避讳规则多有变化

1. 二名偏讳问题

唐之初，遵古礼制，二名不偏讳。陆游《老学庵笔记》卷十：“唐初不避二名。太宗时犹有民部，李世勣、虞世南皆不避也。至高宗即位，始改为户部。世南已卒，世勣去‘世’字，惟名勣。或者尚如古卒哭乃讳欤？”

《册府元龟·帝王部·名讳》载，太宗诏：“近世以来，曲为节制，两字兼避，废阙已多，率意而行，有违经语。”“其官号人名，及公私文籍，有世及民两字不连读者，并不须避。”

从李世民之诏可以看出，当时已有二名偏讳的情况，所以才有“有世及民两字不连读者，并不须避”的说法。当然也不是“卒哭乃讳”，生讳已经极为普遍。由于李世民的开明，使得二名偏讳的问题没有蔓延，因而，高宗朝修《唐律议疏》仍有“嫌名及二名偏犯者，不坐”的条例。至后唐明宗时期犹有追述。《旧五代史·后唐明宗纪》天成元年六月诏，“臣有世南，官有民部，靡闻曲避，止禁连呼”。

但二名不偏讳的规定并没有延续很长时间，或者说并没有严格实行过。高宗即位，即避太宗二名，玄宗朝更甚。甚至太宗时期，二名偏讳例也不少。

贞观三年等慈寺塔记，称王世充为王充。

显庆四年大唐纪功颂，王世充俱为王充。

乾封元年赠泰师孔宣公碑，两引“生民以来”，都作生人。“智愚齐泯”，泯作汦。此为唐碑避讳缺笔始见。

乾封元年于志宁碑，“世武”世字作卅。

仪凤二年李勣碑，但作勣。而王世充世字缺中一笔。

《旧唐书·高宗纪上》记载：贞观二十三年六月，改民部尚书为户部尚书。七月，改治书侍御史为御史中丞，诸州治中为司马，治礼郎为奉礼郎。前一例避太宗李世民上名，后三例避高宗本讳。

五代时，二名已由不避为常，逐渐过渡到以避为常。

《旧五代史·后唐明宗纪》载：后唐明宗名嗣源，天成元年六月，敕曰：“古者酌礼以制名，惧废于物；难知而易讳，贵便于时。况征彼二名，抑有前例。太宗文皇帝自登宝位，不改旧称，时则臣有‘世南’，官有‘民部’，靡闻曲避，只禁连呼。朕猥以渺躬，托于人上，只遵圣范，非敢自尊。应文书内所有二字，但不连称，不得回避。若臣下之名不欲与君亲同字者，任自改更，务从私便，庶体朕怀。”

末帝时则修改诏令，连名、偏旁都讳，以为常制。

《旧五代史·后晋高祖纪》载，后晋天福三年，中书上言，“唐太宗二名并讳，玄宗二名亦同，人姓与国讳音声相近者，亦改姓氏，与古礼有异”。诏“所谓二名及嫌名事，亦宜依唐礼施行”。避讳成为统治者表明其正统身份的手段。

2. 避嫌名问题

唐初政策开明，尚不避嫌名，《唐律》明载。高宗朝避嫌讳渐繁。

《唐会要》卷二十三：宪宗册为皇太子时，兵部尚书王纯以与同名，请改名绍，君子非之。时韦纯为监察御史，独不请改。既而下诏以陆淳为给事中，改名质。纯不得已，乃上书改名贯之。

陆淳以犯宪宗（时为太子）李纯之嫌讳，而改名为质。此为避嫌名之例，其特别之处在于，避讳而改名不是由臣子自己提出，而是由“下诏”的方式而实行，可见是作为个案来处理，并没有形成定例，这大概是由于李纯还没有即位的原因吧。从中可以看出避嫌讳也有其例。

至则天朝，兼避偏旁。《册府元龟·总录部·名讳》载，崔元暐原名暈，以下部偏旁同于则天祖讳，而改名。则天祖名武華。

唐初一统，大唐天子以其宽广的胸怀，容纳了不同的文化和习俗，在避讳问题上也是相对宽容，至五代时犹有此例。

宋薛居正等《旧五代史》卷七十七《晋书·高祖纪》：（天福三年二月）辛丑，中书上言：“《礼经》云：‘礼不讳嫌名，二名不偏讳。’注云：‘嫌名，谓音声相近，若禹与雨、邱与区也。二名不偏讳，谓孔子之母名徵在，言在不称徵，言徵不称在。’此古礼也。唐太宗二名并讳，明皇二名亦同；人姓与国讳音声相近是嫌名者，亦改姓氏，与古礼有异。庙讳平声字，即不讳余三声；讳侧声，即不讳平声字。所讳字正文及偏旁阙点画，望依令式施行。”

诏曰："朝廷之制，今古相沿，道在人宏，礼非天降。方开历数，虔奉祖宗，虽逾孔子之文，未爽周公之训。所为二名及嫌名事，宜依唐礼施行。"

实际的情况与礼文所载并不一致，避嫌名也屡见。

清赵翼《陔余丛考》卷三十一"嫌名"条："嫌名不讳，韩昌黎《讳辩》已详论之。然隋文帝以父名忠，凡官名有中字，悉改为内，已著为令。至唐时讳嫌名者更多，贾曾擢中书舍人，以父名忠，引嫌不拜。议者引《礼》折之，始受。萧复为晋王行军长史，德宗以其父名衡，乃改为统军长史。则朝廷之上且为臣子避嫌名矣，毋怪乎李贺应进士举，当时流俗以其父名晋，遂同声訾议也。然《唐书》卫洙为郑颍观察史，洙以官号内有一字与臣家讳同，欲乞改授。诏曰：'嫌名不讳，著在礼文，成命已行，固难依允。'《李蹊传》：宦者摘蹊疏中语犯顺宗嫌名，蹊奏曰：'《礼》不讳嫌名。'不坐。则唐律本有嫌名不讳之条。"

虽唐律有嫌名不讳条，然习尚多有回避之例。

3. 已祧不讳问题

唐代遵从古礼，沿用已祧不讳的规则。

《通典》卷一〇四《礼六十四》载，晋孙毓始倡《七庙讳字议》，提出据礼，"天子诸侯皆讳群祖，亲尽庙迁，乃舍故而讳新"。建议建立七庙与避讳相统一的制度，为以后的庙讳制度打下了基础。隋文帝即位后，又制定了自高祖之下置四亲庙的制度，唐初沿用。至唐太宗仿古礼制定七庙制度，玄宗时增至九庙，武宗时又设九代十一室，以其在祔与否决定是否避讳。《唐会要》卷二十三载，高宗永徽二年，于志宁奏"皇祖宏农府君神主当迁，请依礼不讳，从之"。《册府元龟》卷五九一记载，元和初，礼仪使奏顺宗神主升祔，高宗、中宗迁出，不讳。宝历初，玄宗依故事已祧不讳。

武则天改唐为周，避其本名曌，为武氏诸祖立七庙于东都，以其诸祖名为国讳。

（二）避讳形式的变化

唐代以前，避讳的形式主要以改换同义之字为主，至唐代有了变化，隋唐五代时期的避讳方式主要有：改词、空字、缺笔等，其中缺笔的方式以唐为早见。

缺笔避讳，当起于高宗之世。《册府元龟·帝王部·名讳门》载，显庆五年正月诏曰："孔宣设教，正名为首，戴圣贻范，嫌名不讳。比见钞写古典，至于朕名，或缺其点画，或随便改换，恐六籍雅言，会意多爽；九流通义，指事全违，诚非立书之本意。自今以后，缮写旧典文字，并宜使成，不须随义改易。"可见缺笔避讳已成惯例。陈垣称"开成石经，缺笔多而改字少，经典原本，赖是保存焉"。

王重民《敦煌古籍叙录》指出，伯2542、伯2823《唐明皇御制道德真经疏》卷中，渊、民、治等讳字，"其在经文，皆阙末笔；在疏内，则以避讳之字代之。如第三章疏，'云自随龙，风常随武（虎）。'第八章经文'心善渊'疏作'心善泉'"。由此断定，"唐人避讳之例，旧文则阙笔，撰述则采用代字，斯其例矣"。"武"为避唐高祖李渊祖追尊太祖景皇帝李虎名讳。"泉"为避李渊讳。

缺笔避讳自有其定例，保存经典旧文，功莫大焉。

从唐代流传下来的碑刻等文献，还可以看出缺笔避讳的情况。如上文曾提到的：

乾封元年赠泰师孔宣公碑，"智愚齐泯"，泯作泜。此为唐碑避讳缺笔始见。

乾封元年于志宁碑，"世武"世字作卅。

仪凤二年李勣碑，王世充世字缺中一笔。

空字避讳之法也大行。

《旧唐书·裴行俭传》：父仁基。裴光庭神道碑避讳去基字。

《新唐书·裴矩传》，宰相世系表作世矩，盖入唐后避太宗讳去世字也。

唐开元三年，嶲州都督姚懿碑云："公后娶刘氏，今紫微令崇、故宗正少卿景之母也。以唐表考之，则懿三子，曰元景，曰元之，曰元素，其单称崇及景者，避玄宗尊号耳。"原名应为玄景、玄之、玄素，唐表讳玄为元，《姚懿碑》则空"玄"字。

太原县有史匡翰碑，立于天福八年。匡翰，建瑭之子也。碑于"瑭"字空文以避五代晋高祖石敬瑭讳，而建瑭父敬思，仍书"敬"字，盖当时避讳之体如此。仍有不尽讳之例。

(三)犯讳的惩处

据《唐六典》等书记载，隋唐"祠祀享祭，天文漏刻，国忌庙讳"，由尚书省礼部四司的祠部掌管。但至唐代，避讳已经不仅是礼法之事，而且也进入了律法范围，对于触讳有了明确的惩罚原则和标准，避讳由著之礼文到著之律文，完成了避讳制度作用的转移。对触讳的惩罚规定，后代宋至清一直以唐律为准绳，基本不出其樊篱。

《唐律疏议》卷十《职制律》"上书奏事犯讳"条："诸上书若奏事，误犯宗庙讳者，杖八十；口误及余文书误犯者，笞五十。"疏议曰："上书若奏事，皆须避宗庙讳。有误犯者，杖八十；若奏事口误及余文书误犯者，各笞五十。"又，"即为名字触犯者，徒三年。若嫌名及二名偏犯者，不坐。"疏议曰："普天率土，莫非王臣。制字立名，辄犯宗庙讳者，合徒三年。若嫌名者，则礼云'禹与雨'，谓声嫌而字殊；'丘与区'，义嫌而理别。'及二名偏犯者'，谓复名而单犯，并不坐。"

《唐律疏议》卷三《名例律》："诸府号、官称犯父祖名，而冒荣居之，……免所居官。"疏议："府号者，谓省、台、府、寺之类；官称者，谓尚书、将军、卿、监之类。假有人父祖名常，不得任太常之官；父祖名卿，亦不合任卿职。""选司唯责三代官名，若犯高祖名者，非。"

《唐律疏议》卷十《职制律》还对官员触犯家讳作了处罚规定："诸府官号称犯祖父名，而冒荣居之者，徒一年。"疏议云："府有正号，官有名称。府号者，假若父名卫，不得于诸卫任官，或祖名安，不得任长安县职之类；官称者，或父名军，不得作将军，或祖名卿，不得居卿任之类。皆须自言，不得辄受。"

《宋刑统》、《大清律》等律法，对触讳惩罚的规定大都沿袭了《唐律》的规则。

（四）避讳范围扩大

隋唐时期避讳范围扩大，一方面表现在避讳对象范围的扩大，不但皇帝名字要避讳，太子、皇后，甚至皇亲国戚的名字也要避讳。宋敏求《长安志》和清徐松《唐两京城坊考》记载了唐代长安和洛阳城坊名的改变情况，其中有避唐太宗李世民、唐玄宗李隆基等皇帝的名讳而改换称呼的，也有避武则天、则天之父、则天之母、太子、驸马都尉父等名讳，而改换称呼的，可见避讳范围的扩大。

此例举避太子讳。

《隋书·地理志》载，仁寿元年，隋炀帝杨广立为太子，凡郡县名有广字者均改名，广福郡改浙阳，广昌郡改上谷，广长县改修成。

唐高祖立建成太子，岑仲勉《唐史余沈》卷一引《新唐书》卷四十《地理志四》阆州晋安县下云："本晋城，武德中避隐太子名更。"《太平寰宇记》卷八十六："唐武德四年，割相如、南部二县置新城县，后以隐太子讳，改名新政县。"卷一〇六："唐武德五年于此立靖州，又以建城避隐太子讳故，改为高安。"

高宗太子弘，改弘教门为崇教门。

后立沛王贤为太子，改崇贤馆为崇文馆。

《旧唐书·王方庆传》：则天时，太子左庶子王方庆，请仿晋尚书山涛称皇太子不言名的旧例，将东宫殿门有犯太子讳者皆改之。

《旧唐书·薛登传》：开元初，薛谦光以名犯太子嗣谦讳，"表请行字"，遂赐名登。《旧唐书·玄宗诸子传》："废太子瑛，玄宗第二子也，本名嗣谦。"

避太子讳，唐初仅限于东宫臣僚，后逐渐发展到其他臣僚。顺宗广陵王李纯为太子，诏下数日，就有兵部尚书王纯上书请改名绍，后改其名曰质，"时议以为谄"。但也渐成风气。

避讳范围扩大的另一方面则是，避讳之俗，从唐代开始较多地传入周边国家。其原因在于，大唐帝国国力强盛，其影响力辐射周边国家；再者，周围国家入唐学习者众多，归国时将避讳的风俗引进其国。

《旧唐书·刘仁轨传》载，仁轨于高宗时平定百济，立即"颁宗庙忌讳，立皇家社稷"。宣宗大中初，南召坦绰酋龙继立，号骠信，唐朝以其"名近（玄宗）庙讳，复无使朝贡，不告国丧，遂绝册立"。后杜悰入相，主张安抚，请求"诏清平官以下，谕其君长名犯庙讳"，使之"遣使谢恩，易名贡献"。唐代避讳的制度，已延伸至要求附属国的异族相避。

《入唐求法巡礼行记》卷一载，日僧圆仁，入唐求法巡礼，西明寺僧宗睿汉师告之，“大唐国今帝讳昂，先祖讳纯（淳）、讼（诵）、括（适）、誉（豫、预）、隆基、恒、湛、渊、虎、世民。音同者尽讳”。此为要求来大唐求法的异族人遵守避讳规则。

五代南方政权，凡奉唐及北方中原王朝为正朔的，无不尊其国讳。洪迈《容斋随笔》卷四“孟蜀避唐讳”条载，前蜀王建已称帝，蜀本石经避渊、世民诸字，所立龙兴寺碑言及唐朝诸位皇帝之名，也都缺笔。

《全唐文纪事》卷一引《五代会要》载，后周显德三年（956年）八月，“宣翰林学士院，今后凡与诸侯王诏书，除本名外，其文词内有与其本名同者，宜改避之”。

异国避讳之例渐多，实为国家间文化交流之一景。

（五）家讳泛滥

家讳在魏晋南北朝时期得到了极大的发展，避家讳而辞官也屡见其例。《南史·齐文惠太子长懋传》：宋末转秘书丞，以与宣帝讳同，不就。宣帝，萧道成之父承之，长懋的曾祖父。范晔为太子詹事，以父名泰，辞不拜。陈垣以为“当时习尚如此，非定制”。至隋唐五代时期家讳仍然占据重要的地位。其与前代不同的是，避家讳在习俗上更加严格，最为著名的例子是诗人李贺，因父名晋肃，而不能应进士试，致穷困一生。可见当时家讳已经发展到很严重的程度。

针对这种情况，韩愈作《讳辩》：“今贺父名晋肃，贺举进士，为犯‘二名律’乎？为犯‘嫌名律’乎？父名晋肃，子不得举进士，若父名仁，子不得为人乎？”“夫讳始于何时？作法制以教天下者，非周公孔子欤？周公做诗不讳，孔子不偏讳二名，春秋不讥不讳嫌名，康王钊之孙实为昭王，曾参之父名皙，曾子不讳昔。周之时有骐期，汉之时有杜度，此其子宜如何讳？将讳其嫌，遂讳其姓乎？将不讳其嫌乎？汉讳武帝名彻曰通，不闻又讳车辙之辙为某字也。今上章及诏不闻讳'浒'、'势'、'秉'、'饥'也，惟宦官宫妾乃不敢言'谕'及'机'，以为触犯，士君子言语行事，宜何所法守乎？今考之于经，质之于律，稽之以国家之典，贺举进士为可邪，为不可邪？"

韩愈以其不屈服于流俗的勇气，同当时社会的陋习进行顽强抗争。

唐代犯家讳没有惩罚的定例，与后代权贵们动辄"以家讳刑人"，自有高下之别。

《唐国史补》卷上记载，郗昂因议论无德宰相，一天内触犯韦陟、吉温、房琯三人父讳。只韦陟与之绝交，而另二人并无谴责，当时的宽容可见一斑。

与前代不同的是，唐代避家讳对于举子科考有一定的限制和规定。

《全唐文纪事》卷一录《南部新书》载："遇题目有家讳，即托疾下将息状出来。云：'牒，某忽患心痛，请出试院将息，谨牒如的。'"

《礼记》明确记载，"公所无私讳"，至唐代，公所对家讳也有所避，《全唐文纪事》卷一引《翰苑群书》："翰林学士如当制日，遇将相姓名与私讳相同者，即请同曹替草，远讳不在此限。"

不仅科举考试要避家讳，而且官场行文也要避家讳，已经成为了读书人的禁锢。

与家讳泛滥相协调的是，权臣以其家讳通行天下，往往是不臣之兆。

《旧五代史》卷三《梁书·高祖纪三》:“(开平元年五月)甲午,诏天下管属及州县官名犯庙讳者,各宜改换:城门郎改为门局郎,茂州改为汶州,桂州慕化县改为归化县,潘州茂名县改为越裳县。”魏泰《东轩笔录》:“京师呼城外为州东、州西、州南、州北,而韦城、相城、胙城等县,但呼韦县、相县、胙县,盖沿梁时避讳之旧也。”此为梁太祖朱晃避其父诚、曾祖茂琳讳。此类避讳在朱晃称帝之前就已经开始了。

《旧五代史·后梁太祖纪》:朱温篡权之前,中书门下特奏令“天下州县名与相国魏王家讳同者,请易之”。

《旧唐书·哀帝纪》:“天祐二年七月敕,全忠请铸河中晋、绛诸县印,县名内有城字并落下,如密、郑、绛、蒲例,单名为文。”不久又敕改武成王庙为武明王庙,以及成、城、信等字,以这些字犯其父祖之讳。称帝之后,追尊高帝以下四代庙号,全面更改天下州县名及官名犯庙讳者。后唐庄宗灭梁,以唐高祖、太宗、懿宗、昭宗及自己的曾祖以下立七庙,同光元年,下令将“天下官名府号及寺观门额曾经改易者,并复旧名”。后晋石敬瑭也追尊高祖以下四庙。后汉高祖刘知远,竟将西汉高祖、光武帝及曾祖以下立庙颁讳,以示远承汉室,将避讳作为显示其正统出身的标志。

与避讳的开明相适应,唐五代的帝王都有改名以便于臣子避讳的例子,大唐盛世的宽容也于此可见一斑。

《旧五代史·后梁末帝纪上》:“虽臣子行者,重更名于已孤,而君父称尊,贵难知而易避。”所以隋唐五代时期都有皇帝或太子改名的现象,其目的就是为了“难知而易避”,“开臣子避讳之道”。可以说,以唐代为界限,前此的避讳由两方面来共同完成,除了避讳者要敬避而外,被避者也尽量使自己的名字易于为人所避。宋代以后，避讳就主要是避讳者的事了，偶有君王改名，为避讳者着想的因素也越来越小。

唐肃宗初名嗣生，后改名浚与玙，开元二十八年立为太子，改名绍。天宝三载，又改名亨。

唐代宗初名俶，乾元元年，立太子改名豫。

唐宪宗初名淳，立太子改名纯。

唐穆宗初名宥，册皇太子改名恒。

唐文宗初名涵，即位后更名昂。

梁末帝初名友贞，即位后改名锽，贞明中又改为瑱。

后唐明宗原名嗣源，即位次年改名亶。

隋唐五代时期避讳涉及范围很广，包括：臣下姓名、地名、干支、年号、陵名、庙号、礼器、宫观等建筑等名称，出现场合也很广泛，诸如官方文书、奏章、修史、碑铭、典籍文字、科举等，数量众多，不可尽举。略举数例如下：

《唐六典·吏部》："武则天讳曌，改诏为制，玄宗避基，改期丧为周丧，期亲为周亲。"

《资治通鉴》卷二二二"代宗睿文孝武皇帝上之上"胡三省注：代宗"登遐之后，议上庙号曰世宗，避太宗讳，改曰代宗"。

《齐东野语》卷四"避讳"："凡郎中皆去中字，侍中为侍内，中书为内史，殿中侍御皆为内侍御，置侍郎不置郎中，置御史大夫不置中丞，以侍书御史为之。"此为避隋文帝父追尊太祖武元皇帝杨忠之嫌讳。

后梁避成字，改城门郎为局门郎。

后晋避瑭字，改中书政事堂为中书政事厅。

后周避世宗郭威名讳，改威卫大将军为左右屯卫大将军。

而地名因避讳而改称的就更多了，仅以宋宋敏求《长安志》

和清徐松《唐两京城坊考》所载唐长安、洛阳两地城内地名的改称,就可见一斑。

长安城坊名:

兴道　瑶林　景龙元年,以驸马都尉武攸暨父怀道名改,景云元年复旧。

安民　安仁　永徽元年,避太宗李世民讳改。

弘业　大业　神龙中,避孝敬皇帝李弘讳改。

显国　昭国　长安中,避太子(中宗)李显讳改。

修华　修行　避则天祖华讳改。

隆庆　兴庆　玄宗即位改。

光显　光行　则天长安中改。避中宗李显讳。

怀贞　怀贤　则天避母太贞夫人号改,神龙元年复旧。

隆政　布政　避玄宗李隆基讳改。

广恩　长寿　避隋炀帝杨广讳改。

永隆　永平　玄宗即位改。

显行　昭行　长安中避太子李显讳改。

熙光　义宁　义宁元年改,避唐高祖李渊之高祖追尊献祖宣皇帝李熙讳。

弘化　崇化　避孝敬皇帝李弘讳改。

贞安　修德　则天避母太贞夫人号改。

淳和　永和　元和初避宪宗李淳讳改。

洛阳城坊名:

宜民　宜人　避太宗李世民讳改。

民和　仁和　避太宗李世民讳改。

睦民　睦人　避太宗李世民讳改。

显义　明义　避中宗李显讳改。

基化　敦化　景云初避太子(玄宗)李隆基讳改。

弘教　宣教　神龙初,避孝敬皇帝李弘讳改。

宁民　宁人　避太宗李世民讳改。

五、宋代避讳

宋代避讳是中国避讳史上的高峰时期,就时间而言,宋与辽、西夏、金处于同一历史时段上,相互之间也互相影响,但我们还是把宋代的避讳作为一个单独的部分来陈述,其原因就在于,宋代把避讳这一种汉民族的文化现象发展到了极致,达到了顶峰,即使后代把避讳作为一种大事的清代,也不能与之相比。

宋代是一个国力较弱的朝代,终宋一代,宋朝的统治者一直受着来自辽、西夏、金、蒙古等北方民族的困扰,而宋朝本身又消极地接受了唐代藩镇割据造成了严重的叛乱结果这一历史教训,限制各地方官员的权利,实行中央集权,其结果就是国力削弱,无力与北方异族抗衡。由于赵匡胤的黄袍加身,其皇位的得来显得并不光明正大,故而从一开始,宋代的统治者就意图通过追述祖先为自己找到一个正宗的血脉,强调自己统治的合法性。所以,从赵匡胤登上皇位之初,就追封其父弘殷为宣祖武昭皇帝,其祖、高祖、曾祖皆有追封。至真宗时,又追封其始祖玄朗为圣祖。又以轩辕黄帝为其远祖,以见其血统之纯正。而与这一系列追封同行的则是对他们名字的避讳。与宋人的不善武功相比,其文治的功夫确实不凡,他们对避讳规则的讨论确实很精细。先秦时期的昭穆制度在宋代又得到了很好的继承。

（一）避讳在社会中的地位极为重要

对帝王名字的避讳的讨论，成为礼官经常要进行的事情。而对于避讳规则的确定，也更为繁密，此为其特点一。

《宋史·礼志九》记载了神宗熙宁、元丰年间礼官对于宗室昭穆制度的讨论。“治平四年，英宗将祔庙，太常礼院请以神主祔第八室，祧藏僖祖及文懿皇后神主于西夹室。自仁宗而上，以次递迁。翰林承旨张方平等议：‘同堂八室，庙制已定，僖祖当祧，合于典礼。’乃于九月奉安八室神主，祧僖祖及后，祔英宗，罢僖祖讳及文懿皇后忌日。”

“熙宁五年，中书门下言：‘僖祖以上世次，不可得而知，则僖祖有庙，与商周契、稷疑无以异。今毁其庙而藏主夹室，替祖考之尊而下祔于子孙，殆非所以顺祖宗孝心、事亡如存之义。请以所奏付两制议，取其当者。’时王安石为相，不主祧迁之说，故复有是请。”

“章衡请：‘尊僖祖为始祖，而次祧顺祖，以合子为父屈之义。推僖祖侑感生之祀，而罢宣祖配位，以合祖以孙尊之义，余且如旧制。’而冯京欲以太祖正东向之位，安石力主元绛初议，遂从之。帝问：‘配天孰始？’安石曰：‘宣祖见配感生帝，欲改以僖祖配。’”帝然之。于是请奉僖祖神主为始祖，迁顺祖神主夹室，以僖祖配感生帝祀。诏下太常礼院详定仪注。安石本议以僖祖配天，帝不许，故更以配感生帝焉。

“元丰元年，详定郊庙礼文所图上八庙异宫之制，以始祖居中，分昭穆为左右。自北而南，僖祖为始祖；翼祖、太祖、太宗、仁宗为穆，在右；宣祖、真宗、英宗为昭，在左。皆南面北上。陆佃言：‘太祖之庙百世不迁，三昭三穆，亲尽则迭毁。如周以后稷为太祖，王季为昭，文王为穆，武王为昭，成王为穆，康王为昭，昭王为穆，其后穆王入庙，王季亲尽而迁，则文王宜居昭位，武王宜居穆位，成王、昭王宜居昭位，康王、穆王宜居穆位，所谓父昭子穆是也。说者以昭常为昭，穆常为穆，则尊卑失序。’复图上八庙昭穆之制，以翼祖、太祖、太宗、仁宗为昭，在左；宣祖、真宗、英宗为穆，在右。皆南面北上。”

宋代依然继承了唐代以来的避讳制度，遵循“已祧不讳”的先例，宋初，宋太祖赵匡胤尊其父弘殷为宣祖武昭皇帝，祖赵敬为翼祖简恭皇帝，曾祖赵珽为顺祖惠元皇帝，高祖赵朓为僖祖文献皇帝，及远祖轩辕，始祖玄朗，并祔于宗庙。至哲宗时，神宗祔庙，迁翼祖赵敬之灵位于夹室，依礼部例，“已祧不讳”，故不再入官讳之列。宋徽宗赵佶草书《千字文》卷，未避“敬”讳字，而宋代为避此“祖敬”嫌名讳，把镜子改称为“照子”。徽宗时，又认为翼祖不应祧迁，乃迁回宗庙。至高宗绍兴三十二年，钦宗祔庙，翼祖神主再次祧迁，其名不再避讳。《宋史·礼志十一》：绍兴三十二年正月，礼部太常寺言，钦宗祔庙，翼祖当迁，于正月九日告，迁翼祖皇帝、简穆皇后神主奉藏夹室，以后翼祖皇帝讳依礼不讳，诏恭依。随着避讳范围的扩大，对于“祧庙”的避讳也开始产生，只是避讳的范围较小，只限于臣庶命名。光宗绍熙元年四月诏，“今后臣庶命名，并不许犯祧庙正讳。如名字现有犯祧庙正讳者，并合改易”。也只避正讳，不避嫌讳。

《经史避名汇考》卷十九：“案，翼祖先祧于哲宗时，故元祐诸公著书不避敬字，至徽宗朝蔡京建立九庙，复还翼祖以足九世之数，重颁庙讳。”

(二)避讳用字繁密

宋代避讳的第二个突出的特点是，其避嫌讳的范围极大地超越了前人，可以说达到了登峰造极的地步。宋初太宗赵光义还算开明，还知道“难知而易避”的道理，并有所表现。李攸《宋朝事实》卷一：宋太宗赵光义即位，下诏曰：“稽历代之旧章，贵难知而易避。爰尊故事，载易嘉名，凡在庶寮，当体朕意。朕今改名炅。自临御以来，除已改州县、散官、职事官名号及人名外，其旧名二字，今后不须回避。”然而没有多久，真宗朝的避讳就逐渐升级，因其名恒，就讳恒为常，改恒山为常山，自此，避讳愈演愈繁，宋洪迈《容斋随笔·三笔》中指出：“本朝尚文之习大盛，故礼官讨论，每欲其多，庙讳遂有五十字者。举场试卷，小涉疑似，士人辄不敢用，一或犯之，往往暗行黜落。方州科举尤甚，此风殆不可革。”

据绍定《礼部韵略》所载“淳熙重修文书式”，其避讳用字多达五十多字，为前无古人，后无来者之举。列举如下：

玄　胡涓切　悬县泫訇肱昡獧等二十字。

朗　卢党切　悢烺狼阆浪等二十字。

匡　去王切　筐眶恇劻迋等十八字。

胤　羊晋切　酳鞇引等十七字。

炅　古迥切　颎炯耿扃憬等十六字。

恒　胡登切　峘姮等四字。

祯　陟盈切　桢贞侦征旌症等十三字。

曙　常恕切　署抒藷薯树(殊遇切)竖澍赎属等二十六字。

顼　呼玉切　旭勖等七字。

煦　吁句切　昫酗休响咻等十三字。

佶　极乞切　姞郅鲒吉咭等十一字。

桓　胡官切　瓛完丸院洹汍纨綄芄莞萑鹳苋狟皖垣等四十九字。

构　古候切　遘媾觏购冓篝耩姤诟逅鸲句雊钩岣縠彀拘瞉够等五十五字。

昚　时认切　慎蜃等九字。

惇　都昆切　敦墩邨鹑錞等二十四字。

扩　阔镬切　廓郭鞹鞟等十七字。

昀　俞伦切　匀畇驯巡等七字。

绍熙重修文书令。诸犯圣祖名、庙讳、旧讳、御名，改避。余字有他音，及经传子史有两音者，许通用，正字皆避之。若书籍及传录旧事者，皆为字不成，其在真宗皇帝谥号内者，不避，应奏者以黄纸覆之。诸文书不得指斥援引黄帝名，经史旧文则不避。

(三)家讳较为统一

对于家讳的避讳，宋代也有了较为统一的规定。此为其避讳特点之三。

对于官员避家讳的情况，历代不一。有的只避正讳，有的兼避嫌讳；有的以辞官为是，有的以国事为重而不许辞。并无划一之规则。至宋代意图对此类现象找出一个统一的解决办法。

《愧郯录》卷一〇引李焘奏稿："嘉祐六年，翰林学士贾黯知审官院，大理寺丞雷宋臣除太子中舍，以父名显忠乞避，朝廷许之。黯谓宋臣不当避嫌名，朝廷既许宋臣，若后有如此而不避，则可坐以冒荣之律乎？因言：自雍熙以来，或小官许改，或大臣不许，或虽二名、嫌名而许避，或正犯、单犯讳而不许。前后许与不许，系于临时，盖由未尝稽详礼律，立为永制。约雍熙诏书，自某品以上，凡除官若犯父祖名讳，有奏陈者，先下有司定，若当避则听改，余不在此限。于是太常礼院、大理寺同议。礼院、大理寺言：'父祖之名，子孙所不忍道，不系官品之高下，并当回避。'乃诏：'凡府号官称犯祖、父名而非嫌名及二名者，不以官品高下，并听回避。'"

其结果是，只以避正讳为准，而嫌讳及二名并不须避。

宋代避讳有所发展，前此只有避帝王名讳而改词语例，至宋，有避权臣名而改词语例。

宋周密《齐东野语》卷四载，"蔡京在相位日，权势甚盛，内外官司公移皆避其名，如京东、京西并改为畿左、畿右之类"。"曾鲁公父名会，故避之者，以勘会为勘当。蔡京父名准，改平准务为平货务。此皆士大夫自避家讳也"。

曾公亮(999～1078)，字明仲，号乐正、晓窗，泉州城内人。北宋天圣二年(1024年)中一甲第五名进士，历仕仁宗、英宗、神宗三朝，累官至枢密使、同中书门下平章事、昭文馆大学士，封鲁国公，以太傅致仕。卒赠太师、中书令，谥宣靖，配享英宗庙庭。以其位高权重，有避其父讳而改"勘会"为"勘当"之事。

蔡京(1047～1126)，字元长。福建仙游人。官尚书左丞右仆射、户部尚书，拜太师。权倾朝野，避其讳而改"京东""京西"为"畿左""畿右"，避其父讳而改"平准务"为"平货务"，其例不少。避讳适足以作为其权势之证。

六、辽、西夏、金、朝鲜避讳

辽、西夏、金曾经统治中国北部达三四百年之久，在这一时期也是中国避讳发展的一个顶峰时期，受宋朝避讳的影响，辽、西夏、金都曾使用避讳作为其约束人们行为的方式之一。作为异族使用避讳这一来源于汉民族的文化手段，有着不同于汉族的表现形式，主要表现如下：一是避讳只避汉名，不避本国原有名。二是避讳只局限于国讳的范围，而没有家讳、宪讳等表现。三是避讳只表现为一种单纯的名字禁忌，而没有与祭祀、宗庙制度等相协调。也就是说，在辽、西夏、金那儿，避讳只是形式的借用，而没有深入到本民族文化的内部，表现出其肤浅的一面，而伴随着与汉民族接触的减少而消失。

朝鲜是受中国文化影响最深的国家。从唐代起，朝鲜（高丽、新罗、百济）几乎全盘接受了汉民族的礼仪制度、宗庙祭祀体系。又由于是唐、宋的附属国，就有了避唐、宋国讳的约定。除了辽国强大时有避辽国讳的情况外，基本上都避唐、宋国讳。同时又把避讳这种制度引入内部，避朝鲜王讳。与辽、金、西夏不同，避讳对朝鲜的影响要大得多，甚至影响到其地名的用字。而且避讳在朝鲜延续的时间也很长，直到进入现代社会前。

（一）辽代避讳

契丹族的辽“起自朔漠，其始本无文字，无所谓避讳”。辽兴宗时，翰林都林牙监修国史韩家奴上书曰：太祖继位后，“累圣相承，自夷离堇湖烈以下，大号不加，天皇帝之考夷离堇的鲁犹以名呼”。当时采用汉名还没有形成风气，所以并没有避讳之说。“既占河朔，始习汉文，兼用汉文名字”。使用汉名为其避讳准备了条件。

辽代避讳的使用最早的记载见于圣宗时期。

辽圣宗太平六年（1026 年）七月，宋派韩亿为贺辽后生辰使，“诏亿名犯北朝讳，权改意”。

太平十年(1130年)正月,宋派张亿为贺契丹皇后正旦使,改为张易。

以上为避辽太祖耶律阿保机讳,其汉名为亿。

重熙六年(1032年)十月,宋派王德基为贺辽国母生辰使,与正使刘随一起去辽都,《辽史》作王德本。此为避道宗耶律洪基讳。

天祚帝耶律延禧在位时,改辽兴宗年号重熙为重和。辽天庆二年(1112年)释迦、定光二佛的舍利塔记,叙述重熙十五年铸铁塔事,改称重和。《铁围山丛谈》卷一:“北(朝)先有重熙年号,时后主名禧,其国中因避重熙,凡称重熙,则为重和。朝廷不乐,是年三月遽改重和二年为宣和元年。”

此为避天祚帝耶律延禧之嫌讳改。

在辽代鼎盛时期,高丽作为辽的属国,也有避辽讳的记载。高丽国怀王王尧卒,叔父鸡林公熙嗣位,王熙避天祚帝嫌讳,改名为“颙”。

《宋史·外国三》载,为避太宗耶律德光讳,改官名光禄卿为崇禄卿。凡石刻遇光字皆缺画。兴宗名耶律宗真,改女真为女直。

辽代延续时间不长,又偏安一隅,避讳的范围不太广泛,多局限于帝王名字的避讳上。在避讳的严格程度上也比较松弛,也有触讳的情况。末主耶律直鲁古年号天禧,犯天祚帝耶律延禧之讳,也浑然不为意,大概是国力已衰,无暇致力于避讳这种末节了。

(二)西夏避讳

党项族的西夏本拓跋氏,唐以讨黄巢有功,赐姓李。唐末至宋初，为夏州节度使，宋加太尉，受宋封赠。

作为异族的西夏起于西北，近二百年间，突然崛起，又突然消失，像是划过天际的一颗流星，消失过后，只留下了不多的遗痕。避讳的痕迹也不多见。《宋史·外国一》："彝兴，彝超之弟也，本名彝殷，避宋宣祖讳，改殷为兴。"

从开国之主景宗李元昊起，就有避讳的现象。主要是由于其与唐宋的接触频繁有关。开国之初，本无年号，沿用宋仁宗年号明道，以元昊父名德明，改称宋明道年号为显道。范仲淹与元昊书，也称后唐明宗为显宗。

《宋史·外国一》载，李彝兴之子"克睿初名光睿，避太宗讳，改光为克"。以为避宋太宗赵光义之讳。

从发现的西夏文书来看，其讳制不严格。受宋朝影响，西夏刻本也偶有避讳的情况，如西夏文《论语全解》中的"孝"字缺笔，以避仁宗仁孝名讳。但西夏讳制远不如北宋严格，在官刻本中有的避，有的不避；在私刻本及佛经中，尚未发现避讳之例。

宋仁宗时，夏国主李氏名元昊。《桯史》卷一："景祐末，有二狂生曰张、曰吴，皆华州人。薄游塞上，觇览山川风俗，慨然有志于经略。……伥无所适，闻夏酋有意窥中国，遂判而往。二人自念不力出奇，无以动其听。乃自更其名，即其都门之酒家剧饮终日，引笔书壁曰：'张元吴昊，来饮此楼。'逻者见之，知非其国人也。迹其所憩，执之。夏酋诘以入国问讳之义，二人大言曰：'姓尚不理会，乃理会名耶？'时曩霄未更名，且用中国赐姓也。于是竦然异之，日尊宠用事，宝元西事，盖始此。"

狂生张吴二人以犯李元昊之讳而干夏国主，终至得志于北朝，以致祸乱中原，触讳有如此之功效，亦异哉！由此也可见西夏的避讳之状况。及至后来，李元昊更名曩霄，且改其中国赐姓，避讳这种中国色彩极浓的文化现象也就难以在西夏扩展。

西夏国祚较短，避讳尚不及形成完善的制度，避讳之例也不多。

（三）金代避讳

女真族的金国起于北方，其统治的区域和国力之强，远超辽和西夏，与宋朝的接触也较为紧密和频繁，其避讳的情况也呈繁而密之状。

女真族建国前，并没有避讳的习俗和制度。起名的方式也较为原始，叔侄同名，甥舅同名者，都极为常见，浑然不在意。直至接受汉族文化，取汉名后，才开始有避讳的情形产生。建国以后，情形开始变化。

金太祖完颜旻，谥号应乾兴运昭德定功仁明庄孝大圣武元皇帝。《金史·后妃传下》：世宗皇后乌林荅氏，初谥昭德皇后，“章宗时，有司奏太祖谥有昭德字，改谥明德皇后”。

《松漠纪闻·补遗》云：“虏中庙讳尤严，不许人犯。尝有一武弁，经西元帅投牒，误斥其讳，杖背流递。武元初，只讳‘旻’，后有申请云：‘旻，闵也。’遂并讳之。”大宋政和五年，即公元1115年，阿骨打称帝，以旻为名，国号大金，改元收国。自此之后，便出现了名讳，“旻”字，人不许犯。因而始有“旻，闵也。遂并讳之”。

《建炎以来系年要录》卷一四五又云：绍兴十二年五月，送徽猷阁待制前知陈州李正文还行在。“正文即正民也。宗弼避金主旻讳，改焉。”不仅讳旻，亦讳民。避嫌讳萌芽产生。

《南烬纪闻录》：靖康二年五月，金人幽禁宋徽、钦二帝及二后，“朱后有疾卧冷地上，连日呻吟，监者尚加诟詈。帝语左右：

汝等可悯念吾国破家亡，取汤水相救。左右曰：'吾国禁违犯者过于杀人。汝呼悯字，已该大罪，尚欲索汤水耶？'再三恳之，不顾而去。"此为犯太祖阿骨打汉名完颜旻之嫌讳。

金熙宗完颜亶即位后，开始明确避御名和庙讳。

天会十四年（1136年），伪齐奏申请求"降下御名音切及同音字号，下礼部检讨，开具申覆施行"。

皇统三年（1143年），学士院"看详"高丽国的贺表内"犯太祖庙讳同音"，究其原因，是"原初不经开牒，至有犯讳"。现今"全录庙讳、御名及同音字号""分朗（朗，疑犯金太祖完颜旻嫌讳明字改）开牒施行"。尚书省商量，"拟与宋国一就开坐牒报"，熙宗准奏。熹宗时期避讳已经进入当时重视的礼制之内。

世宗大定六年（1161年），"御前批送下御名、庙讳"。次年，朝廷"奏定御名、庙讳，……回避字样，合遍下随处外，御名、庙讳报谕外方"。

《大金集礼》卷二十三《御名》载，大定九年，朝廷奏申"今御名同音，已经颁降回避外，有不系同音相类字，盖是讹误犯，止合省谕各从正音。余救切二十八字，系正字同音，合回避。尤救切十六字，不系同音，不合回避。"世宗"敕旨准奏"。

金章宗泰和六年（1201年），下令"官司、〔公〕私文字避始祖以下庙讳小字"。

始祖（函普）、德帝（乌鲁）、安帝（跋海）、献祖（绥可）、昭祖（石鲁）、景祖（乌可廼）、世祖（劾里钵）、肃宗（颇剌淑）、穆宗（盈歌）、康宗（乌雅来），共八代十位祖宗。

熙宗时规定，始祖、景祖、世祖庙"世世不祧"。

金章宗泰和元年，首次规定庙讳的同音字也在禁用之列。

金章宗曾经问尚书右丞孙继康和参知政事贾铉："太宗庙讳

同音字，有读作成字者，既非同音，便不当缺笔画。睿宗庙讳改作崇字，其下却有本字全体，不若将示字依《兰亭序》写作未字。显宗庙讳允，充字合缺点画，如统旁之充似不合缺。”孙继康答道：“唐太宗讳世民，偏旁犯如葉字写作枼。”

金世宗时期，皇后名讳列入庙讳。《大金集礼》卷二十三《御名》载，金世宗大定元年十一月，“御前批送下”钦慈皇后（世宗父之原妻，姓蒲察）、贞懿皇后（世宗生母，姓李）的名讳，列入庙讳。

海陵王时期，避讳进一步发展，不仅要避已故皇帝的庙讳，在位皇帝的名讳、皇太子之名讳也要避讳。天德四年（1152 年）二月，海陵子光英，年三岁，立为皇太子。《金史·杨伯仁传》载，时有应奉翰林文字杨伯英者，避太子光英讳，改名为杨伯仁。《金史·光英传》又云：“后以‘英’字与‘鹰隼’字声相近，改‘鹰坊’为‘驯鸷坊’。国号有‘英国’，又有‘应国’，遂改‘英国’为‘寿国’，‘应国’为‘杞国’。宋亦改‘光州’为‘蒋州’，‘光山县’为‘期思县’，‘光化军’为‘通化军’云。”

随着女真社会封建化的进展和对汉民族文化的进一步吸收，世宗与章宗时，名讳制度更加严格化了。世宗时不仅要避讳太祖名“旻”与“闵”字，也要避太祖的尊谥“武元”。顾炎武《日知录》：“金章宗泰和元年七月己巳，初禁庙讳同音字，盖亦仿宋制也。”《金史·张元素传》：“张元素字洁古，易州人。八岁试童子举，二十七（是年为大定十七年，公元 1177 年）试经义进士，犯庙讳下第。乃去学医。”又，大定二年（1162 年）四月，世宗赐其嫡长子胡土瓦名允迪，五月立为皇太子。八年正月，改赐允迪名允恭，遂即授皇太子册宝。《金史·思敬传》云：“思敬本名撒改，押懒河人，金源郡王神土懑之子，习失弟也。初名思恭，避显宗讳改。”《金史·白彦敬传》云：“白彦敬本名遥设，部罗火部族人。

初名彦恭，避显宗讳，改焉。”世宗之时，不仅要避庙讳、当今皇帝名讳、皇太子名讳，世宗初封“葛王”之号亦禁而不用。世宗乌禄，皇统间尝封葛王，及其即位就不再以葛王之号封臣下，由是三等国号无“葛”。及至章宗时才以此号封忒邻。《金史·忒邻传》云：“忒邻，泰和二年八月生，上久无皇嗣，祈祷于郊、庙、衍庆宫、亳州太清宫，至是喜甚。弥月，将加封，三等国号无惬上意者，念世宗在位最久，年最高，初封葛王，遂封为葛王。”

章宗时避讳更广，要避帝王的尊谥。世宗后乌林答氏，天德间为海陵所逼，自杀于良乡，大定二年，追册为昭德皇后。皇统四年，增谥太宗武元皇帝时，其加谥有“昭德”字，大定间并未避之，及至章宗时，则改谥避之。《金史·世宗昭德皇后传》云，“章宗时，有司奏太祖谥有‘昭德’字，改谥明德皇后。”

金章宗完颜璟，小字麻达葛。《金史·礼志八》：“瑞圣公”注云：即麻达葛山也。章宗生于此。世宗爱此山势衍气清，故命章宗名之。后更名胡土白山，建庙。此例为因山而名人，又因人而山避名。

世宗完颜雍即位，追尊其生父宗尧为简肃皇帝，庙号睿宗。章宗即位，追谥其生父允恭为光孝皇帝，庙号显宗。依宋避讳之例，名字都列入庙讳。《金史·宗端修传》载，章宗避睿宗讳上一字，凡太祖诸子皆加“山”为“崇”，改“宗”氏为“姬”氏。宗端修改姓姬为姬端修，其侄孙汝作，至金末仍称姬姓。北宋尚书右丞苏子由的六世孙苏宗之，也改名为苏嗣之。又诏改“允”为“永”。《金史·卫绍王纪》：卫绍王讳永济，小字兴胜，更讳允济，章宗时避显宗讳，诏改“允”为“永”。世宗诸子鄗王允中、越王允功、郑王允蹈、潞王允德、豫王允成、夔王允升，也分别改为永中、永功、永蹈、永德、永成、永升。至章宗泰和六年，大宗正府改为大睦亲府，判大宗正事改为大睦亲事。还要避庙讳的小字和同音字。《金史·章宗纪》：泰和元年三月"辛巳，敕官司、〔公〕私文字避始祖以下庙讳小字，犯者论如律"。七月"己巳，初禁庙讳同音字"。《孙即康传》：泰和间，"上问即康、参知政事贾铉曰：'太宗庙讳同音字，有读作"成"字者，既非同音（太宗名晟），便不当缺点画。睿宗庙讳改作"崇"字，其下却有本字全体（即宗字），不若将示字依《兰亭帖》写作"未"字。显宗庙讳"允"字，"充"字合缺点划，如"统"傍之"充"似不合缺'。即康奏曰：'唐太宗讳世民，偏傍犯如"葉"字作"萘"字，"泯"字作"泜"字。乃拟熙宗庙讳（亶）从"面"从"旦"。睿宗庙讳上字（宗）从"未"，下字（尧）从"古"。世宗庙讳（雍）从"系"。显宗庙讳如正犯字形，止书斜画，"沇"字"鈗"字各从"口"，"兑""悦"之类各从本传。'从之。自此不胜曲避矣。"

章宗时避讳的条例得到更进一步发展，避嫌名、避偏旁，无一不备，避讳之全、之酷已与宋朝无异。

避嫌名例，《金史·张炜传》："张炜字子明，洺州永年人，本名爆，避章宗嫌名改焉。"章宗名璟。

避偏旁例，章宗兄弟七人，宣宗名珣，郓王名琮，瀛王名瓌，霍王名瓒，瀛王名琦，温王名玠。瓌、琮、玠早卒，泰和五年，避偏旁"王"，改赐珣名从嘉，瓒名从彝，琦名从宪。宣宗即位，又复名珣。

金朝的避讳不仅仅局限于本国，也与周边其他国家互避。金海陵王时，已有金宋互避的例子。海陵王完颜亮，太子名光英。《金史·光英传》："天德四年二月，立光英为皇太子，……宋亦改光州为蒋州，光山县为期思县，光化军为通化军。"

至章宗时，与宋互相避讳之例更多。

《金史·章宗纪四》：泰和六年正月"丁亥，宋使陈克俊等朝辞”。《宋史·宁宗纪》:开禧元年九月,“丁未,遣陈景俊使金贺正旦”。此为避金章宗璟的嫌讳。宋使入金有改名之事,修史时回改未能一致。

《宋史·地理志四》:“光州,……绍兴二十八年,避金太子光瑛讳,改蒋州。”“光山,中下。同上避讳,改期思,寻复故。”

《宋史·地理志五》:利州路西和州云:“旧名岷州,(绍兴)十二年与金人和,以岷犯金太祖嫌名,改西和州。”《宋史·高宗纪》则为:“十四年……丁卯,避金太祖嫌名,改岷州为西和州。”

《金史·章宗纪》:明昌四年十一月“戊寅,以翰林直学士完颜匡等为贺宋正旦使,命匡权易名弼,以避宋讳”。此事又见《完颜匡传》,“使宋,上令权更名弼,以避宋祖讳”。

受汉族“为贤者讳”的影响,避圣人讳的情况也延伸至金国。

金章宗明昌三年十一月,更是以诏书形式明令全国,“臣庶名犯古帝王而姓复同者禁之,周公、孔子之名亦全回避”。《金史·章宗纪》:泰和五年三月“甲戌,谕有司,进士名有犯孔子讳者避之,仍著为令”。

与之相类似的情况是,避完颜希尹名讳。完颜希尹为女真文字的创制者,倡导吸收汉文化,是金朝中央三省制建立后第一任左丞相,天眷三年(1140 年)为熙宗赐死,皇统三年(1143 年)为其改葬,大定八年(1168 年)配享于太祖庙,十五年,又谥贞宪,后又为立神道碑。明昌五年(1194 年)立庙致祭。被认为是仅次于孔子的大圣人。《金史·礼志八》:“明昌五年正月,陈言者谓,叶鲁、谷神二贤创制女直文字,乞各封赠名爵,建立祠庙。令女直、汉人诸生随拜孔子之后拜之。”谷神即完颜希尹本名。

《金史·侯挚传》:“侯挚初名师尹,避讳改今名。字莘卿,东阿人,明昌二年进士。”《金史·师安石传》:“师安石字子安,清州人，本姓尹氏，避国讳更焉。”上二例都是避完颜希尹讳而改名姓。

章宗后避讳仍常见。卫绍王名永济，讳永，改永为惟，永功、永中为惟功、惟中。（《金史·世纪补》）

宣宗名珣，《金史·梁持胜传》：“梁持胜字经甫，本名询谊，避宣宗嫌名改焉。”

庄献太子名守忠，哀宗初名守礼，后名守绪。《金史·张行信传》：“张行信字信甫，先名行忠，避庄献太子讳焉。”《金史·贾益谦传》：“贾益谦字彦亨，沃州人也，本名守谦，避哀宗讳改焉。”

章宗以后国势日衰，避讳也有变化。《金史·卫绍王纪》载，大安元年（1209 年）三月甲辰，诏曰：“自今于朕名不连续，及‘昶、詠’等字，不须别改。”《金史·宣宗纪》：贞祐元年（1213 年）闰九月“庚午，上复旧名珣，诏所司，告天地庙社，前所更二字（即从嘉）自今不须回避。”允许“二名不偏讳”，避讳的规则逐渐弱化。

周广业《经史避名汇考》：“金章宗明昌二年敕有司国号犯汉辽阳唐宋等名不得对，臣下乃议以辽为恒，宋为汴，秦为镐，晋为并，汉为益，梁为邵，齐为彭，殷为谯，唐为绛，吴为鄂，蜀为夔，陈为宛，隋为泾，虞为泽，又禁伶人不得以历代帝王为戏，及称万岁。犯者以不应为事重法称。”

《金史·选举志三》：“笔砚承奉，旧名笔砚令史，大定三年，更为笔砚供奉，后以避显宗讳，复更今名。”章宗父追尊显宗名允恭。

《金史·地理志中》：河北西路卫州苏门县，注云：“本共城，大定二十九年，改为河平，避显宗讳也。明昌三年改为今名。”山东西路兖州宁阳县，注：“旧名龚县，大定二十九年以避显宗讳改。”京兆府路乾州武亭县,注:“本武功,大定二十九年,以嫌显宗讳更。”

金哀宗完颜守绪。《中州集》卷七:“李节字正臣,……历威戎、扶风令。初名守节,哀宗即位,去守字。哀宗知其名,谓侍臣曰:‘吾不欲人避上一字,李守节何故避之?’良久,曰:‘臣子敬君,避之亦可。’”

末世之君,于避讳已经无可无不可,可哀。正所谓国力强则避讳强,国力衰则避讳衰。

宋代是中国历史上一个较为懦弱的王朝,一直处于北方异族的压迫之中,与这种政治上的暗弱形成鲜明的对比的是,避讳这种文化的成分却以一种强力的势头,影响到周边的民族,成为党项、女真、契丹、朝鲜等民族的共同的文化因素。

(四)朝鲜避讳

朝鲜民族的历史大体经历了高丽时期、三国时期、统一新罗时期、朝鲜时期等几个主要阶段,在这些历史阶段,朝鲜同中国的交往都是非常密切的。

古代朝鲜“虽域居海岛,然禀受正朔,遵奉儒学,乐律同和,度量同制”,李朝名臣徐居正尝作诗云:“明皇若问三韩事,文物衣冠上国同。”表现了对于中国文化的认同。所以吸收了中国的避讳这一文化因素。表现之一是避中国的国讳。由于三国时期的新罗、统一新罗、王氏高丽、李氏朝鲜均奉中国正朔,是中国的附属国,避中国的国讳也属自然。但避讳成分在其国内能留下多少痕迹,则与国力是否强大有关。大唐帝国国力强盛,当时世界上无人能及,朝鲜文化中保留的避唐讳的因素也最多。例如,为避唐高祖李渊名讳,将长渊县、澶渊县分别被改名为长水县和澶水县，西魏所置金渊郡、金渊县被追改为金泉郡、金泉县。据朝鲜《三国史记·地理志》载：酒泉县“本高句丽酒渊县，景德王改名，今因之”。即今韩国江原道南部的酒泉。朝鲜的三国时期，新罗与大唐交好，新罗自真德王四年(650年)后奉唐正朔，故景德王(742～756年在位)时避李渊名讳而改酒渊为酒泉。

避渊而作泉也是中国唐代避讳的通例。清渊县，西汉元封五年(前106年)置。治所清阳城(今河北省馆陶县城西城)。先隶冀州巨鹿郡，后属魏郡，三国魏黄初二年(221年)改隶阳平郡，西晋咸宁年间(275～280年)改属司州阳平郡。十六国后赵建平元年(330年)，改清渊县为临清县，后省。北魏太和二十一年(497年)，复置清渊县，仍属司州阳平郡；同年，析清渊县西部地域复置临清县。北齐时，清渊县治改徙清水堡。隋开皇元年(581年)，清渊县改属清河郡。唐时，清渊县并入临清县。后不复置。《晋书》、《北齐书》、《隋书》作清泉县，临清旧州、县志均沿用此说。历代地理学家、史学家多次进行校正：唐人李吉甫撰《元和郡县志》中对清泉县校注：“‘泉’地理志作‘渊’。”宋司马光《资治通鉴》载，《晋书》之清泉县“本清渊，避唐讳改”。叶圭绶著《续山东考古录》载：“考元和志隋志渊作泉乃唐避讳，隋县(即清渊县)未改名。”顾祖禹撰《读史方舆纪要》说：“临清州，西汉设清渊县，唐并入临清县，渊，晋志、隋志具作泉，唐人为高祖讳也。”由此断定，临清历史上未置过清泉县，只因唐人“避讳”，才将清渊县写成清泉县。

至宋代，朝鲜处于统一高丽时期，仍然奉宋正朔。北宋仁宗天圣初年，因章献太后父名通，遂改通州为崇州(今江苏南通市)、改通利军为安利军(今河南浚县西北)。据朝鲜史书《世宗实录》卷一五四及《高丽史·地理志》载：宣州“本安化郡，高丽初改为通州,显宗二十一年称宣州”。按:高丽显宗二十一年为公元1030年,相当于北宋天圣八年。可见王氏高丽改通州为宣州(今平安北道宣川)显然是为了避宋讳。

今韩国有大邱广域市。此地原为新罗、高丽时期的大丘县,李朝升为大丘都护府,《三国史记·地理志》、《世宗实录·地理志》、《高丽史·地理志》、《新增东国舆地胜览》卷二六俱作“大丘”。“邱”字系中国清朝雍正初为避圣人孔子名讳而造的字。则韩国今作“大邱”也是受中国避讳制度的影响。

古代朝鲜除了避中国的国讳以外,本国也有避讳的情况,主要表现为避讳改地名等。

据《世宗实录》卷一四八、《高丽史》卷五七、五八及《东国舆地胜览》卷一三、三四记载,高丽忠宣王时因避其嫌名(璋)讳而改漳州为涟州(今京畿道涟州)、改章德县为兴德县(今全罗北道兴德)。

《世宗实录》卷一五一全罗道茂珍郡:“本百济武珍州……忠宣王元年庚戌(1310年)改化平府,恭愍王十一年壬寅(1362年)改茂珍府。”原文小注:“避惠庙讳,改‘武’为‘茂’。”按:高丽惠宗名武,943～945年在位,茂珍府今为韩国光州广域市。

除了避唐宋汉族国讳以外,高丽也有避辽国讳的例子。

《通考·四裔二》:宋哲宗时,高句丽怀王王尧卒,叔父鸡林公熙嗣位,“熙后避辽主讳,改名颙”。《宋史·外国》也载有此事。此为避辽天祚帝耶律延禧之嫌讳。

《高丽史·地理志三》载:宁德镇“文宗十年(1056年)避契丹兴宗讳,改‘镇’为城,以‘镇’字从‘真’字也”。契丹兴宗名耶律宗真(1031～1054年在位),宁德城故地在今平安北道义州东南四十里处。此为避辽兴宗耶律宗真“真”字偏旁。

古代朝鲜的避讳大致承袭了中国惯例，主要表现为避皇帝、圣人之讳，避讳方式也有避本讳、避嫌名等几种形式。至于家讳、恶讳的情形则不得而知。

七、元明避讳

（一）元代避讳

元代是异族统治的时代，蒙古统治者对于汉民族文化采取的是拒不承认的态度，连带而及，也不接受避讳这一汉民族特色的文化。又由于其起于蒙古大草原上的民族的个性，对于名字的观念与汉族迥异，使得避讳难以施行。一部《元史》能找到的避讳实例，屈指可数。

《草木子》："历代讳法甚严，至元朝起自漠北，风俗浑厚质朴，并无所讳，君臣往往同名，后虽有讳法之行，不过临文略缺点画而已。亦不甚以为意也。"

明郎瑛《七修类稿》卷二十六："元主质而无文，讳多不忌，故君臣同名者众。后虽有讳法之禁，不过临文缺其点画，……岂如宋室一字而有数十字之避。"

周广业《经史避名汇考》卷二十二："列传：程钜夫本名文海，避武宗庙讳以字行。广业案，元臣避讳，史唯见文宪一人。"

元代避讳的表现在于其厌恶避讳。

周广业《经史避名汇考》卷四十六引朱彝尊《静志居诗话》，记载了元代进贺表文触忌讳者，凡一百六十七字，可见其厌恶避讳的特点。详见 147 页。

陈垣认为这种避讳的现象，也是宋金避讳的余续。只是其避讳的范围只限于"贺表文",已不复宋代之盛,本是避讳发展走向消亡的自然之势,也可见异族文化的冲击之大。

(二)明代避讳

明承元后,避讳不兴。既与时代有关,也与统治者有关。

1.国讳稀少而厌恶避讳较繁

明代避讳与历代避讳有一个不同的地方,就是对于皇帝的名字的避讳非常之宽,而对于"贼、僧"等字的避讳却非常严。

陈垣《史讳举例》:"明承元后,避讳之法亦甚疏。据《明史》,随从太祖之人,有丁玉初名国珍,吴良初名国兴,吴祯初名国宝,胡美初名廷瑞。《胡美传》云:避太祖字易名。然终明之世,太祖名字,并未尝避。"

陈垣的论断有些绝对,我们还是可以找到一些避明太祖朱元璋讳的例子。唐宋以来,国库铸钱,往往"通宝"、"元宝"配对铸造,明初铸造"洪武通宝"钱,因为避朱元璋名讳,没有铸"洪武元宝"钱。这种例子非常稀少,也可见明初避皇帝名讳之松。

经过元代一百多年的统治,宋代严格的避讳制度也得到了较为彻底的清除,加之朱元璋起于草莽,于前代的典章制度本就不熟悉,加之其主导思想并不是想以避讳构筑君臣之间的等级关系,各安其位,而是采用了更直接的非文化手段,于是有了乱杀功臣,有了庭杖,君臣关系完全变为了赤裸裸的统治与被统治的关系。

沈德符于万历间撰《万历野获编》,其卷一"避讳"条云:"古来帝王避讳甚严,……本朝则此禁稍宽,然有极异者。如懿文太子,既有谥号矣,何以少帝仍名允炆。……建文年号,音同御名,举朝称之凡四年。""建文二子,长名文奎,次曰文圭,其音又与炆字无少异。”“至后章谥号，又犯太祖御讳，抑更异矣。”

《万历野获编补遗》卷二又云：“避讳一事，本朝最轻。如太祖御讳下一字，当时即不避。宣宗、英宗庙讳下一字，与宪宗旧名新名下一字，士民至今用之。”又《补遗》卷三：“今禁城北门名厚载，即玄武门也。相传已久，但二字俱犯世宗、穆宗庙讳上一字，上下通称不避。又如今上皇贵妃郑氏所居宫名曰翊坤宫，上一字即今上御名。何以银榜高悬，而内外所称，章疏所列，俱公然直呼，恬不为怪，亦无一人议及之者。”

明陆容《菽园杂记》卷四：“今士大夫以禁网疏阔，全不避忌，如文皇御讳，诗文中多犯之。杨东里作‘棠杕’，似为得体。”明初无避讳之风气，偶有避者，写“棠棣”为“棠杕”，乃避成祖朱棣之讳。

《云谷卧余》：“自元明以来，偏讳、嫌讳俱不避。明惠帝名允炆，其年号为建文。”

明代初期避讳之例甚少，偶可见之。明太祖朱元璋，孙惠帝允炆。《明史·徐辉祖传》：“辉祖，初名允恭，……以避皇太孙讳，赐今名。”这一避讳的情况，不像是普通避讳表现了尊卑的区别，而更像是为了避免相同而采用的一种回避方式。

明成祖文皇帝名朱棣。《十驾斋养新录》卷一一：“明成祖名棣，改沧州之无棣曰庆云，乐安州之无棣曰海丰。”这是为数不多的明初避讳改地名例。

世宗之后，避讳之例渐多，直至崇祯皇帝，避讳之例繁而密。《经史避名汇考》卷二三引金嘉会《西湖关庙广纪》：“豫章丰城尹陆大典，见乙卯北畿解头名与帝类，怪之。或告曰：房官阅卷时，闻帝空中呼曰：还我解元。房官亟冠带竦立读卷，另署第一。比拆卷，则秦翊明也。而翊字犯神庙讳，考官为抹去其立，遂与关帝讳同。”

此为避明神宗朱翊钧之名讳。

《册府元龟》卷三：“（唐）穆宗讳同于真宗，初名宥，元和七年立为皇太子，始更之。十五年即位，改尝岳为镇岳，尝州为镇州，定州尝阳县为曲阳县，尝王房子孙为泜王房。”尝伯、奉尝、天尝、伦尝、纲尝、寻尝、太尝寺、尝熟县，俱为常之代字。

此为避明光宗朱常洛名讳。

不仅避讳其例不多，对于避讳的要求也甚为宽泛。按明律虽有上书奏事犯讳之条，然二字只犯一字者不坐。明诸帝多以二字为名，故不讳也。

《万历野获编》卷十三又言：“谥以易名，惟金尚书忠谥忠烈。其后林文俊乃谥文修，陈文德亦谥文恭。若洪熙元年，英国公张辅，其勋号有辅运二字。宣德二年，后父孙忠，其勋号有宣忠二字。隆庆初，给新建伯王守仁诰券，勋号亦有守正二字。则以二名不偏讳也。”

万历而后，避讳之法稍密。故明季刻本书籍，常多作尝，洛多作雒，校多作较，由字亦有缺末笔者。

《日知录》卷二十三记载：“崇祯三年，礼部奉旨颁行天下，避太祖、成祖庙讳及孝、武、世、穆、神、光、熹七宗庙讳，正依唐人之式。惟今上御名亦须回避，盖唐宋亦皆如此。然只避下一字，而上一字天子与亲王所同，则不讳。”则明讳之严，实起于天启崇祯之时。

明初，太子地位逐渐提升。《明太祖实录》载：“洪武十四年十月辛酉，给事中郑相同，请依古制，凡启事皇太子，惟东宫官属称臣，朝臣则否，以见尊上无二之义。诏下群臣议。翰林院编修吴沈言：‘太子所以继圣体而承天位者也，尊敬之体宜同。’从之。”历代不称臣之制自斯而变。然仍希见避讳之例，神宗时期，朱常洛（光宗）为太子，河南府洛阳县及商州属县洛南县，并未尝改。明谢肇淛《五杂组》卷十五：“古者嫌名不讳，宋则并讳之矣。国朝虽无讳例，而亦有二字俱犯嫌名者。如吾邑之长乐，正与皇太子讳音同，不知将来当事者何以处之？姑记以俟它日。”至崇祯后方始见避太子讳例。崇祯二年，兵部主客司主事贺烺以避皇太子慈烺之名，改名世寿。

亲王名字之讳，其例也不多见。亲王之名本不必讳，偶有讳之。《日知录》卷二十三：英宗正统十二年，山西乡试《诗经》题内“维周之桢”，“桢”字犯楚昭王讳，考试及同考官俱罚俸一月。

明末避讳的复起，一方面是统治者面对纷乱的时局没有很好的统治手段，病急乱投医，又拾起了避讳的方法作为其规范统治秩序的手段，另一方面也是避讳自身发展过程中行将就木的回光返照，开启了清代避讳最后挣扎的先河。

赵翼《廿二史劄记》卷三十二“明初文字之祸”条：“明祖通文义，固属天纵。然其初学问未深，往往以文字疑误杀人，亦已不少。《朝野异闻录》，……浙江府学教授林元亮，为海门卫作谢增俸表，以表内‘作则垂宪’诛；北平府学训导赵伯宁为都司，作万寿表，以‘垂子孙而作则’诛；……常州府学训导蒋镇，为本府作正旦贺表，以‘睿智生知’诛；……尉氏县教谕许元，为本府作万寿贺表，以‘体乾法坤，藻饰太平’诛。……盖则音嫌于贼也，生知嫌于僧也。……法坤嫌于发也。……藻饰太平嫌于早失太平也。”

明初，朱元璋禁止百姓取名用天、国、君、圣、神、尧、舜、禹、汤、文、武、周、秦、汉、晋等字。

《明太祖实录》卷五二：洪武三年五月，“上谕中书省臣曰：

‘小民不知避忌，往往取先圣、先贤、汉、唐、国、宝等字以为名，宜禁革之。’于是礼部定议，……其名字有天、国、君、臣、圣、神、尧、舜、禹、汤、文、武、周、汉、晋、唐等国号相犯者，悉令更改。”

二十六年，又禁止取名用太祖、王孙、太傅、太保等字。禁避范围有限。

然有明一代于厌恶避讳却极多，有超过前代之势。

《逊志堂杂钞》甲集：“明太祖恩威不测，每因文字少不当意辄罪其臣。当日有事园丘，恶祝册有‘予’、‘我’字，将谴撰文者，桂正字言于帝曰：‘予小子履，汤用于郊；我将我享，武歌于庙，以古率今，未足深谴。帝怒乃释。’”

《明史·桂彦良传》：“（洪武）七年冬至，词臣撰南郊祝文用‘予’、‘我’字，帝以为不敬。彦良曰：‘成汤祭上帝曰“予小子履”，武王祀文王之诗曰“我将我享”，古有此言。’帝色霁曰：‘正字言是也。’”桂德字彦良，洪武间官太子正字。

对于明太祖朱元璋的猜忌，赵翼是这样解释的。《廿二史劄记》引述黄溥《闲中今古录》云：“时帝意右文，诸勋臣不平，上语之曰：‘世乱用武，世治宜文，非偏也。’诸臣曰：‘但文人善讥讪。如张九四厚礼文儒，及请撰名，则曰士诚。’上曰：‘此名亦美。’曰‘《孟子》有士诚小人也之句，彼安知之？’上由是览天下章奏，动生疑忌，而文字之祸起云。”

其实，朱元璋的疑忌，与他的出身、经历有关。因为他从小家贫，在皇觉寺出家，故而对与和尚有关的文字特别敏感；又因他靠红巾军起家，被元朝统治者称为贼，故忌贼、盗（道）、僧等字眼。又因其文化程度不高，加上乡音，连带忌“则、生、法”等字。继承了朱元璋的性格，明世宗也有猜忌的特点，而厌恶“死”等字眼。

《竹窗杂录》:“(明)世宗遇事每多忌讳,典试题,似涉讪谤,即被谪谴。王维祯、袁炜乙卯顺天乡试,首题‘仁以为己任’二句,次题‘必得其名’二句。试录呈御。以首题下文‘死而后已’,怫然不悦,特召问曰:‘仁以为己任,不亦重乎?下句恁么?’应声答曰:‘必得其名,必得其寿。’为之霁颜。可云善解人意。”《论语·泰伯篇》:“仁以为己任,不亦重乎?死而后已,不亦远乎?”《礼记·中庸》:“必得其名,必得其寿。”

《闲中今古录》:“僧来复谢恩诗,有‘殊域及自惭,无德颂陶唐’之句,帝曰:‘汝用殊字,是谓我歹朱也;又言无德颂陶唐,是谓我无德,虽欲以陶唐颂我而不能也。’遂斩之。”

2. 触讳惩罚酷而滥

有明一代,在上书表章中触犯忌讳而受惩罚的情况较多,赵翼统计,表笺祸中以“道”(盗)和“则”(贼)被杀的有:

“浙江府学教授林元亮,为海门卫作《谢增俸表》,以表内‘作则垂宪’诛。北平府学训导赵伯宁,为都司作《万寿表》,以‘垂子孙而作则’诛。福州府学训导林伯璟,为按察使撰《贺冬表》,以‘仪则天下’诛。桂林府学训导蒋质,为布、按作《正旦贺表》,以‘建中作则’诛。……澧州学正孟清,为本府作《贺冬表》,以‘圣德作则’诛。……德安府学训导吴宪,为本府作《贺立太孙表》,以‘永绍亿年,天下有道,望拜青门’诛。”

触僧忌被杀的有:

“常州府学训导蒋镇,为本府作《正旦贺表》,以‘睿性生知’诛。……祥符县学教谕贾翥,为本县作《正旦贺表》,以‘取法象魏’诛。……尉氏县教谕许元,为本府作《万寿贺表》,以‘体乾法坤,藻失太平’诛。”

赵翼分析:“盖‘则’音嫌于‘贼’也,‘生知’嫌于‘僧’也,……

‘法坤’嫌于‘发髡’也。‘有道’嫌于‘有盗’也。”

“陈州府学训导周冕，为本州作《万寿表》，以‘寿城千秋’诛。怀庆府学训导吕睿，为本府作《谢赐与表》，以‘遥瞻帝扉’诛。……亳州训导林云，为本府作《谢东宫赐宴笺》，以‘式君父以班爵禄’诛。”盖“千秋”之“秋”读如“诛”，“帝扉”嫌于“帝非”，“式君父”嫌于“弑君父”。

杭州教授徐一夔贺寿表有“光天之下，天生圣人，为世作则。”朱元璋览后大怒，说：“生者，僧也，以我尝为僧也。光，则薙发也。则，字音则近贼也。”遂斩之。

周广业《经史避名汇考·杂讳》引《明开创历记》：“明太祖性多疑，每虑人侮己。杭州府学教授徐一夔尝作贺表，其词有云：光天之下，又云，天生圣人，为世作则。上览之大怒，曰，腐儒敢如此侮我耶！光者，僧也，以我从释也。光则摩发之谓也，则字声近贼字，罪坐不敬，命收斩之。其他以犯讳被戮者凡数十人，礼臣大惧，因请曰：愚蒙不知忌讳，乞降表式，上因自为文，传布天下，至今因之。”

周广业《经史避名汇考·杂讳》：“翰林编修张耻直言无忌，上不能容，黜为山西蒲州学政，例庆贺撰表，上览其表有曰：‘天下有道’，又曰：‘万寿无疆’，怒曰：‘疆者强也，道者盗也，其谤我欤？’即逮捕廷见，张曰：‘陛下有旨，表文不许杜撰，务出经典，天下有道，乃先圣之格言，万寿无疆，乃《诗经》。臣子祝君之至情，谓诽谤，臣死不服。’上默然良久，曰：‘这厮还嘴强。’命放去，竟不问。左右相谓曰：‘数年以来，才见容此一人而已。’”

赵翼以为：“学问未深，往往以文字疑误杀人。”其实还不能说中朱元璋的病根。究其核心，还是起于草莽，疑虑不能服众，想以杀伐以树威的心理在作怪。这种怪异心理甚至延伸到境外交往中。

刘辰《国初事迹》:“朝鲜国王李成桂(旦)进表笺,有犯上字样,太祖罪其使者,借称姓郑名集(当是郑总)撰文。太祖以其所贡物发还,追要原撰笺文姓郑者。旦惧即以郑集送至京,太祖罪之,发云南安置,仍令辽东都司不许高丽人通界,亦不许客商贸易,永远绝也。”

顾起元《客座赘语》卷十“国初榜文”:洪武三年禁止小民取名用天、国、君、臣、圣、神、尧、舜、禹、汤、文、武、周、秦、汉、晋等字。二十六年出榜文禁止百姓取名“太祖、圣孙、龙孙、皇孙、王孙、太叔、太兄、太弟、太师、太傅、太保、大夫、待诏、博士、太医、太监、大官、郎中字样,以为名字称呼。”并禁止民间久已习惯的称呼,如医生“止许称医士、医人、医者,不许称太医、大夫、郎中,梳头人止许称梳蓖人或称整容,不许称待诏,官员之家火者,止许称阍者,不许称太监。”违者都处重刑。

3. 家讳少见

明代避讳风俗不重,于避家讳的情况更不多见。

明嘉靖朝南礼部侍郎崔铣,父名陞。《经史避名汇考》卷三九:“(铣)著《洹词》十二卷,凡为人作铭、传,遇陞迁官秩,避家讳以晋及陟代之。或作升。唯疏、表不避。”

避讳之风至宋代达到顶峰,其后渐趋式微,至明末又有风行之势,实在是避讳的余绪,已是强弩之末。

八、清代避讳

努尔哈赤建国,初号“后金”。二十年后他的儿子皇太极继位,为避免汉族对历史上金人的仇恨,改国号以避之。因传说

“明朱有火”，遂改国号“金”为“清”，以副水克火之理。作为异族统治的王朝，清代避讳又有了不同于前的时代特色。避讳发展到宋代，已经达到了顶峰，元明时期都难以为继，直至亡国之君崇祯皇帝才又重拾避讳，作为完善其封建制度、巩固其统治的手段之一。及至清代，满族统治中原，其文化与汉族迥异，而且其人名字又与汉人不同，避讳之俗难以普及。然而历史有其相似之处，踏上中原的土地，满清统治者就同其祖先金国一样，逐渐接受了汉民族文化的影响，并用于统治汉人。

同金人一样，对于满人取汉姓、取汉名，满族贵族最为反对，有“满人不得使用汉姓”的禁令。然而，最早打破这一限制的也是贵族的八旗子弟。八旗子弟中地位最高的八姓率先改多音节的满族姓氏为单音节的汉姓。如瓜尔佳氏改姓关、马佳氏改姓马、索罗氏改姓索、齐佳氏改姓齐等。上行下效，其余如完颜、叶赫那拉等纷纷仿效，遂成普遍之势。连皇族也不得不改爱新觉罗为金姓以“俯就之”。至雍正时遂规定皇室按汉名的字辈之方式来命名，并定下胤、弘、永、绵等十四个字辈，字辈只用到第七字“溥”，溥仪便成了末代皇帝。与取汉名相协调的就是名字的避讳。顺治之时，避讳尚不多见。从康熙皇帝始，避讳渐成风尚。这应该也是康熙皇帝汉人满化，满人汉化政策的一个表现。历经雍正朝，至乾隆朝，避讳达到顶点。“道咸而后，讳例渐宽。前此二名皆讳，道光后上一字与亲王同者不讳。今故宫中门号有宁字者，当时亦未尽改易，盖国力至此已衰矣。”（陈垣《史讳举例》）

清代避讳的最大特点是：

(一)酷讳,犯讳的惩罚格外严重

对于清代的避讳有不同的看法。有人认为清代的避讳很宽松。陈寿祺《郎潜纪闻初笔》卷十三“本朝宽文字之禁”:“文字之禁,以本朝为最宽,即庙讳、御名,前代所悬为厉禁者,列圣谕旨,亦只令敬避下一字。世宗朝,臣工有避嫌名,辄怒曰:‘朕安得有许多名字?非朕名而避,是不敬也。’睿训煌煌,足以破汉、唐以后人君之悬惑,非特见圣德之谦深也。”徐珂《清稗类钞·姓名类》“臣工不避世宗嫌名”条也载:“庙讳御名,前代悬为厉禁,列圣谕旨,亦只令敬避下一字。世宗见臣工有避嫌名者,辄怒曰:‘朕安得有许多名字?非朕名而避,是不敬也。’”

恽敬《大云山房杂记》卷二云:“陈弘谋乾隆三十二年三月授东阁大学士,始奏请将原名改用宏字。前此扬历数十年,一切奏折书名,均与御名上一字同。”以此推论清朝避讳之宽大。俞樾《茶香室续钞》卷八谓:“御名无不避之理。前此当已改写宏字,惟部册尚未追改,至授东阁大学士,始请将部册改作宏字耳。”陈垣以为“俞说是也”。

比较清代的避讳情况,乾隆时期正是避讳最为酷烈的时期,臣子不会沿用御名数十年而不改避,且《大清律例》明载:“凡上书,若奏事,误犯御名及庙讳者,杖八十;余文书误犯者,笞四十。若为名字触犯者,杖一百。”律后注:“若取为名字,则常为人所呼唤,非误犯,是触犯矣。以其无忌惮,故重之。”《大清律》又载:“其音同字别,则嫌名不讳也;二字犯一,则二名不偏讳也,皆不坐罪。”不避嫌名是有可能的,但如果认为连所谓正讳也不避,于理是不能说得通的,于律也不合。

与宋代不同的是,对于避讳的规定,往往不是礼官讨论决定，也不以古代的《礼记》、《仪礼》的著作作为根据，而往往是凭君主的意愿来规定。清代入关代明的第一朝皇帝世祖福临，为了缓和民族矛盾，曾下诏布恩，特许臣民可不避讳福字："不可为朕一人，致使天下之人无福。"处于建国初期，以宽容的态度取悦百姓，以期得到民心，应是其所持的态度。

康熙朝所奉行的政策是"满人汉化，汉人满化"，目的在于弥合满汉之间的民族矛盾，与之相协调，避讳虽有，然不酷讳。从雍正开始的避讳，往往开始加码，惩罚逐步升级。陈寿祺《郎潜纪闻初笔》所记载的雍正不讲避讳的例子，实在是只看到了雍正的一面，而没有看到另一面。徐珂《清稗类钞·姓名类》也只是收录前人的记录，难免失之偏颇。以查嗣廷案为例，雍正四年，礼部侍郎查嗣廷任江西考官。他将《大学》中的句子"维民所止"作为考题。这句话原出自《诗·商颂·玄鸟》，是其来有自的，也符合代圣人立言之意。谁知却招来了杀身灭族之祸。当时，有人告发说，原句中的"维"、"止"二字，是将"雍正"二字去了头。雍正皇帝一听，勃然大怒，立即将查嗣廷革职问罪。终致查嗣廷病死狱中，还戮尸示众。其子也因此而坐死，家属被流放。雍正的残暴可见一斑。

金性尧《土中录》前言记载清代文字狱的情况，"清以乾隆为盛世，高宗又自称'十全老人'，而文字之祸的繁荣与奇妙，也以乾隆朝为最显。顺治至雍正三朝，文字狱约为三十余起，乾隆一朝，却达一百三十起以上，即是以一朝而抵三朝的数倍"。

因触讳而形成文字狱的例子，以王锡侯《字贯》案最为典型。

乾隆四十二年（1777 年），江西举人王锡侯删改《康熙字典》，另刻《字贯》，被同乡王泷南举报，王锡侯被斩。《东华录》载有乾隆给军机大臣的上谕：

“海成奏，据新昌县民王泷南，呈首举人王锡侯删改字典，另刻《字贯》，实为枉妄不法，请革去举人，以便审拟等因一折，朕初阅以为不过寻常狂诞之徒，妄行著书立说，自有应得之罪，已交批大学士九卿议奏矣。及阅其进到之书，第一本序后凡例，竟有一篇，将圣祖、世祖庙讳及朕御名字样开列，深堪发指。此实大逆不法，为从来未有之事，罪不容诛，即应照大逆律问拟，以申国法而快人心。乃海成仅请革去举人审拟，是何言耶？”

连带浙江巡抚海成以审案过宽而治罪，大学士兼两江总督高晋，以失察罪降两级使用，按察使冯廷丞，以阅看《字贯》未能发现悖逆词字，革去职位递交刑部治罪。

该案的最大不法之处就在于“将圣祖、世祖庙讳及朕御名字样开列”，而多数的文字狱案件中，触讳都是其因素之一。从中可以看出，远不像乾隆所标榜的那样，“不以文字罪人”，文字正是其杀人的依据。

《土中录》指出乾隆朝的文字狱与前三朝相比有两大特点，一为落网罹祸的流品复杂，医卜星相，地痞讼棍，乡愚冬烘，商贩工匠，三教九流，无所不有；二是死的疯人特多。前三朝尚无疯人因文字狱而被杀的，乾隆则不管是否真疯，一入文网非处死即充军，家属连坐。如介休王肇基进诗联“要求皇上用我”，朱批已肯定“竟是疯子而已”，但又发上谕，“将该犯立毙杖下，俾愚众知所炯戒”。又如公认的疯子丁文彬冒认老衍圣公婿，南平刘朝干、泰和李雍和等情词悖逆等，都被凌迟处死。与前代之“杖一百”、“笞五十”相比，可称“史无前例”。

与前代不同的不仅在于其惩处之酷、之烈，还在于其处罚范围的广泛，以至于达及疯子，也可证乾隆之变态。

清朝避讳制度执行的最为酷烈的是雍正乾隆年间，“雍乾之世，避讳至严”。为避雍正的名字胤祯，雍正兄弟名字中的“胤”字，一律改为“允”字；著名诗人王士祯，死后十年，还被改名为王士正，后又钦命再改为王士桢。就连明朝的亡国之君崇祯皇帝，也被改为不可理解的“崇正皇帝”；北宋的开国皇帝赵匡胤，居然被改为莫名其妙的赵匡允；天下的地名，凡涉及讳字的，一律相应改动，如真定、真阳、真宁，都相应被改为正定、正阳、正宁。

《清高宗实录》卷五载：雍正十三年（1735 年）十月，高宗颁谕诸重臣，下令“厘正文体，毋得避忌”。他说：“与人临文，原无避讳，诚以言取足志。一存避讳之心，则必辗转嗫嚅，辞不达意。嗣后一切章疏，以及考试诗文，务期各展心思，独抒杼轴，从前避忌之习，一概扫除。”

表面上看来，乾隆皇帝不以避讳为然，实际上比起其父来，更是有过之而无不及，几乎是个避讳狂。不仅他自己的名字弘历要避讳，他的父亲、祖父的名字也要避讳，他的儿子的名字还要避讳，他钟爱的嫡长子、皇位继承人荣亲王永琏夭亡，朝廷专门颁旨规定避讳“琏”字；他的第八个儿子仪慎亲王永璇，因刊刻《高宗圣训》，“误书庙讳，罢王俸三年”（见《清史稿》），遭到严谴。

更有甚者，乾隆时，不特清朝庙讳有禁，李荐《济南集》有“汉彻方秦政”之句；《北史・文苑传》叙有“颉颃汉彻”之句，因未能相避，四库馆修书馆臣也遭痛斥，饬令改为汉武。并将此谕载之四库提要卷首，“使天下知皇帝之尊，百世下犹可为厉也”。可作为避讳史上一大奇观。

（二）种族色彩突出

康熙皇帝时期，对于华夷的区分尚不明显，康熙所采用的“满人汉化，汉人满化”的政策，是想泯灭华夷之别，以求得大统。

就当时的政治形势来说，康熙初掌帝权，地位尚不稳定，以区区百万满人统治华夏，对汉人主要采取安抚的政策。因而并不想突出满人和汉人之间的区别，所以康熙时期满汉之间的关系是较为融洽的。康熙二年（1663年）的湖州庄廷铣明史案，凌迟及戮尸十八人，斩首及绞刑七十余人，充军为奴数百人。罪名只因“其涉及清室，并无讪谤语，偶见建夷及夷氛、夷寇等字，不意竟触震怒，酿成惨狱”。这可以算作康熙早期未亲政时顾命大臣们杀人以立威的例子，原不是康熙的本意。

至雍正以至乾隆，也一直力图秉承这一主张。雍正曾有诏：“朕览本朝人刊写书籍，凡遇胡虏夷狄等字，每作空白，又或改易形声，如以夷为彝、以虏为卤之类，殊不可解。揣其意盖为本朝忌讳避之，以明其敬慎，不知此固背理犯义，不敬之甚者也。……至以虏之一字，加之本朝，尤为错谬。汉书注曰，生得曰虏。谓生得其人，以索贯而拘之。敌国分隔，互相诋诋，北人以南为岛夷，南人以北为索虏，汉唐宋元明边烽不息，每于不能臣服之国，指之为虏；我满洲居东海之滨，若言东夷之人则可。今普天之下，率土皆臣，虽穷边远徼，我朝犹不忍以虏视之。”

乾隆四十二年十一月十四日内阁奉上谕，“前日批览四库全书馆所进宗泽集，内将夷字改写为彝字，狄字改写敌字，昨阅杨继盛集内改写亦然，而此两集中又有不改者，殊不可解。夷狄二字，屡见于经籍，若有心改避，转为非礼，如论语夷狄之有君，孟子东夷西夷，又岂能改易，亦何必改易！且宗泽所指系金人，杨继盛所指系谙达，更何所用其避讳耶！”

然而仔细审视雍正乾隆朝的实际情况却并不是如此，从雍正乾隆对于自身异族身份的矛盾心理上，可以解释其行为。

《清稗类钞》“胡长龄以名得大魁”条载，“胡印渚，名长龄，乾隆朝，大魁天下。殿试时，胡卷本在进呈十本之末，时高宗春秋高，睹胡名，笑曰：'胡人乃长龄耶?'遂置第一。"

白天暇《清朝外史》乾隆朝"视臣如奴隶"，记载乾隆曾当面叱责协办大学士纪昀："朕以汝文学尚优，故使领四库书，实不过以倡优蓄之，汝何敢妄谈国事!"汉臣只不过是"倡优蓄之"，显示了种族色彩。

对汉文化的态度：辽金以接受为主，元以排斥为主，清则接受排斥并行。表现出一种矛盾心理，实际上也是对自身的种族身份有一种矛盾的心理。一方面，他们能体会出汉人那儿对夷狄的蔑视，又由于自身的"夷狄"身份而不想承认这种差别，避讳成为了一个较好的选择。

(三)避讳与文字狱相联系

以文字而获罪，历代有之，宋明尤甚，然而都不及清代之广、之烈。清代文字狱产生的原因较为复杂，其中有统治者自身原因，有种族原因，还与当时特定的社会状况有关系。概括清代文字狱的原因大略有三：

一是是否与清政权有妨碍，谢国桢说："明朝的野史笔记所记载的事实，近于放诞，网络遗文，有事必书。尤其是后金的兴起，满族贵族的入关，所记载的事实，动涉清朝政府的忌讳，有碍于清朝政府的体面，所以到了清雍正、乾隆时，为了野史荧惑听众，必须把这些书籍严加禁止。"(谢国桢《明清野史笔记概述》，《明末清初的字风》，第 90 页)

由于清代统治者内心多猜忌，所以因之而形成的文字狱就特多。雍正三年(1725 年)，举人汪景祺在《历代年号论》中说"'正'字有一止之象"，如金代海陵王的"正隆"、金哀宗的"正大”、元顺帝的“至正”、明英宗的“正统”、明武宗的“正德”，年号中带有“正”字的这几位皇帝，都没有得享延祚。因此，汪景祺认为这些带“正”字的年号“皆非吉兆”。雍正认为汪景祺纯属“咒诅之语”，他举例反诘：“汉之元鼎、元封，唐之开元、贞元”，莫非“‘元’字有一‘兀’之象乎”？雍正再举例：“汉世祖以建武纪元，明太祖以洪武纪元，武字即有‘止’字，难道可云‘二止’乎？”因此，汪景祺的《历代年号论》文稿，分明是攻击他的年号，咒诅他逃不出“一止之象”。汪景祺胆敢发此“悖逆之语”，自然免不掉被戮之厄。

二是种族意识。陈垣《旧五代史辑本发覆》揭示了清人的忌字。忌虏第一，忌戎第二，忌胡第三，忌夷狄第四，忌犬戎第五，忌蕃忌酋第六，忌伪忌贼第七，忌犯阙第八，忌汉第九，杂忌第十。

乾隆倡修《四库全书》，书中有夷、狄、胡、虏等字眼，以及“犬羊”之类的影射词都要挖改。

清四库馆臣著名学者邵晋涵依据《永乐大典》，辑出《旧五代史》。陈垣发现《辑本》传写脱误、庙讳改字、率意改窜处甚多，凡胡虏夷狄等字，莫不改易或删除，因撰《旧五代史辑本发覆》，曰：“一百五十年来，学者承诵引据，以为薛史真本如此，信奉不疑，而孰料其改窜至于如此。今特著其忌改之例，以发其覆。”邵氏为何如此删改呢？陈垣说：“今乃辑佚，何能轻易其词？此义馆臣岂不知，然而仍效昔人改窜中秘书之故智，欲以一手掩尽天下目者，其视清朝之心实与明季诸人无异也。不过一则阳斥之，一则阴指之而已。呜呼！四库馆之开，清之据中国百三十年矣，士大夫之心理仍若此，此其故亦耐人寻思哉！”揭示出满清统治者阴暗的民族心理。

从《清高宗实录》等著作来看，雍正、乾隆屡屡以避胡虏为谬，不以华夷之辨为然，实际内心很以为然，所以史臣“体会圣意”，致有《旧五代史》辑本的避讳改字。

三是统治政策。清初，以几十万之众的落后民族，统治庞大的疆土和众多的人民，其难度可想而知。为了收服人心，清世祖采取了怀柔的政策，延请读书人入朝为官。至康熙时期，仍以“满人汉化，汉人满化”为国策。至雍正、乾隆时期，发生了变化。一是清王朝已度过了初期的艰难时期，有了统治汉人的一些经验。二是统治者发现单纯的怀柔并不能完全拢络汉族知识分子。由知识分子充当主角的反清复明运动仍然在全国各地风起云涌。为应对这种情况，满清统治者的统治方针发生了变化，由怀柔以收服人心变为杀伐以摧毁其精神。文字狱就成为这一统治政策的最好的利器。

清代文字狱以康雍乾三朝为多，大致情况是：

一、从文字狱的次数、规模来看，雍正甚于康熙，乾隆又甚于雍正，总的趋势是逐步升级，越演越烈。康熙朝六十一年间文字狱不超过十起，雍正朝十三年间文字狱近二十起，乾隆统治中国六十三年，文字狱在一百三十起以上。惩罚没有康熙、雍正朝庄氏明史案、《南山集》案、吕留良案那样的大狱，但其株连人数很多，而且有很多是精神病患者酿成的文字狱案。

二、从文字狱的所谓罪状来看，文网越来越密。

三、文字狱罹祸者，范围越来越广，康熙、雍正朝多为官僚、乡绅及有名的文人，至乾隆朝则波及粗通文墨的社会下层。

四、文字狱的运用越来越自觉，手段也越来越绵密而毒辣。

避讳通过文字狱的方式成为清代统治者镇压民众的手段。

乾隆以后，嘉庆开始，国力日益衰败，避讳之例也愈松弛，趋于消亡。避讳也渐渐走向消灭之途，其后的太平天国避讳成为绝响，而袁世凯拾起避讳，以为恢复帝制之助，成为笑谈。

袁世凯搞了帝制复辟以后，也大肆实行避讳。北京煤铺墙上原有的“元煤”二字，都一概涂掉，因为“元煤”与“袁没”谐音。“元煤”容易误解成“袁世凯没了”。以此类推，“元宵”也得改成“汤圆”，因为“元宵”与“袁消”谐音。

清代的避讳除了对于国讳更为严格以外，对于圣人名字的避讳也有发展，清代叶名沣《桥西杂记》说：“雍正三年，奉上谕，孔子圣讳，理应回避……嗣后除四书五经外，凡遇此（丘）字，并加阝（邑）为邱……庶乎允协，足副（符合）尊崇先师至圣之意。”《说文解字》“邱”字下，段玉裁注释说：“今制，讳孔子名之字曰邱。”

清代雍正时期还规定，除了孔圣人，对亚圣孟轲的名字也要避讳，“孔孟名讳必须敬避”。

避官讳也不乏其例。

《清稗类钞·称谓类》载：属吏上大宪书，向用“恭惟大人”四字。乾隆朝，庄滋圃相国有恭总督南河，僚属具禀，改为“仰维”，或作“辰维”，避恭字也。

避讳长官之名。吴趼人《新笑史·避讳》云：“晚近官场恶习，讳及上官，卑谄之俗，令人可笑。”有人献云南宣威火腿给洋务大臣、曾任邮传部大臣的盛宣怀，其礼单上写着：“宣腿若干。”幕友将礼单送给盛宣怀看时，因避讳“宣”字而说道：“有人给您送腿来了。”陈腐的避讳，生出一个个笑话。

也有地位显赫的官员，强令属下避讳。

朱希祖曰：“胡钦华《天南纪事》，吴三桂帝滇，讳襄为厢，讳三为参，讳桂为贵，遂改桂林为建林府，桂阳为南平州，桂东为义昌县，又遥改襄阳为汉南府。”吴三桂父名襄。

不臣之心,昭然若揭。

总结从周代至清代的避讳,对避讳较为突出的朝代,可概括为:汉工,唐律,宋繁,清酷。汉代最先划一避讳用字,形成非常工整的形式;唐代最先将避讳著之于律法,完成了避讳由习俗至礼法,再至律法的转变;宋代避讳的突出特点是避讳用字纷繁,致有一讳有五十多字的奇观,其纷繁之处有不胜曲避之感;清代的避讳则以其触讳惩罚之酷而彰显,与之相比,唐代的"杖一百","免所居官",真是小巫见大巫,而清代则动辄杀头,且株连九族,与之有关的人员,包括参与查处的官员也往往牵连其中,一案而处罚数百人,屡见不鲜。避讳之酷,无出其右。

九、太平天国避讳

从咸丰元年(1851 年)太平军攻入永安州城,建立太平天国,到 1864 年南京失陷,洪秀全自杀,太平天国共历时十四年。太平天国形成了一个非常独特的团体,这一团体有别于帮会,也不同于一般的亚文化的团体,但它有着较一致的文化特征,语言上形成了具有自己特点的词汇,其避讳表现较为丰富。1853 年定都天京以后,洪秀全、杨秀清逐渐走上了神坛,制定了森严的等级制度,避讳成为与之相适应的一种统治手段。1856 年天京事变导致人心涣散,有大厦将倾之虞,洪秀全为了维系人心,巩固神权和皇权,更加注重了避讳的使用,至 1862 年颁布了《钦定敬避字样》,作为其全国遵行的法规,至此,可谓集避讳之大成。

太平天国于 1862 年颁行的《钦定敬避字样》,明确规定的避讳字 57 个,禁用的字 12 个,共计 69 个。其实际使用的避讳字要多于《钦定敬避字样》的规定。

张德坚主编的《贼情汇纂》，将避讳字分为五类：1. 天父名、各"伪"王及"伪"王子孙名讳改诸字。2. 皇上帝、天王、圣神讳改诸字。3. 年月日、地支所改诸字。4. "贼"中忌讳及毫无情理所改诸字。5. 妄造诸字。剔去非避讳字，计有避讳字 38 个。汪士铎《乙丙日记》据他在天京的见闻所记太平天国避讳字，附有代用字者 44 个，但言"不准用"者 14 个，合为 58 个。罗尔纲《太平天国史稿》，把太平天国避讳字分为代用字和改字，共 54 个。商衍鎏《太平天国科举考试纪略》，把太平天国"代改字"分做"改写字"和"改称字"，略去非避讳字，计有 60 个。史式《太平天国词语汇释》分为造字与改字。除去非避讳字，剔去重复，著录太平天国避讳字实有 64 个。吴良祚"考诸现存可以看到的太平天国文献资料，则查有实据的太平天国避讳字就上百个；见于时人记载，尚待查找例证的还有几十个"（吴良祚《太平天国避讳字说》）。然而其避讳词语要远远多于此一数目。从太平天国的避讳情况看，其范围非常广泛，有敬讳，有忌讳，有恶讳。

（一）太平天国避讳对象

我们将太平天国的避讳分成敬讳、忌讳和恶讳三类，是从避讳的心理出发，看其形成避讳的心理因素，其间有很大的不同。敬讳是指那些出于对尊长的尊敬而形成的避讳方式，其机制是：直称其名是对尊长的伤害，所以要避讳；而忌讳与恶讳的心理机制则是：对于所避讳的人和物怀有畏惧和厌恶，直称其名会引起说话人内心的不快，而不愿意称呼其名。因而，敬讳多来源于被避者，而忌讳和恶讳则更多来源于避讳者。

1. 敬讳

(1)名讳

忌爷火华名讳。洪秀全创拜上帝教，尊爷火华(即耶和华)为天父，故忌其名讳。忌火，《钦定敬避字样》："火，凡用以焼、伙、夥、炎等字代。"生火为堆焼，发火为冲焼(特指惹洪秀全发火)，"金木水火土"改称"金木水炎土"。或以荣代火字。忌华，改华为花，华人为花人。或为避爷火华之讳，于華字中加一横。或以譁代华之字。

以营代營之字，实为避爷火华之火而改。有营长(卒长)、营规、营枪等语。为现代简化字之先声。

忌洪秀全、杨秀清、冯云山名讳。太平军中，以洪秀全、杨秀清、肖朝贵、冯云山地位最高，肖朝贵早亡，故避讳例较少，忌其余三人名讳例较多。忌秀，改称禾乃、禾乃师、禾王。禾王指称洪秀全，禾乃、禾乃师指称杨秀清。《钦定前遗诏圣书批解》："朕是禾王，东王禾乃。"《太平救世歌》："禾乃师为天父定。"或改秀为绣、莠。张尔嘉《难中记》："呼秀才曰莠士，以秀字须避伪讳也。"

忌全字，改称铨等字，《钦定敬避字样》："全，凡用铨、诠等字代，凡意近似者可代以完备纯周普遍广大合通等字。"

忌清字，改清为菁。

忌云字，改云为芸。《钦定敬避字样》："云，凡用以芸字代。"

忌山字，改山为珊。

忌贵字，改贵为桂，光绪十五年《股匪总录》卷三："建伪号曰大成，改桂平县为秀水县，平南县为武城县，贵县为怀城县。"此为避萧朝贵之讳而改地名之例。

(2)忌君、王等字

洪秀全自封天王，其下东王杨秀清，西王肖朝贵，南王冯云山，北王韦昌辉，翼王石达开。故不允许别人用王字，佚名《避难纪略》："贼中禁用王字，凡姓王者，概令添写水旁，写汪字。"柯超《辛壬琐记》："王姓为汪，言天惟一王，不得再有王姓也。改琵琶琴瑟等字，不准加上王字。"故琵琶改为比巴，琴瑟改为今必。

太平天国避讳"王"字，除了洪秀全等称王，而形成敬讳以外，对于传统文化中或者清朝及前代的王则持蔑视的态度而形成恶讳，如，称东海龙王为东海龙妖。或加"犭"为狂，文王武王作文狂武狂。

避君，代之以钧字。

避圣，代之以胜字。

避国，代之以郭字。

《钦定敬避字样》："其余列邦及人地各名俱以郭字代。"不仅"国"要避讳，"京"、"都"、"宫"、"阙"、"殿"、"府"都要避讳。《钦定敬避字样》："天京天都，京都天城也，余不准称京称都。"查一查太平文献，则天王诏旨称"北京"为"北燕"（《贬妖穴为罪隶论》），《钦定旧、前遗诏圣书》"京"或改"郡"（《创世传》、《户口册纪》），"圣京"改"圣城"，"耶路撒冷京"改"也路撒冷城"，"大王之京师"改"前侯之城池"（《马太传福音书》）；"都城"作"侯城"（《约书亚书记》）。

这种情况多出现于宗教文献中。

避天，代之以添字。《贼情汇纂》卷八："天，改添。"

(3)避爵称衔号

"豫，王衔；预，官爵。虽不避，亦宜分写。"其实，"豫"也属于避讳字，太平天国晚期的官照、印衔、文书、公据，均作"天预"而不作"天豫"。《约书亚书记》"干犯"、"亚干"的"干"作"千"，"隐干宁"、"无干"、"无干涉"的"干"作"于"也是有意识地避干王洪仁玕尊讳。

(4)与宗教有关的避讳

由于太平天国信奉耶稣,形成了一些与耶稣教有关的避讳,这种避讳中也含有敬的成分。

忌主、上帝等词语。《钦定敬避字样》:“主、上主皇上帝、救世主、真主、幼主、赎病主、主将、主宰之主可用,余俱以司字、专字、柱字代。”

天王之女不称公主,称宫城女。

避上帝讳,皇帝称侯,王称相。

忌称“子”,因为只有上帝才能称呼“人子”,故忌讳。

约书中称耶稣为“人子”。太平天国认为,“惟上帝可呼其民为子”,故《钦定敬避字样》规定:“良民,不得称子民。”“子”是一个宗教避讳字。“子民”,太平天国前期不避;现存太平天国后期的文书、公据,有的作“良民”,有的不改。但上帝教约书是严格遵改的。《马太传福音书》以上帝口吻,“视我特选之臣”改为“视朕特宠之子”,“吾臣”改“朕子”。而诸书信篇中,凡圣差(即使徒)呼称信徒为“吾子”、“小子”、“亲子”、“爱子”的,钦定本都改为“吾弟”、“小弟”、“亲弟”、“爱弟”;作为尊称的“二三子”,改称为“二三弟”。

2. 忌讳

(1)忌不吉语

太平天国从1851年建国,到1864年南京失陷,历时十四年,其间有几次改变纪年干支的事件。1851年,辛亥年,太平天国初立,认为亥害同音不吉,改辛亥为辛开。1853年,癸丑年,以为丑字不吉,改癸好。1855年,乙卯年,粤语卯与有同音,以为不吉,改乙卯为乙荣。五年间三改纪年干支,这种做法很明显表现了他们想通过改干支字来形成吉祥话，避凶趋吉，以作为夺取天下的预兆。

忌死，称分手。《钦定军次实录》："则分手时天堂易尚(上)。"

丁葆和《归里杂诗》注称，太平天国文书"衰作师(帅?)，败作勋，离作利"。这种对于不吉的避讳，采用反义相代的方式，和粤方言区民间的避讳方式是相同的。

太平天国讳"败"为"胜"，有"胜兵"、"胜守"、"胜扎"、"胜出"等实例。

太平天国避讳"伤"字，太平军伤员叫"能人"(《行军总要·体惜号令》)，伤兵为"荣军"。

《天条书》改"丧事"为"升天"；《天朝田亩制度》称丧事为"喜事"。《钦定旧遗诏圣书》凡"死"、"亡"、"卒"、"崩"均改"升"，或作"升天"，还把"死日"改"忌日"，"死前"改为"生前"。《武略书》把"月有死生"改为"月有圆缺"。"丧"、"死"、"亡"、"卒"、"崩"都是为避凶趋吉而采用的迷信避讳词语。

《天兄圣旨》："秀全，尔在杨堂、萧堂避吉，宽心。""避吉"实为"避凶"之义。避称"凶"字，也是粤方言区的一个普遍的避讳。

(2)忌不雅、不洁物

忌大便、小便，称大便为运化、润化，称小便为润泉。张德坚《贼情汇纂》卷八："贼称如厕为运化。"赵烈文《落花春雨巢日记》卷三："改小便曰润泉，大便曰润化。"忌称屁股、厕所，称屁股为化关，厕所为化关房。《落花春雨巢日记》卷三："尾闾曰化关。"张汝南《金陵省难记略》："臀谓之化关，击臀谓之打化关，厕谓之化关房。"

(3)忌淫秽词语

称奸淫为打水泡。顾深《虎穴生还记》:“打水泡者,犹言奸淫也。”

称鸡奸为打铜鼓。马寿龄《金陵城外新乐府》注:“鸡奸谓之打铜鼓,铜鼓,童股也。”

(4)忌称兵器

兵器是为凶器,故多有避之。

长龙指抬炮。《贼情汇纂》卷五:“抬炮改称长龙。”又讳龙而称长隆。

称长矛为苗子,称匕首为顺子,称大炮为阳庄。

3. 恶讳

(1)忌鬼、神、王、皇帝、主、龙等词语

忌鬼,因而凡带鬼旁的汉字,悉数改为人旁。张德坚《贼情汇纂》卷八:“惟鬼宿改魁宿,他处不改。”《钦定敬避字样》:“凡写魂魄愧魏等字均从人。”

忌神字。张汝南《金陵省难纪略》:“神字避作申。”

太平天国一改传统观念,对于古代帝王等字都有所避讳,而且这种避讳不是建立在敬畏的基础上,而是建立在厌恶的基础上。在太平天国的观念里,只有天帝可以称帝,而封建皇帝只能作侯,如唐玄宗改称唐玄侯,三皇五帝改称三方五氐。或皇改称煌。

讳龙,称黑龙江为乌隆江,称东海龙王为东海龙妖。

太平天国对龙有不同的表示,只承认自身的真命天子的合法性,而其他的封建帝王的龙的身份则不予承认,故讳龙为隆。《太平天日》载,“皇上帝……身穿黑龙袍”,而“甘妖”则“腥身岂得挂隆袍”,二者区别很明显。

恶“仙”字而避讳之,“仙回”作“萱回”(《御制千字诏》)、“新回”(《蒙时雍家书》、《洪仁玕自述》),“九仙庙”谓之“九妖庙”。

《钦定敬避字样》规定,除了“五主”和主将、主宰之外,“余俱以司字、专字、柱字代”。而见诸太平天国印书、文书的,则有司、掌、长、士、道、贵、女、柱、狂等代字。如《钦定前遗诏圣书》“祭主”改“祭司”,“主治”改“掌治”,“主仆”、“园主”改“长仆”、“园长”,“公主”改“公女”,“诸神、诸主”改“邪神、妖狂”。《武略书》“兵之情主速”、“军旅以舒为主”的“主”字均改“贵”,“胜之主也”的“主”字改“道”,“智者为谋主”的“主”字改“士”。《钦定军次实录》“财主”改“财柱”,“主持”改“柱持”,等等。

剑桥大学图书馆发现《天情道理书》早于“戊午遵改”本的修改本:将“北王”改为“背土”,不提行;把顶撞杨秀清而被处死的“参护李凤先”,改为“背土参护李凤先”。王庆成的解释是:“‘土’或意味‘王’字斩首,‘背’或意味着反叛。但被处死之参护也加上‘背土’,则以‘土’释为‘王’斩首,似不可通。太平天国有‘脚底生泥’之语,意为‘入地狱’,‘背土’或者也是此意。”这儿,“王”字作“土”,有了象征意味,可以看作谶讳的表现。其他的相同例子还有:《旧遗诏圣书·创世传》第四十九章第二十节:“亚沙将出产膏粮,又产王之甘物。”钦定本避“王”字讳减笔作“土”。

(2)忌称“后、臣”等词语

《钦定敬避字样》:“臣,天父、天兄、天王、幼主方是臣,前代列侯属下之人不得称臣,概以下字称之。”太平天国文献中多有此种例子。“君臣”或改为“上下”(《武略书·吴子·料敌第二》),或作“长下”(《钦定英杰归真》);“王臣”改称“侯卑”、“侯属”(《创世传》);“臣仆”唤作“卑仆”(《颁行诏书》);“百臣”、“臣工”改“百工”(《出麦西郭传》);“臣民”作“属民”(《圣差言行传》)。从《钦定敬避字样》的论述可以看出，这儿的忌称“臣”等，一方面是出于对天父等“统下之人”的敬讳，而又涉及“前代列侯属下之人”，又有恶讳的因素，表现了太平天国对传统的等级制度的反叛。

(3)忌称清政府和其官员士兵

称清朝大官为大妖头。《贼情汇纂》卷六：“呼我显官为大妖头。”

称清政府为阎罗妖。《原道觉世训》：“东海龙妖即是阎罗妖变身。”

称清军营为妖穴，称清军猖狂为发妖风。曹大观《寇汀纪略》：“贼败走者谓我军战胜为发妖风。”

称清军士兵为妖兵。潘钟瑞《苏台麋鹿记》：“又称士曰妖士，兵曰妖兵，吏曰妖差，几无所不妖。而呼民团曰妖蛆，其名尤新。”与妖蛆相配，称敌人的水兵为水蛆。

称清朝官员用的器物为妖器。潘钟瑞《苏台麋鹿记》：“贼以官为妖，见朝衣、朝冠、补褂、翎顶之类，以为妖器。”

称官员为妖头，佚名《金陵纪事》：“贼以官为妖头。”

太平天国鄙视旧有的礼俗习惯，一律斥之为妖礼。简又文《太平天国典制通考·礼仪考》：“时俗之打躬、作揖、打千、叩头等，均视为妖礼，一律严禁。”张汝南《金陵省难纪略》：“姓名必三字，单名为妖派。”于是无所不妖，致有妖壮、妖风、妖话、妖魔仔、妖魔鬼、妖徒鬼卒、妖崽(狗腿子)。称叛变为变妖。

太平天国把“鞑”和“咸丰”等字，加反犬旁。《诛妖檄文》：“加以㺚豐妖魔小子。”

汪士铎《乙丙日记》卷三：“又庙社、寺院、庵观、社稷字皆不准用，仙、龙、酒、烛、卜、筮、神(辰)、魂(□)……亦不准用。”《钦定军次实录》：“且具本章不得用龙德、龙颜及百灵、承运、社稷、宗庙等妖魔字样。”《钦定敬避字样》:“至仙佛、妖魔、鬼诞、僧尼、宗庙、社稷、祠寺等字,总以灭迹销声置而不提为妙。”

禁用“社稷宗廟等妖魔字样”而避恶讳。故《武略书·孙子》“庙算”改“谋算”(《始计第一》),“厉于廊庙之上”十八字删去(《九地第十一》);《吴子》告庙卜龟一段全删(《图郭第一》),“庙廷”、“庙门”改“衙中”、“衙门”(《励士第六》)。

(4)忌佛教词语

忌佛象,称为大死妖,或死妖魔。太平天国信奉拜上帝教,以耶和华为上帝,故对佛教非常敌对,形成一系列带有蔑视意味的避讳称呼。陆筠《海角续编》:“贼称寺庙为妖庙,神佛像为大死妖。”

称庄中木制神像为木妖。杜文澜《平定粤寇纪略·附记二》:“贼所过名城繁镇,梵宫宝刹,必毁拆殆尽,……以为木妖也。”称神佛偶像为死妖。张汝南《金陵省难纪略》:“神佛谓之死妖。”

称菩萨为该杀。《钦定军次实录》:“俗语云:泥该杀过河,自身难保。”

(二)太平天国避讳方式

1. 改用意义相反的词语

改癸丑为癸好,改乙卯为乙荣即是。

2. 改用意义相近的词语

改火为炎,改火为烧即是。

3. 改用音同、音近之词语

改辛亥为辛开,改华为花,改山为珊,改火为夥等,都是。

避皇后之“后”字,“后稷”改“後稷”(《钦定英杰归真》);“天后”改“添後”、“天厚”(《圣差言行传》)。也属此类。

4. 改用形近之字

讳王爵之称"干"字,《约书亚书记》改"干犯"、"亚干"的"干"作"千",改"隐干宁"、"无干"、"无干涉"的"干"作"于"。干、千形近,干、于形近。

5. 加偏旁

改火为伙,改王为汪,改秀为绣,改云为芸,即是。

6. 减偏旁

改神为申,即是。又如改琵琶为比巴,改琴瑟为今必,柯超《辛壬琐记》:"改琵琶琴瑟等字,不准加上王字。"也属此类。

7. 改换偏旁

改"魂、魁、魄、愧、魏"等字的偏旁"鬼"为"人"旁,即是。

8. 拆字

改秀为禾乃,即是。

9. 加笔

避爷火华之讳,于華字中加一横。此一类与"改用形近之字"类相似,只是此类多不成字,或者说是造了一个新字。

10. 减笔

《旧遗诏圣书·创世传》第四十九章第二十节:"亚沙将出产膏粮,又产王之甘物。"钦定本避"王"字讳减笔作"土"。

剑桥大学图书馆发现《天情道理书》早于"戊午遵改"本的修改本:将"北王"改为"背土",不提行;把顶撞杨秀清而被处死的"参护李凤先",改为"背土参护李凤先"。

11. 空字

王庆成发现,《天情道理书》原当与东、西、南、翼诸王抬头相同的"北王",1857 年本改为"背土",不抬头(《太平天国修改印书的事实和意义》,《历史研究》1986 年第 5 期);1858 年和 1859 年修订本又将"背土"改为"昌辉",不称王号,不避讳,但恢复抬头与东王等并列。原当与“东殿兵部尚书侯谦芳”并列的“北殿参护李凤先”，1857年本改为“背土参护李凤先”，“背土”二字不抬头，“参护”之上空两格；1858年和1859年的修改本，则又去“背土”二字，“参护”之上仍有两个空格，这是避“北殿”恶讳空字之例。

（三）太平天国避讳的特点

太平天国的避讳特点有以下几点，其一，避讳内容较丰富，特别是恶讳的情况很多，这主要是太平天国本身的性质决定了它同过去的封建王朝有着性质的不同。对于过去的道德观念和价值准则持否定态度，加之太平天国的避讳很多是下层人员使用，就使得这种态度得到蔓延扩散，形成了丰富的恶意避讳。其二，太平天国的避讳宗教色彩很浓厚，洪秀全创立拜上帝会，尊耶稣为天父，自称上帝爷火华的次子，使得太平天国具有了政教合一的色彩，其内部语言不可避免地打上了宗教的烙印，这一点有别于前此的避讳情况。其三，太平天国的避讳在文字上的表现较明显，有些其着眼点并不在于语言的词语，而在于文字，琵琶、琴瑟改为比巴、今必之类，作为词与要避的词语“王”毫无干涉，只是因了字形上有“王”字，才具备了进入避讳的资格。可以说，避偏旁在这儿得到了极大的发展，更有甚者，不仅有避者，更有创新，创造了一百多个特殊用字，其中多数是避讳用字。其四，太平天国避讳有时是集敬讳与恶讳于一身，如柯超《辛壬琐记》所载，“王姓为汪，言天惟一王，不得再有王姓也。”避“王”字，本因洪秀全称王而避，属于敬讳，但对于韦昌辉等背弃太平天国的王则改称“背土”，“背土”是“北王”的避讳用语，这儿又使用了恶讳，表现出较为复杂的情形。

在太平天国这个集封建专制、农民起义和宗教精神于一体的复杂团体中，避讳奏响了它的最后绝响。如果说，清代避讳是避讳行将就木的回光返照的话，那么，太平天国的避讳就是避讳咽气前的最后哀鸣。

主要参考资料

周广业:《经史避名汇考》,北京图书馆出版社,1999

王彦坤:《历代避讳字汇典》,中州古籍出版社,1997

陈垣:《史讳举例》,上海书店出版社,1997

陈垣:《陈垣学术论文集》(第二集),中华书局,1982

李斌城:《隋唐五代社会生活史》,中国社会科学出版社,1998

朱瑞熙:《辽宋西夏金社会生活史》,中国社会科学出版社,1998

陈高华等:《中国风俗通史》,上海文艺出版社,2001

高国藩:《中国巫术史》,上海三联书店,1999

金良年:《姓名与社会生活》,文津出版社,1990

何晓明:《姓名与中国文化》,人民出版社,2001

李炳泽:《咒与骂》,河北人民出版社,1997

李家瑞:《北平风俗类征》,商务印书馆,1937

周密:《齐东野语》,中华书局,1983

王楙:《野客丛书》,中华书局,1987

陆容:《菽园杂记》,中华书局,1985

赵翼:《廿二史劄记》,中华书局,1982

赵翼:《陔余丛考》,河北人民出版社,1990

徐珂:《清稗类钞》,中华书局,1984
王观国:《学林》,中华书局,1988
杨天宇:《礼记译注》,上海古籍出版社,1997
郑玄注:《礼记正义》,上海古籍出版社,1990
郭嵩焘:《礼记质疑》,岳麓书社,1992
《仪礼注疏》,上海古籍出版社,1990
李衡眉:《昭穆制度研究》,齐鲁书社,1996
胡戟:《礼仪志》,上海人民出版社,1998
顾炎武:《日知录集释》,岳麓书社,1994
颜之推:《颜氏家训》,上海古籍出版社,1992
杜佑:《通典》,中华书局,1984
王钦若等:《册府元龟》,中华书局,1960
习凿齿:《襄阳耆旧记》,荆楚书社,1986
刘义庆:《世说新语》,岳麓书社,1989
唐长孺:《魏晋南北朝史论拾遗》,中华书局,1983
赵彦卫:《云麓漫钞》,中华书局,1996
高承:《事物纪原》,中华书局,1989
封演:《封氏闻见记》,见《古今注》,辽宁教育出版社,1998
王可宾:《女真国俗》,吉林大学出版社,1988
皮锡瑞:《今文尚书考证》,中华书局,1989
吴汉痴:《切口大词典》,上海文艺出版社,1989
任骋:《中国民间禁忌》,中国社会科学出版社,2004
《语海·秘密语分册》,上海文艺出版社,1994
王新华:《隐语研究》,中国文联出版社,2000
李安宅:《巫术与语言》,上海文艺出版社,1988
钱南扬:《汉上宧文存》,上海文艺出版社,1980

王彬:《禁书·文字狱》,中国工人出版社,1992

钱大昕:《十驾斋养新录》,商务印书馆,1957

钱大昕:《廿二史考异》,商务印书馆,1958

陆游:《老学庵笔记》,中华书局,1979

周煇:《清波杂志》,刘永翔校注,中华书局,1994

金老佛:《三教九流江湖秘密规矩》,河北人民出版社,1990

郭成康、林铁钧:《清朝文字狱》,群众出版社,1990

《清代文字狱档》,上海书店,1986

谢国桢:《明末清初的学风》,人民出版社,1982

丁鼎:《仪礼·丧服考论》,社会科学文献出版社,2003

孙光宪:《北梦琐言》,上海古籍出版社,1981

史式:《太平天国词语汇释》,四川人民出版社,1984

张德坚:《贼情汇纂》,《太平天国资料丛刊》,1952

[奥]弗洛伊德:《图腾与禁忌》,中国民间文艺出版社,1986

[英]詹·乔·弗雷泽:《金枝》,中国民间文艺出版社,1987

[德]恩斯特·卡西尔:《语言与神话》,生活·读书·新知三联书店,1988

[法]列维·斯特劳斯:《野性的思维》,商务印书馆,1987

[美]威廉·A·哈维兰:《当代人类学》,上海人民出版社,1987

[美]亨利·摩尔根:《古代社会》,商务印书馆,1995

司马迁:《史记》,中华书局,1997

班固:《汉书》,中华书局,1997

范晔:《后汉书》,中华书局,1997

陈寿:《三国志》,中华书局,1997

房玄龄:《晋书》,中华书局,1997
沈约:《宋书》,中华书局,1997
萧子显:《南齐书》,中华书局,1997
姚察、姚思廉:《梁书》,中华书局,1997
姚察、姚思廉:《陈书》,中华书局,1997
李延寿:《南史》,中华书局,1997
李延寿:《北史》,中华书局,1997
魏收:《魏书》,中华书局,1997
令狐德棻:《周书》,中华书局,1997
李百药:《北齐书》,中华书局,1997
魏徵等:《隋书》,中华书局,1997
沈昫:《旧唐书》,中华书局,1997
欧阳修、宋祁:《新唐书》,中华书局,1997
薛居正:《旧五代史》,中华书局,1997
欧阳修:《新五代史》,中华书局,1997
脱脱:《宋史》,中华书局,1997
脱脱:《金史》,中华书局,1997
脱脱:《辽史》,中华书局,1997
宋濂:《元史》,中华书局,1997
张廷玉:《明史》,中华书局,1997

附录

历代帝王庙谥名字墓号年号表

周(姬氏)

1. 武王名发。

始祖后稷名弃。

祖追尊王季名历,葬涡山之尾。

父追尊文王名昌,葬毕聚。

2. 成王名诵。

3. 康王名钊。

4. 昭王名瑕。

5. 穆王名满。

6. 共王名繄扈。

7. 懿王名囏。

8. 孝王名辟方。

9. 夷王名燮。

10. 厉王名胡。

11. 宣王名静。
12. 幽王名宫湦。
13. 平王名宜臼。
14. 桓王名林,葬洛。
15. 庄王名佗。
16. 僖王名胡齐。
17. 惠王名阆。
18. 襄王名郑。
19. 顷王名壬臣。
20. 匡王名班。
21. 定王名瑜。
22. 简王名夷。
23. 灵王名泄心。
24. 景王名贵。
25. 悼王名猛。
26. 敬王名匄。
27. 元王名仁。
28. 贞定王名介。
29. 哀王名去疾。
30. 思王名叔。
31. 考王名嵬。
32. 威烈王名午。
33. 安王名骄。
34. 烈王名喜。
35. 显王名扁。
36. 慎靓王名定。

37. 赧王名延。

秦(嬴氏)

1. 始皇帝名政(一作正)。
   父庄襄王名子楚(初名子异)。
2. 二世皇帝名胡亥。
3. 秦王名子婴。
   父名扶苏(胡亥兄)。

西楚(项氏)

1. 霸王名籍字羽(或作子羽)。
   祖名燕。
   季父名梁。

西汉(刘氏)

1. 太祖高皇帝名邦字季。墓号长陵。
   父太上皇名煓,一名执嘉(或以执嘉为字)。
   后吕雉。
2. 孝惠皇帝名盈。墓号安陵。
3. 废帝名恭。
4. 少帝名弘(本名山,更名义,即位后改名弘,惠帝子)。
5. 太宗孝文皇帝名恒。(高帝子)墓号霸陵。
6. 孝景皇帝名启。墓号阳陵。

7. 世宗孝武皇帝名彻。墓号茂陵。年号:建元、元光、元朔、元狩、元鼎、元封、太初、天汉、太始、征和、后元。

8. 孝昭皇帝名弗(初名弗陵)。墓号平陵。年号:始元、元凤、元平。

9. 昌邑王名贺。

父昌邑哀王名髆。(孝昭帝弟)

10. 中宗孝宣皇帝名询(初名病已),字次卿。墓号杜陵。年号:本始、地节、元康、神爵、五凤、甘露、黄龙。

祖戾太子名据。(孝武帝子)

父追尊悼皇名进。

11. 高宗孝元皇帝名奭。墓号渭陵。年号:初元、永光、建昭、竟宁。

12. 孝成皇帝名骜,字太孙。墓号延陵。年号:建始、河平、阳朔、鸿嘉、永始、元延、绥和。

13. 孝哀皇帝名欣。墓号义陵。年号:建平、太初元将、元寿。

父追尊恭皇名康。(元帝子)

14. 元宗孝平皇帝名衎(本名箕子,元始二年更名)。墓号康陵。年号:元始。

父中山孝王名兴。(元帝子)

15. 少帝名婴。年号:居摄、初始(或作始初)。

曾祖楚孝王名嚣。(宣帝子)

祖广戚炀侯名勋。

父嗣广戚侯名显。

新(王氏)

1. 皇帝名莽,字巨君。年号:始建国、天凤、地皇。

祖追尊阳平顷王名禁,字稚君。

父追尊新都显王名曼,字元卿。

玄汉(刘氏)

1. 淮阳王名玄,字圣公。葬霸陵。年号:更始。

祖苍梧太守名利。

父名子张。

东汉(刘氏)

1. 世祖光武皇帝名秀,字文叔。墓号原陵。年号:建武、建武中元。

祖钜鹿都尉名回。

父南顿君名钦。

叔父赵王名良。

2. 显宗孝明皇帝名庄(一名阳),字子丽。墓号显节陵。年号:永平。

3. 肃宗孝章皇帝名炟。墓号敬陵。年号:建初、元和、章和。

4. 穆宗孝和皇帝名肇。墓号慎陵。年号:永元、元兴。

5. 孝殇皇帝名隆。墓号康陵。年号:延平。

6. 恭宗孝安皇帝名祜。墓号恭陵。年号:永初、元初、永宁、建光、延光。

父追尊孝德皇名庆。(章帝子)

7. 少帝名懿,一名犊。

父济北惠王名寿。(章帝子)

8. 敬宗孝顺皇帝名保。(安帝子)墓号宪陵。年号:永建、阳嘉、永和、汉安、建康。

9. 孝冲皇帝名炳。墓号怀陵。年号:永憙。

10. 孝质皇帝名缵。墓号静陵。年号:本初。

曾祖千乘贞王名伉。(章帝子)

祖乐安夷王名宠。

父渤海孝王名鸿。

11. 威宗孝桓皇帝名志。墓号宣陵。年号:建和、和平、元嘉、永兴、永寿、延熹、永康。

祖追尊孝穆皇名开。(章帝子)

父追尊孝崇皇名翼。

12. 孝灵皇帝名宏。墓号文陵。年号:建宁、熹平、光和、中平。

祖追尊孝元皇名淑。(孝穆皇子)

父追尊孝仁皇名苌。

13. 废帝名辩。年号:光熹、昭宁。

14. 孝献皇帝名协,字伯和。(废帝弟)墓号禅陵。年号:永汉、中平、初平、兴平、建安、延康。

三 国

(一)魏(曹氏)

1. 世祖文皇帝名丕,字子桓。墓号首阳陵。年号:黄初。

曾祖明帝太和三年追尊高皇帝名腾，字季兴。

祖追尊太皇帝名嵩，字巨高。

父追尊太祖武皇帝名操，字孟德，一名吉利，小字阿瞒。墓号高陵。

2. 烈祖明皇帝名叡，字元仲。墓号高平陵。年号：太和、青龙、景初。

3. 齐王名芳，字兰卿。（明帝养子）年号：正始、嘉平。

祖任城威王名彰，字子文。（武帝子）

父嗣任城王名楷。

4. 高贵乡公名髦，字彦士。年号：正元、甘露。

父东海定王名霖。（文帝子）

5. 元皇帝名奂（初名璜，即位后更名）。年号：景元、咸熙。

父燕王名宇，字彭祖。（武帝子）

（二）蜀（刘氏）

1. 昭烈皇帝名备，字玄德。墓号惠陵。年号：章武。

祖东郡范令名雄。

父名弘。

2. 后主名禅，字公嗣，小名阿斗。年号：建兴、延熙、景耀、炎兴。

（三）吴（孙氏）

1. 太祖大皇帝名权，字仲谋。墓号蒋陵。年号：黄武、黄龙、嘉禾、赤乌、太元、神凤。

父追尊始祖武烈皇帝名坚，字文台。墓号高陵。

兄追尊长沙桓王名策，字伯符。

2. 会稽王名亮，字子明。年号：建兴、五凤、太平。

3. 景皇帝名休，字子烈。（会稽王兄）墓号定陵。年号：永安。

4. 末帝名皓，字元宗，一名彭祖，字皓宗。年号：元兴、甘露、宝鼎、建衡、凤凰、天册、天玺、天纪。

父追尊文皇帝名和。（景帝兄）

晋（司马氏）

（一）西晋

1. 世祖武皇帝名炎，字安世。墓号峻阳陵。年号：泰始、咸宁、太康、太熙。

祖追尊高祖宣皇帝名懿，字仲达。墓号高原陵。

父追尊太祖文皇帝名昭，字子上。墓号崇阳陵。

伯父追尊世宗景皇帝名师，字子元。墓号峻平陵。

2. 孝惠皇帝名衷，字正度。墓号太阳陵。年号：永熙、永平、元康、永康、永宁、太安、永安、建武、永兴、光熙。

附：赵王名伦，字子彝。（宣帝子）年号：建始。（司马伦于永宁元年正月篡位改元，四月被诛，惠帝复辟）

3. 孝怀皇帝名炽，字丰度。（武帝子）年号：永嘉。

4. 孝愍皇帝名邺，一名子邺，字彦旗。年号：建兴。

父吴孝王名晏，字平度。（武帝子）

（二）东晋

1. 中宗元皇帝名睿，字景文，小字铜环。墓号建平陵。年号：建武、大兴、永昌。

祖琅邪武王名伷，字子将。（宣帝子）

父琅邪恭王名觐，字思祖。

2. 肃祖明皇帝名绍，字道畿。墓号武平陵。年号：太宁。

3. 显宗成皇帝名衍，字世根。墓号兴平陵。年号：咸和、咸康。

4. 康皇帝名岳，字世同。（成帝弟）墓号崇平陵。年号：建元。

5. 孝宗穆皇帝名聃，字彭子。墓号永平陵。年号：永和、升平。

6. 哀皇帝名丕，字千龄。（成帝子）墓号安平陵。年号：隆和、兴宁。

7. 废帝名奕，字延龄。（哀帝弟）年号：太和。

8. 太宗简文皇帝名昱，字道万。（元帝子）墓号高平陵。年号：咸安。

9. 烈宗孝武皇帝名曜，字昌明。墓号隆平陵。年号：宁康、太元。

10. 安皇帝名德宗。墓号休平陵。年号：隆安、元兴、大亨、义熙。

附：楚武悼皇帝桓氏名玄，字敬道，一名灵宝。年号：建始、永始。

父追尊太祖宣武皇帝名温，字元子。墓号永崇陵。

11. 恭皇帝名德文。（安帝弟）墓号冲平陵。年号：元熙。

十　六　国

（一）前赵（刘氏）

1. 高祖光文皇帝名渊，字元海。墓号永光陵。年号：元熙、永凤、河瑞。

祖名於扶罗。

父名豹。

2. 嗣主梁王名和，字玄泰。

3. 烈宗昭武皇帝名聪，字玄明，一名载。（嗣主弟）墓号宣光陵。年号：光兴、嘉平、建元、麟嘉。

4. 隐帝名粲，字士光。年号：汉昌。

5. 末主名曜，字永明。年号：光初。

高祖追尊景皇帝名亮。

曾祖追尊献皇帝名广。

祖追尊懿皇帝名防。

父追尊宣皇帝名绿。（光文帝族弟）墓号永垣陵。

(二)成汉(李氏)

1. 太宗武皇帝名雄，字仲儁。墓号安都陵。年号：建兴、晏平、玉衡。

祖追尊陇西襄王名慕。

父追尊始祖景皇帝名特，字玄休。年号：建初。

2. 哀皇帝名班，字世文。

父河间王名荡，字仲平。（武帝兄）

3. 幽公名期，字世运。（哀帝弟）年号：玉恒。

4. 中宗昭文皇帝名寿，字武考。墓号安昌陵。年号：汉兴。

父追尊献皇帝名骧，字元龙。（景帝弟）

5. 归义侯名势，字子仁。年号：太和、嘉宁。

(三)前凉(张氏)

1. 盛烈王（威王时追尊太宗成王）名茂，字成逊。年号：永元。

父威王时追尊太祖武王名轨，字士彦。墓号建陵。

兄威王时追尊高祖昭王名寔，字安逊。墓号宁陵。

2. 忠成公（威王时追尊世祖文王）名骏，字公庭。（昭王子）墓号大陵。年号：太元。

3. 桓王（威王时追尊世宗明王）名重华，字泰临。墓号显陵。年号：永乐。

4. 哀公名耀灵，字元舒。

5. 威王名祚，字太伯，小字螽斯。（明王兄）墓号愍陵。年号：和平。

6. 冲王名玄靓，字元安。（哀公庶弟）墓号平陵。年号：太始。

7. 悼公名天锡，字纯嘏，一字公纯嘏，一字公纯，小名独活。（文王少子）年号：太清。

（四）后赵（石氏）

1. 高祖明皇帝名勒，字世龙，初名㔨，或云小字匐勒。墓号高平陵。年号：太和、建平。

祖追尊宣皇帝名耶（或作邪）奕于。

父追尊世宗元皇帝名周曷朱，一名乞翼加。

2. 海阳王名弘，字大雅。年号：延熙。

3. 太祖武皇帝名虎，字季龙。墓号显原陵。年号：建武、太宁。

父追尊太宗孝皇帝名寇觅。

4. 谯王名世，字大业。

5. 彭城王名遵。（谯王兄）

6. 义阳王名鉴，字大朗。（彭城王兄）年号：青龙。

7. 赵王名祇。（武帝子）年号：永宁。

附：冉魏（冉氏）

1. 武悼天王名闵，字永曾，小字棘奴。年号：永兴。

祖追尊元皇帝名隆。

父追尊烈祖高皇帝名瞻，字弘武，初名良。

（五）前燕（慕容氏）

1. 燕王（景昭帝追尊太祖文明皇帝）名皝，字元真，小字万年。墓号龙平陵。

父景昭帝时追尊高祖武宣皇帝名廆，字若洛廆。

2. 烈祖景昭皇帝名儁，字宣英，小字贺赖跋。墓号龙陵。年号:元玺、光寿。

3.幽皇帝名暐,字景茂。年号:建熙。

附:西燕(慕容氏)

1.济北王名泓(前燕幽帝弟)。年号:燕兴。

2.威皇帝名冲,小字凤皇。(济北王弟)年号:更始。

3.燕王段氏名随。(世系无考)年号:昌平。

4.燕王名觊。年号:建明。

父宜都王名桓(前燕景昭帝弟)。

5.燕帝名瑶(或作望)。(威帝子)年号:建平。

6.燕帝名忠。(济北王子)年号:建武。

7.末主名永。年号:中兴。

祖名运。(前燕武宣帝弟)

(六)前秦(苻氏)

1.高祖(初称世宗,后改高祖)景明皇帝(或作明皇帝)名健,字建业。初名罴,字世建。墓号原陵。年号:皇始。

父追尊太祖惠武帝名洪,字广世。

2.厉王名生,字长生。年号:寿光。

3.世祖宣昭皇帝名坚,字永固,一字文玉,小字肩头。年号:永兴、甘露、建元。

4.哀平皇帝名丕,字永叙(一作永叔)。年号:太安。

5.太宗高皇帝名登,字文高。年号:太初。

父明帝时陇东太守名敞。(宣昭帝族子)

6.末主名崇。年号:延初。

(七)后秦(姚氏)

1.太祖武昭皇帝名苌,字景茂。墓号原陵。年号:白雀、建初。

父追尊始祖景元皇帝名弋仲。墓号高陵。

兄追尊魏武王名襄，字景国。

2. 高祖文桓皇帝名兴，字子略。墓号偶陵。年号：皇初、弘始。

3. 末主名泓，字元子。年号：永和。

（八）后燕（慕容氏）

1. 世祖成武皇帝名垂，字道明（或作字叔仁）。（前燕文明帝子）墓号宣平陵。年号：燕元、建兴。

2. 烈宗惠愍皇帝名宝，字道祐，小字库勾。年号：永康。

3. 中宗昭武皇帝名盛，字道运。墓号兴平陵。年号：建平、长乐。

伯父追尊献庄皇帝名全（或作令）。

4. 昭文皇帝名熙，字道文，小字长生。（成武帝少子）墓号徽平陵。年号：光始、建始。

（九）西秦（乞伏氏）

1. 烈祖宣烈王名国仁。年号：建义。

祖名傉大寒。

父名司繁。

2. 高祖武元王名乾归。（宣烈王弟）墓号枹罕陵。年号：太初、更始。

3. 太祖文昭王名炽磐。墓号武平陵。年号：永康、建弘。

4. 末主名暮末（或作慕末），一名茂蔓，字安石。年号：永弘。

（十）后凉（吕氏）

1. 太祖懿武皇帝名光，字世明。墓号高陵。年号：太安、麟嘉、龙飞、承康（或作永康）。

追尊吕望为始祖。

父追尊景昭王名婆楼。

2. 隐王名绍，字永业。

3. 灵皇帝名纂,字永绪。(懿武帝庶长子)墓号白石陵。年号:咸宁。

4. 建康公名隆,字永基。年号:神鼎。

父追尊文皇帝名宝。(懿武帝弟)

(十一)南凉(秃发氏)

1. 烈祖武王名乌孤。年号:太初。

祖名推斤。

父名思复鞬。

2. 康王名利鹿孤。(武王弟)墓号西平陵。年号:建和。

3. 景王名傉檀。(康王弟)年号:弘昌、嘉平。

(十二)南燕(慕容氏)

1. 世宗献武皇帝名德,字玄明,后更名备德。(前燕文明帝少子)墓号东阳陵。年号:燕平、建平。

2. 末主名超,字祖明。年号:太上。

父追尊穆皇帝名纳。(献武帝兄)

(十三)西凉(李氏)

1. 太祖武昭王名暠,字玄盛,小字长生。墓号建世陵。年号:庚子、建初。

祖追尊景公名弇。

父追尊简公名昶。

2. 后主名歆,字士业,小字桐椎。年号:嘉兴。

3. 末主名恂。(后主弟)年号:永建。

(十四)北凉

1. 凉王段氏名业。年号:神玺、天玺。

2. 太祖武宣王沮渠氏名蒙逊。年号:永安、玄始、承玄、义和、缘禾。

父名法弘。

3. 哀王沮渠氏名茂虔(或作牧犍)。年号:永和。

(十五)夏(赫连氏)

1. 世祖武烈皇帝名勃勃,字屈孑。墓号嘉平陵。年号:龙升、凤翔、昌武、真兴。

高祖追尊元皇帝名训兜,一名诰升爰。

曾祖追尊景皇帝名虎,一名乌路孤。

祖追尊宣皇帝名豹子,一名务桓。

父追尊太祖桓皇帝名卫辰。

2. 秦王名昌,字还国,一名折。年号:承光(或作永光)。

3. 平原王名定,小字直獖。(秦王弟)年号:胜光。

(十六)北燕

1. 惠懿皇帝高氏名云,字子雨。年号:正始。

祖名和。

父名拔,小字秃头。

2. 太祖文成皇帝冯氏名跋,字文起,小字乞直伐。墓号长谷陵。年号:太平。

祖追尊元皇帝名和。

父追尊宣皇帝名安。

3. 昭成皇帝冯氏名弘,字文通。(文成帝少弟)年号:太兴。

南 北 朝

一、南朝

(一)宋(刘氏)

1. 高祖武皇帝名裕,字德舆,小名寄奴。墓号初宁陵。年号:永初。

祖名靖。

父追尊孝穆皇帝名翘。

2. 少帝名义符,小字车兵。年号:景平。

3. 太祖文皇帝(初称中宗景皇帝,后改)名义隆,小字车儿。(少帝弟)墓号长宁陵。年号:元嘉。

4. 元凶名劭,字休远。年号:太初。

5. 世祖孝武皇帝名骏,字休龙,小字道民。(元凶劭弟)墓号景宁陵。年号:孝建、大明。

6. 前废帝名子业,小字法师。年号:永光、景和。

7. 太宗明皇帝名彧,字休炳,小字荣期。(孝武帝弟)墓号高宁陵。年号:泰始、泰豫。

8. 后废帝名昱,字德融,小字慧震。年号:元徽。

9. 顺皇帝名準,字仲谋(或作仲谟),小字智观。(后废帝弟)墓号遂宁陵。年号:升明。

(二)齐(萧氏)

1. 太祖高皇帝名道成,字绍伯,小名斗将。墓号泰安陵。年号:建元。

父追尊宣皇帝名承之,字嗣伯。

2. 世祖武皇帝名赜,字宣远,小名龙儿。墓号景安陵。年号:永明。

3. 郁林王名昭业,字元尚,小名法身。年号:隆昌。

父追尊世宗文皇帝名长懋,字云乔,小字白泽。(武帝长子)

4. 海陵恭王名昭文,字季尚。(郁林王弟)年号:延兴。

5. 高宗明皇帝名鸾,字景栖,小名玄度。墓号兴安陵。年号:建武、永泰。

父追尊景皇名道生,字孝伯。(高帝兄)

6. 东昏侯名宝卷(初名明贤,后改),字智藏。年号:永元。

7. 和帝名宝融,字智昭。(东昏侯弟)墓号恭安陵。年号:中兴。

(三)梁(萧氏)

1. 高祖武皇帝名衍,字叔达,小字练儿。墓号脩陵。年号:天监、普通、大通,中大通、大同、中大同、太清。

父追尊太祖文皇帝名顺之,字文纬。

2. 太宗简文皇帝名纲,字世缵,小字六通。墓号庄陵。年号:大宝。

3. 豫章嗣王名栋,字元吉。年号:天正。

祖追尊昭明皇帝名统,字德施,小字维摩。(简文帝兄)墓号安宁陵。

父追尊安皇帝名欢,字孟孙。

4. 世祖孝元皇帝名绎,字世诚,小字七符。(简文帝弟)年号:承圣。

5. 闵皇帝名渊明,字靖通。年号:天成。

父长沙宣武郡王名懿,字元达。(武帝兄)

6. 敬皇帝名方智,字慧相,小字法真。(元帝子)年号:绍泰、太平。

附:北梁(萧氏)

1. 中宗宣皇帝名詧,字理孙。(昭明帝子)墓号平陵。年号:大定。

2. 世宗孝明皇帝名岿,字仁远。墓号显陵。年号:天保。

3. 梁公名琮,字温文。年号:广运。

(四)陈(陈氏)

1. 高祖武皇帝名霸先,字兴国,小字法生。墓号万安陵。年号:永定。

父追尊太祖景皇帝名文赞。

2. 世祖文皇帝名蒨,字子华,墓号永宁陵。年号:天嘉、天康。

父始兴昭烈王名道谈(武帝兄)。

3. 废帝名伯宗,字奉业,小字药王。年号:光大。

4. 高宗孝宣皇帝名顼,字绍世,小字师利。(文帝弟)墓号显宁陵。年号:太建。

5. 后主名叔宝,字元秀,小字黄奴。年号:至德、祯明。

二、北朝

(一)北魏(拓跋氏,至孝文帝时改姓元氏)

1. 太祖道武皇帝(初称烈祖宣武皇帝,明元帝泰常五年改谥道武,孝文帝太和十五年又改庙号为太祖)名珪。葬金陵。年号:登国、皇始、天兴、天赐。

祖高祖昭成皇帝名什翼犍。葬金陵。年号:建国。

父追尊献明皇帝名寔。

2. 太宗明元皇帝名嗣。葬金陵。年号:永兴、神瑞、泰常。

3. 世祖太武皇帝名焘。葬金陵。年号:始光、神䴥、延和、太延、太平真君、正平。

4. 南安隐王名余。年号:承平(或作永平)。

5. 高宗文成皇帝名濬。葬金陵。年号:兴安、兴光、太安、和平。

父追尊恭宗景穆皇帝名晃。(太武帝子)

6.显祖献文皇帝名弘。葬金陵。年号:天安、皇兴。

7.高祖孝文皇帝名宏。墓号长陵。年号:延兴、承明、太和。

8.世宗宣武皇帝名恪。墓号景陵。年号:景明、正始、永平、延昌。

9.肃宗孝明皇帝名诩。墓号定陵。年号:熙平、神龟、正光、孝昌、武泰。

10.幼主名钊。

祖京兆王名愉,字宣德。(宣武帝弟)

父临洮王名宝晖。

11.敬宗孝庄皇帝(初于安定王中兴二年谥武怀皇帝,至孝武帝太昌元年改谥孝庄)名子攸。墓号静陵。年号:建义、永安。

父追尊肃祖文穆皇帝名勰,字彦和。(献文帝子)

兄追尊无上皇帝名劭,字子讷。

12.长广王名晔,字华兴,小字盆子。年号:建明。

祖南安惠王名桢。(景穆帝子)

父扶风王名怡。

13.节闵帝名恭,字脩业。年号:普泰。

父追尊先帝名羽,字叔翻。(文穆帝兄)

14.安定王名朗,字仲哲。年号:中兴。

祖章武王名彬,字豹儿。(南安惠王子)

父章武庄武王名融,字永兴。

15.孝武皇帝名脩,字孝则。年号:太昌、永兴、永熙。

父追尊武穆皇帝名怀。(宣武帝弟)

(二)东魏(元氏)

1.孝静皇帝名善见。年号:天平、元象、兴和、武定。

祖清河文献王名怿，字宣仁。（孝文帝子）

父清河文宣王名亶。

（三）西魏（元氏，恭帝时复姓拓跋氏）

1. 文皇帝名宝炬。墓号永陵。年号：大统。

父追尊文景皇帝名愉，字宣德。（北魏孝文帝子）

2. 废帝名钦。

3. 恭帝名廓。（废帝弟）

（四）齐（高氏）

1. 显祖文宣皇帝（初称高祖文宣皇帝，后主天统元年改为威宗景烈皇帝，武平元年又改显祖文宣皇帝）名洋，字子进。墓号武宁陵。年号：天保。

祖追尊文穆皇帝名树生（一名树）。

父追尊高祖神武皇帝（初称太祖献武皇帝，后主天统元年改高祖神武皇帝）名欢，字贺六浑。墓号义平陵。

兄追尊世宗文襄皇帝名澄，字子惠。墓号峻成陵。

2. 废帝名殷，字正道。年号：乾明。

3. 肃宗孝昭皇帝名演，字延安。（文宣帝弟）墓号文靖陵。年号：皇建。

4. 世祖武成皇帝名湛。（孝昭帝弟）墓号永平陵。年号：太宁、河清。

5. 后主名纬，字仁纲。年号：天统、武平、隆化。

6. 幼主名恒。年号：承光。

（五）周（宇文氏）

1. 孝闵皇帝名觉，字陁罗尼。墓号静陵。

祖明帝（武成初追尊德皇帝）名肱。

父追尊太祖文皇帝（初尊文王，武成元年追尊文皇帝)名泰,字黑獭。墓号成陵。

2. 世宗明皇帝名毓,小名统万突。(孝闵帝兄)墓号昭陵。年号:武成。

3. 高祖武皇帝名邕,字祢罗突。(孝闵帝弟)墓号孝陵。年号:保定、天和、建德、宣政。

4. 宣皇帝名赟,字乾伯。墓号定陵。年号:大成。

5. 静皇帝名阐(初名衍,后改名)。墓号恭陵。年号:大象、大定。

隋(杨氏)

1. 高祖文皇帝名坚,小名那罗延。墓号太陵。年号:开皇、仁寿。

父追尊太祖武元皇帝名忠。

2. 世祖炀皇帝名广,一名英,小字阿麽。年号:大业。

3. 恭皇帝名侑。年号:义宁。

父越王(皇泰初追尊世宗孝成皇帝)名昭。(炀帝子)

4. 越王名侗。(恭帝弟)年号:皇泰。

唐(李氏)

1. 高祖神尧大圣大光孝皇帝名渊,字叔德。墓号献陵。年号:武德。

七世祖西凉武昭王(玄宗天宝二年追尊兴圣皇帝)名暠,字玄盛,小字长生。

高祖(高宗咸亨五年追尊献祖宣皇帝)名熙,字孟良。

墓号建初陵。

曾祖(高宗咸亨五年追尊懿祖光皇帝)名天赐,字德真。墓号启运陵。

祖追尊太祖景皇帝名虎,字文彬。墓号永康陵。

父追尊世祖元皇帝名昺。墓号兴宁陵。

2. 太宗文武大圣大广孝皇帝名世民。墓号昭陵。年号:贞观。

3. 高宗天皇大圣大弘孝皇帝名治,字为善,小字雉奴。墓号乾陵。年号:永徽、显庆、龙朔、麟德、乾封、总章、咸亨、上元、仪凤、调露、永隆、开耀、永淳、弘道。

子追尊义宗孝敬皇帝(高宗上元二年谥孝敬皇帝;中宗时称庙号为义宗)名弘。墓号恭陵。

4. 中宗大和大圣大昭孝皇帝名显,旧名哲。墓号定陵。年号:嗣圣、景龙。

5. 睿宗玄真大圣大兴孝皇帝名旦,曾名旭轮,又名轮。(中宗弟)墓号桥陵。年号:文明、景云、太极、延和。

6. 殇皇帝名重茂。(中宗子)年号:唐隆。

7. 玄宗至道大圣大明孝皇帝名隆基。(睿宗子)墓号泰陵。年号:先天、开元、天宝。

兄追尊让皇帝名宪,本名成器。墓号惠陵。

8. 肃宗文明武德大圣大宣孝皇帝名亨。(初名嗣升;开元十五年封忠王,改名浚;二十三年改名玙;二十六年册为皇太子,改名绍;天宝三年,改名亨)墓号建陵。年号:至德、乾元、上元、宝应。

兄追尊奉天皇帝名琮。(本名嗣直;开元十三年改名潭;二十一年改名琮)墓号齐陵。

9. 代宗睿文孝武皇帝名豫。（初名俶；乾元元年五月册为皇太子，十月改名豫）墓号元陵。年号：广德、永泰、大历。

弟追尊承天皇帝名倓。墓号顺陵。

10. 德宗神武孝文皇帝名适。墓号崇陵。年号：建中、兴元、贞元。

11. 顺宗至德弘道大圣大安孝皇帝名诵。墓号丰陵。年号：永贞。

12. 宪宗昭文章武大圣至神孝皇帝名纯。（初名淳，贞元二十一年册立为皇太子，更名纯）墓号景陵。年号：元和。

13. 穆宗睿圣文惠孝皇帝名恒。（初名宥，元和七年册立为皇太子，更名恒）墓号光陵。年号：长庆。

14. 敬宗睿武昭愍孝皇帝名湛。墓号庄陵。年号：宝历。

15. 文宗元圣昭献孝皇帝名昂。（初名涵，即位后更名昂。敬宗弟）墓号章陵。年号：大（太）和、开成。

16. 武宗至道昭肃孝皇帝名炎。（本名瀍，会昌六年三月不豫，更名炎。文宗弟）墓号端陵。年号：会昌。

17. 宣宗元圣至明成武献文睿智章仁神聪懿道大孝皇帝名忱。（初名怡，即位后更名忱。穆宗弟）墓号贞陵。年号：大中。

18. 懿宗昭圣恭惠孝皇帝名漼。（初名温，大中十三年立为皇太子监国，更名漼）墓号简陵。年号：咸通。

19. 僖宗惠圣恭定孝皇帝名儇。（初名俨，咸通十四年册立为皇太子，更名儇）墓号靖陵。年号：乾符、广明、中和、光启、文德。

20. 昭宗圣穆景文孝皇帝名晔。（初名杰，文德元年三月立为皇太弟，改名敏；翌日即位，更名晔。僖宗弟）墓号和陵。年号：龙纪、大顺、景福、乾宁、光化、天复、天祐。（按，光化三年十一月，左右军中尉刘季述、王仲先等幽昭宗于东内，立皇太子裕

为帝，昭宗旋复辟）

21. 德王名裕，废帝为王后更名祐。

22. 哀皇帝后唐明宗时追尊昭宣光烈孝皇帝名柷。（初名祚，即位后改名柷。德王弟）墓号温陵。年号：天祐。

武周（武氏）

1. 则天大圣皇帝名曌。祔葬乾陵。年号：天授、如意、长寿、延载、证圣、天册万岁、万岁登封、万岁通天、神功、圣历、久视、大足、长安、神龙。

追尊周文王姬昌为始祖文皇帝。墓号德陵。

追尊周武王姬发为睿祖康皇帝。墓号乔陵。

五代祖追尊严祖成皇帝名居常。墓号节陵。

高祖追尊肃祖章敬皇帝名克己。墓号简陵。

曾祖追尊烈祖昭安皇帝名俭。墓号靖陵。

祖追尊显祖文穆皇帝名华。墓号永陵。

父追尊太祖孝明高皇帝名士彟，字信。墓号昊陵。（初称章德陵，后更名）

五代十国

五　代

梁（朱氏）

1. 太祖神武元圣孝皇帝名晃。（本名温，唐僖宗时赐名全忠，临即位，更名晃）墓号宣陵。年号：开平、乾化。

高祖追尊肃祖宣元皇帝名黯。墓号兴极陵。

曾祖追尊敬祖光献皇帝名茂琳。墓号永安陵。

祖追尊宪祖昭武皇帝名信。墓号光天陵。

父追尊烈祖文穆皇帝名诚。墓号咸宁陵。

2. 郢王名友珪,小字遥喜。年号:凤历。

3. 末帝名瑱。(初名友贞,即位后改名锽;贞明中,又更名瑱。郢王弟)年号:乾化、贞明、龙德。

唐(李氏)

1. 庄宗光圣神闵孝皇帝名存勖。墓号雍陵。年号:同光。

曾祖追尊懿祖昭烈皇帝名执宜。

祖追尊献祖文景皇帝名国昌,(本名赤心,唐咸通中赐名国昌)字德兴。

父追尊太祖武皇帝名克用,绰号"李鸦儿",又号"独眼龙"。

2. 明宗圣德和武钦孝皇帝名亶。(初名嗣源,及即位,改名亶)墓号徽陵。年号:天成、长兴。

高祖追尊惠祖孝恭皇帝名聿。墓号遂陵。

曾祖追尊毅祖孝质皇帝名教。墓号衍陵。

祖追尊烈祖孝靖皇帝名琰。墓号奕陵。

父追尊德祖孝成皇帝名霓(或作电)。墓号庆陵。

3. 闵皇帝名从厚,小字菩萨奴。年号:应顺。

4. 末帝名从珂,小字二十三。(明宗养子)年号:清泰。

晋(石氏)

1. 高祖圣文章武明德孝皇帝名敬瑭。墓号显陵。年号:天福。

高祖追尊靖祖孝安皇帝名璟。墓号义陵。

曾祖追尊肃祖孝简皇帝名郴。墓号惠陵。

祖追尊睿祖孝平皇帝名翊。墓号康陵。

父追尊宪祖孝元皇帝名绍雍,番字臬捩鸡。墓号昌陵。

2.出帝名重贵。(高祖养子)年号:开运。

生父追尊宋王名敬儒。(高祖兄)

汉(刘氏)

1.高祖睿文圣武昭肃孝皇帝名暠。墓号睿陵。年号:天福、乾祐。

高祖追尊文祖明元皇帝名湍。墓号懿陵。

曾祖追尊德祖恭僖皇帝名昂。墓号沛陵。

祖追尊翼祖昭献皇帝名僎。墓号威陵。

父追尊显祖章圣皇帝名琠。墓号肃陵。

2.隐皇帝名承祐。墓号颍陵。年号:乾祐。

周(郭氏)

1.太祖圣神恭肃文武孝皇帝名威,字文仲(或作仲文)。墓号嵩陵。年号:广顺、显德。

高祖追尊信祖睿和皇帝名璟。墓号温陵。

曾祖追尊僖祖明宪皇帝名谌。墓号齐陵。

祖追尊义祖翼顺皇帝名蕴。墓号节陵。

父追尊庆祖章肃皇帝名简。墓号钦陵。

2.世宗睿武孝文皇帝名荣。(太祖养子)墓号庆陵。年号:显德。

生父柴氏名守礼,字克让。

3.恭皇帝名宗训。墓号顺陵。年号:显德。

十 国

吴(杨氏)

1. 高祖宣皇帝名隆演,(初名瀛,又名渭)字鸿源。墓号肃陵。年号:武义。

父追尊太祖武皇帝名行密(睿帝乾贞元年追尊),字化源。墓号兴陵。

兄追尊烈宗景皇帝名渥(睿帝乾贞元年追尊),字承天。墓号绍陵。

2. 睿帝名溥。(宣帝弟)墓号平陵。年号:顺义、乾贞、大和、天祚。

南唐(李氏)

1. 烈祖光文肃武孝高皇帝名昪(初为徐温养子,冒姓徐,名知诰;称帝后复姓李氏,更名昪),字正伦,小字彭奴。墓号永陵。年号:升元。

高祖追尊定宗孝静皇帝名恪。

曾祖追尊成宗孝平皇帝名超。

祖追尊惠宗孝安皇帝名志。

父追尊庆宗孝德皇帝名荣。

义父追尊义祖武皇帝徐氏名温,字敦美。

2. 元宗明道崇德文宣孝皇帝名景(初名景通,既立,改名璟;后避周庙讳,复改为景),字伯玉。墓号顺陵。年号:保大、中兴、交泰。

3. 后主名煜(初名从嘉),字重光。

吴越(钱氏)

1. 太祖武肃王名镠,字具美。年号:天宝、大宝(或作宝太)、宝正(或作宝贞、保贞)。

祖名宙。

父名宽。

2. 世宗文穆王名元瓘(初名传瓘),字明宝。

3. 成宗忠献王名弘佐,字玄祐。

4. 忠逊王名弘倧,字隆道。(忠献王弟)

5. 忠懿王名弘俶,字文德。(忠献王弟)

前蜀(王氏)

1. 高祖神武圣文孝德明惠皇帝名建,字光图,绰号贼王八。墓号永陵。年号:武成、永平、通正、天汉、光天。

父名金。

2. 后主圣德明孝皇帝名衍,字化源。年号:乾德、咸康。

追尊周灵王太子王子晋为圣祖至道玉宸皇帝。

后蜀(孟氏)

1. 高祖文武圣德英烈明孝皇帝名知祥,字保胤。墓号和陵。年号:明德。

祖名察。

父名道。

2. 后主睿文英武仁圣明孝皇帝名昶(初名仁赞),字保元。年号:广政。

南汉(刘氏)

1. 高祖天皇大帝名䶮(本名岩,改名陟,又改名龚,后更名)。墓号康陵。年号:乾亨、白龙、大有。

祖追尊太祖文皇帝名安仁。

父追尊代祖圣武皇帝名谦。

兄追尊烈宗襄皇帝名隐。墓号德陵。

2. 殇皇帝名玢(初名弘度,即位更名玢),小字寿。年号:光天。

3. 中宗文武光圣明孝皇帝名晟。(初名弘熙。殇帝弟)墓号昭陵。年号:应乾、乾和。

4. 后主名铱(初名继兴)。年号:大宝。

北汉(刘氏)

1. 世祖神武皇帝名旻。(初名崇,称帝更名旻。后汉高祖刘暠弟)年号:乾祐。

2. 睿宗孝和皇帝名钧(初名承钧,后去承字)。年号:乾祐、天会。

3. 少主名继恩。(睿宗养子)

生父薛氏名钊。

4. 后主名继元。(睿宗养子)年号:广运。

闽(王氏)

1. 太宗惠皇帝名鏻(初名延钧,既立更名)。年号:龙启、永和。

父追尊太祖昭武孝皇帝名审知。墓号宣陵。

2. 康宗圣神英睿文明广武应道大弘孝皇帝名昶(初名继鹏,既立更名)。年号:通文。

3. 景宗睿文广武明圣元德隆道大孝皇帝名曦。(初名延曦,既立更名。太祖少子)年号:永隆。

4. 后主名延政。(景宗兄)年号:天德。

楚(马氏)

1. 武穆王名殷,字霸图。

曾祖追尊文肃王名筠。

祖追尊庄穆王名正。

父追尊景庄王名元丰。

2. 衡阳王名希声，字若讷。

3. 文昭王名希范，字宝规。（衡阳王弟）

4. 废王名希广，字德丕。（文昭王弟）

5. 恭孝王名希萼。（废王庶兄）

6. 篡王名希崇。（恭孝王弟）

荆南（高氏）

1. 武信王名季兴（本名季昌，避后唐讳改），字贻孙。

义父朱氏名友让（本姓李名让，梁太祖养子，易姓名曰朱友让）。

2. 文献王名从诲，字遵圣。

3. 贞懿王名保融，字德长。

4. 嗣主名保勖，字省躬。（贞懿王弟）

5. 后主名继冲，字成和。（贞懿王子）

辽（耶律氏）

1. 太祖大圣大明神烈天皇帝名亿，字阿保机，小字啜里只。墓号祖陵。年号：神册、天赞、天显。

高祖追尊肃祖昭烈皇帝名耨里思。（天祚帝乾统三年追尊）

曾祖追尊懿祖庄敬皇帝名萨剌德。（天祚帝乾统三年追尊）

祖追尊玄祖简献皇帝名匀德寔。（兴宗重熙二十一年追尊）

父追尊德祖宣简皇帝名的鲁，字撒剌的。（兴宗重熙二十一年追尊）

2. 太宗孝武惠文皇帝名德光，字德谨，小字尧骨，本名耀屈之。墓号怀陵。年号：会同、大同。

弟圣宗统和中追谥钦顺皇帝（兴宗重熙二十一年更谥章肃，后又改为和敬），小字李胡，一名洪古，字奚隐。

3. 世宗孝和庄宪皇帝名阮，小字兀欲。墓号显陵。年号：天禄。

父追尊让国皇帝（兴宗重熙二十年又尊为义宗文献钦义皇帝）名倍，小字图欲。（太祖长子）墓号显陵。

4. 穆宗孝安敬正皇帝名璟，后更名明，小字述律。（太宗长子）祔葬怀陵。年号：应历。

5. 景宗孝成康靖皇帝名贤，字贤宁，小字明扆。（或谓初名明记，更名贤。世宗子）墓号乾陵。年号：保宁、乾亨。

6. 圣宗文武大孝宣皇帝名隆绪，小字文殊奴，又名木不孤。墓号庆陵。年号：统和、开泰、太平。

7. 兴宗神圣孝章皇帝名宗真，字夷不堇，小字只骨。葬于庆陵。年号：景福、重熙。

8. 道宗仁圣大孝文皇帝名洪基（弘基），字涅邻，小字查剌。葬于庆陵。年号：清宁、咸雍、大康、大安、寿昌。

9. 天祚皇帝名延禧，字延宁，小字阿果，又字阿适。葬乾陵旁。年号：乾统、天庆、保大。

父追尊顺宗大孝顺圣皇帝名濬，小字耶鲁斡。葬玉峰山。（道宗长子）

附：北辽（耶律氏）

1. 宣宗孝章皇帝名淳，小字涅里。墓号永安陵。年号：建福。

父宋魏王名和鲁斡，字阿辇。（辽兴宗子）

2. 德妃萧氏名普贤女。(宣宗妻)年号:德兴。

3. 梁王名雅里,字撒鸾。(辽天祚帝次子)年号:神历。

西辽(耶律氏)

1. 德宗天祐皇帝名大石,字重德。年号:延庆、康国。

祖追尊嗣元皇帝名无考。(辽太祖六代孙)

2. 感天皇后萧氏名塔不烟。(德宗妻)年号:咸清。

3. 仁宗名夷列。年号:绍兴。

4. 承天太后名普速完。(仁宗妹)年号:崇福。

5. 末主名直鲁古。(仁宗次子)年号:天禧。

北宋(赵氏)

1. 太祖启运立极英武睿文神德圣功至明大孝皇帝名匡胤。墓号永昌陵。年号:建隆、乾德、开宝。

远祖追尊圣祖上灵高道九天司命保生天尊大帝名玄朗。

高祖追尊僖祖文献皇帝名朓。墓号钦陵。

曾祖追尊顺祖惠元皇帝名珽。墓号康陵。

祖追尊翼祖简恭皇帝名敬。墓初号定陵,仁宗时改靖陵。

父追尊宣祖武昭皇帝名弘殷。墓号安陵。

2. 太宗神功圣德文武皇帝名炅(初名匡义,改赐光义,即位二年,改名炅)。(太祖弟)墓号永熙陵。年号:太平兴国、雍熙、端拱、淳化、至道。

3. 真宗应符稽古神功让德文明武定章圣元孝皇帝名恒(初名德昌,后改名元休,又改名元侃,立为皇太子,改名恒)。墓号永定陵。年号:咸平、景德、大中祥符、天禧、乾兴。

4.仁宗体天法道极功全德神文圣武睿哲明孝皇帝名祯(初名受益,后改名)。墓号永昭陵。年号:天圣、明道、景祐、宝元、康定、庆历、皇祐、至和、嘉祐。

5.英宗体乾应历隆功盛德宪文肃武睿圣宣孝皇帝名曙(初名宗实,及立为皇子,更名曙)。墓号永厚陵。年号:治平。

祖商恭靖王名元份(初名德严,改名元俨,又改名元份)。(真宗弟)

父濮安懿王名允让,字益之。

6.神宗绍天法古运德建功英文烈武钦仁圣孝皇帝名顼(初名仲针,后更名)。墓号永裕陵。年号:熙宁、元丰。

7.哲宗宪元继道显德定功钦文睿武齐圣昭孝皇帝名煦(初名傭,及立为皇太子,更名)。墓号永泰陵。年号:元祐、绍圣、元符。

8.徽宗体神合道骏烈逊功圣文仁德宪慈显孝皇帝名佶。(哲宗弟)墓号永祐陵。年号:建中靖国、崇宁、大观、政和、重和、宣和。

9.钦宗恭文顺德仁孝皇帝名桓(初名亶,改名烜,又更名桓)。墓号永献陵。年号:靖康。

南　宋(赵氏)

1.高宗受命中兴全功至德圣神武文昭仁宪孝皇帝名构,字德基。(徽宗九子,钦宗弟)墓号永思陵。年号:建炎、绍兴。

2.元懿太子名旉。年号:明受。

3.孝宗绍统同道冠德昭功哲文神武明圣成孝皇帝名昚,字元永(小名羊,初名伯琮,赐名瑗,立为皇子,更名玮,赐字元瓌。及立为皇太子,又赐名烨;旋更名昚,赐字元永)。墓号永阜陵。年号:隆兴、乾道、淳熙。

六世祖秦康惠王名德芳。(太祖少子)

五世祖英国公名惟宪,字有则。

高祖新兴侯名从郁。

曾祖华阴侯名世将。

祖庆国公名令訫。

父安僖秀王名子偁。

4. 光宗循道宪仁明功茂德温文顺武圣哲慈孝皇帝名惇。墓号永崇陵。年号:绍熙。

5. 宁宗法天备道纯德茂功仁文哲武圣睿恭孝皇帝名扩。墓号永茂陵。年号:庆元、嘉泰、开禧、嘉定。

6. 理宗建道备德大功复兴烈文仁武圣明安孝皇帝名昀(初名贵诚,及立为皇子,改赐名昀)。墓号永穆陵。年号:宝庆、绍定、端平、嘉熙、淳祐、宝祐、开庆、景定。

父追封荣王名希瓐。

7. 度宗端文明武景孝皇帝名禥(初名孟启,改名孜,立为皇子,改名禥)。墓号永绍陵。年号:咸淳。

父嗣荣王名与芮。(理宗弟)

8. 孝恭懿圣皇帝名显。年号:德祐。

9. 端宗裕文昭武愍孝皇帝名昰。(度宗庶子)年号:景炎。

10. 卫王名昺。(端宗弟)年号:祥兴。

西夏(李氏)

1. 景宗武烈皇帝名元昊,一名曩霄,小字嵬理。墓号泰陵。年号:显道、开运、广运、大庆、天授礼法延祚。

祖追尊太祖神武皇帝名继迁。墓号裕陵。

父追尊太宗光圣皇帝名德明,小字阿移。墓号嘉陵。

2. 毅宗昭英皇帝名谅祚,小字宁令哥。墓号安陵。年号:延嗣宁国、天祐垂圣、福圣承道、𦎫都、拱化。

3. 惠宗康靖皇帝名秉常。墓号献陵。年号:乾道、天赐礼盛国庆、大安、天安礼定。

4. 崇宗圣文皇帝名乾顺。墓号显陵。年号:天仪治平、天祐民安、永安、贞观、雍宁、元德、正德、大德。

5. 仁宗圣德皇帝名仁孝。墓号寿陵。年号:大庆、人庆、天盛、乾祐。

6. 桓宗昭简皇帝名纯祐。墓号庄陵。年号:天庆。

7. 襄宗敬穆皇帝名安全。墓号康陵。年号:应天、皇建。

父越王名仁友。(崇宗子)

8. 神宗英文皇帝名遵顼。年号:光定。

父齐国忠武王名彦宗。

9. 献宗名德旺。年号:乾定。

10. 末主名晛。年号:宝义。

金(完颜氏)

1. 太祖应乾兴运昭德定功仁明庄孝大圣武元皇帝名旻,本名阿骨打。墓号睿陵(初称和陵,熙宗皇统四年改)。年号:收国、天辅。

七世祖追尊始祖懿宪景元皇帝名函普。墓号光陵。

六世祖追尊渊穆玄德皇帝名乌鲁。墓号熙陵。

五世祖追尊和靖庆安皇帝名跋海。墓号建陵。

高祖追尊献祖纯烈定昭皇帝名绥可。墓号辉陵。

曾祖追尊昭祖武惠成襄皇帝名石鲁。墓号安陵。

祖追尊景祖英烈惠桓皇帝名乌古乃。墓号定陵。

父追尊世祖神武圣肃皇帝名劾里钵。墓号永陵。

叔父追尊肃宗明睿穆宪皇帝名颇剌淑。墓号泰陵。

叔父追尊穆宗章顺孝平皇帝名盈歌,字乌鲁完。墓号献陵。

兄追尊康宗献敏恭简皇帝名乌雅束,字毛路完。墓号乔陵。

2. 太宗体元应运世德昭功哲惠仁圣文烈皇帝名晟,本名吴乞买。(太祖弟)墓号恭陵(初葬和陵,熙宗皇统四年改)。年号:天会。

3. 熙宗弘基缵武庄靖孝成皇帝名亶(初称闵宗武灵皇帝,后改谥庙号),本名合剌。墓号思陵。年号:天眷、皇统。

父追尊徽宗景宣皇帝名宗峻,本名绳果。(太祖子)墓号兴陵。

4. 废帝海陵王名亮,字元功,本名迪古乃。年号:天德、贞元、正隆。

父追尊德宗宪古弘道文昭武烈章孝睿明皇帝名宗干,本名斡本。(太祖庶长子)

5. 世宗光天兴运文德武功圣明仁孝皇帝名雍,本名乌禄。

墓号兴陵。年号:大定。

父追尊睿宗立德显仁启圣广运文武简肃皇帝名宗尧。(初名宗辅,本名讹里朵,世宗大定上尊谥,追上今名。太祖子)墓号景陵。

6. 章宗宪天光运仁文义武神圣英孝皇帝名璟,小字麻达葛。墓号道陵。年号:明昌、承安、泰和。

父追尊显宗体道弘仁英文睿德光孝皇帝名允恭,本名胡土瓦。(世宗次子)墓号裕陵。

7. 卫绍王名永济(初名允济,章宗时避显宗讳更名),小字兴胜。(显宗弟)年号:大安、崇庆、至宁。

8. 宣宗继天兴统述道勤仁英武圣孝皇帝名珣。(本名吾睹补,大定二十六年赐名珣。显宗长子)墓号德陵。年号:贞祐、兴定、元光。

9. 哀宗名守绪,初名守礼,又名宁甲速。年号:正大、开兴、天兴。

10. 末帝名承麟。年号:盛昌。

元(奇渥温氏)

1. 太祖法天启运圣武皇帝名铁木真。

父追尊烈祖神元皇帝名也速该。

2. 太宗英文皇帝名窝阔台。

3. 昭慈皇后乃马真氏名脱列哥那。(太宗妻,称制)

4. 定宗简平皇帝名贵由。

5. 钦淑皇后姓无考,名斡兀立海迷失。(定宗妻,称制)

6. 宪宗桓肃皇帝名蒙哥。

父追尊睿宗景襄皇帝(初谥英武皇帝,世祖至元三年改今谥)名拖雷。(太宗弟)

7. 世祖圣德神功文武皇帝(元国语尊称薛禅皇帝)名忽必烈。(宪宗弟)年号:中统、至元。

8. 成宗钦明广孝皇帝(元国语尊称完泽笃皇帝)名铁穆耳。年号:元贞、大德。

父追尊裕宗文惠明孝皇帝名真金。(世祖子)

9. 武宗仁惠宣孝皇帝(元国语尊称曲律皇帝)名海山。年号:至大。

父追尊顺宗昭圣衍孝皇帝名答剌麻八剌。(成宗兄)

10. 仁宗圣文钦孝皇帝(元国语尊称普颜笃皇帝)名爱育黎拔力八达。(武宗弟)年号:皇庆、延祐。

11. 英宗睿圣文孝皇帝名硕德八剌。年号:至治。

12. 泰定皇帝名也孙铁木儿。年号:泰定、致和。

父追尊显宗光圣仁孝皇帝名甘麻剌。(顺宗兄)

13. 天顺帝名阿速吉八。年号:天顺。

14. 文宗圣明元孝皇帝(元国语称札牙笃皇帝)名图帖睦尔。(武宗次子)年号:天历、至顺。

15. 明宗翼献景孝皇帝名和世琜。(文宗兄)年号:天历。

16. 宁宗冲圣嗣孝皇帝名懿璘质班。(明宗次子)年号:至顺。

17. 惠宗顺皇帝名妥懽贴睦尔。(宁宗兄)年号:元统、至元、至正。

18. 昭宗名爱猷识里达腊。年号:宣光。

19. 后主名脱古斯帖木儿。(昭宗弟)年号:天元。

明(朱氏)

1. 太祖开天行道肇纪立极大圣至神仁文义武俊德成功高皇帝名元璋,字国瑞。墓号孝陵。年号:洪武。

高祖追尊德祖玄皇帝名无考。

曾祖追尊懿祖恒皇帝名无考。

祖追尊熙祖裕皇帝名无考。墓号祖陵。

父追尊仁祖淳皇帝名世珍。墓号皇陵(初号英陵,后改称)。

2. 恭闵惠皇帝名允炆。年号:建文。

父追尊兴宗孝康皇帝名标。(太祖长子)

3. 成祖启天弘道高明肇运圣武神功纯仁至孝文皇帝名棣。(兴宗弟)墓号长陵。年号:永乐。

4. 仁宗敬天体道纯诚至德弘文钦武章圣达孝昭皇帝名高炽。墓号献陵。年号:洪熙。

5. 宣宗宪天崇道英明神圣钦文昭武宽仁纯孝章皇帝名瞻基。墓号景陵。年号:宣德

6. 英宗法天立道仁明诚敬昭文宪武至德广孝睿皇帝名祁镇。墓号裕陵。年号:正统、天顺。

7. 代宗恭仁康定景皇帝名祁钰。(英宗弟)年号:景泰。

8. 宪宗继天凝道诚明仁敬崇文肃武宏德圣孝纯皇帝名见深,初名见濬。(英宗长子)墓号茂陵。年号:成化。

9. 孝宗建天明道诚纯中正圣文神武至仁大德敬皇帝名祐樘。墓号泰陵。年号:弘治。

10. 武宗承天达道英肃睿哲昭德显功弘文思孝毅皇帝名厚

照。墓号康陵。年号:正德。

11. 世宗钦天履道英毅圣神宣文广武洪仁大孝肃皇帝名厚熜。墓号永陵。年号:嘉靖。

12. 穆宗契天隆道渊懿宽仁显文光武纯德弘孝庄皇帝名载垕。墓号昭陵。年号:隆庆。

13. 神宗范天合道哲肃敦简光文章武安仁止孝显皇帝名翊钧。墓号定陵。年号:万历。

14. 光宗崇天契道英睿恭纯宪文景武渊仁懿孝贞皇帝名常洛。墓号庆陵。年号:泰昌。

15. 熹宗达天阐道敦孝笃友章文襄武靖穆庄勤悊皇帝名由校。墓号德陵。年号:天启。

16. 思宗庄烈愍皇帝名由检。(熹宗弟)墓号思陵。年号:崇祯。

清(爱新觉罗氏)

1. 太祖承天广运圣德神功肇纪立极仁孝睿武端毅钦安弘文定业高皇帝名努尔哈赤。墓号福陵。年号:天命。

六世祖追尊肇祖原皇帝名孟特穆。

五世祖名充善。

高祖名锡宝齐篇古。

曾祖追尊兴祖直皇帝名福满。

祖追尊景祖翼皇帝名觉昌安。墓号永陵。

父追尊显祖宣皇帝名塔克世。墓号永陵。

2. 太宗应天兴国弘德彰武宽温仁圣睿孝敬敏昭定隆道显功文皇帝名皇太极。墓号昭陵。年号:天聪、崇德。

3.世祖体天隆运定统建极英睿钦文显武大德弘功至仁纯孝章皇帝名福临。墓号孝陵。年号:顺治。

叔父追尊成宗懋德修道广业定功安民立政诚敬义皇帝名多尔衮。

4.圣祖合天弘运文武睿哲恭俭宽裕孝敬诚信功德大成仁皇帝名玄烨。墓号景陵。年号:康熙。

5.世宗敬天昌运建中表正文武英明宽仁信毅睿圣大孝至诚宪皇帝名胤禛。墓号泰陵。年号:雍正。

6.高宗法天隆运至诚先觉体元立极敷文奋武钦明孝慈神圣纯皇帝名弘历。墓号裕陵。年号:乾隆。

7.仁宗受天兴运敷化绥猷崇文经武孝恭勤俭端敏英哲睿皇帝名颙琰。墓号昌陵。年号:嘉庆。

8.宣宗效天符运立中体正至文圣武智勇仁慈俭勤孝敏宽定成皇帝名旻宁。墓号慕陵。年号:道光。

9.文宗协天翊运执中垂谟懋德振武圣孝渊恭端仁宽敏显皇帝名奕诠。墓号定陵。年号:咸丰。

10.穆宗继天开运受中居正保大定功圣智诚孝信敏恭宽毅皇帝名载淳。墓号惠陵。年号:祺祥、同治。

11.德宗同天崇运大中至正经文纬武仁孝睿智端俭宽勤景皇帝名载湉。(文宗嗣子)墓号崇陵。年号:光绪。

生父醇贤亲王名奕譞。(文宗弟)

12.逊帝名溥仪。年号:宣统。

父监国摄政王名载沣。(德宗弟)

后 记

避讳是中国封建社会特有的一种语言文化现象，在我们这个百无禁忌的时代，重新翻开历史的画卷，也会为其在历史上所起的作用之大，分布之广泛，产生一种震撼。使人思考人和人之间，人和自然之间极为微妙的关系。这也是我们重新研究避讳的意义吧。

避讳研究已有前贤做了许多工作，以材料之详备和研究之细密，周广业《经史避名汇考》和陈垣《史讳举例》都可谓扛鼎之作。《避讳研究》在此基础上，对避讳这种汉民族特有，又极大地影响了周边民族的文化现象进行了梳理，从文化学的角度进行了探讨，希望对中国文化的研究能有所裨益。

齐鲁书社的赵发国先生对于书稿的修改所费心血甚多，提出了一些很中肯的意见，为本书增色不少，在此深表感谢。

王新华

2006 年 9 月 20 日

图书在版编目(CIP)数据

避讳研究/王新华著.—济南:齐鲁书社,2007.1(2008.8重印)
ISBN 978-7-5333-1684-6

Ⅰ.避... Ⅱ.王... Ⅲ.称谓—禁忌语—研究—中国 Ⅳ.K892

中国版本图书馆CIP数据核字(2006)第065997号

避讳研究

王新华 著

出版发行	齊魯書社
社　　址	济南经九路胜利大街39号
邮　　编	250001
网　　址	www.qlss.com.cn
电子邮箱	qlss@sdpress.com.cn
印　　刷	日照报业印刷有限公司
开　　本	850×1168mm　1/32
印　　张	12.125
插　　页	2
字　　数	270千字
版　　次	2007年1月第1版
印　　次	2008年8月第2次印刷
标准书号	ISBN 978-7-5333-1684-6
定　　价	28.00元